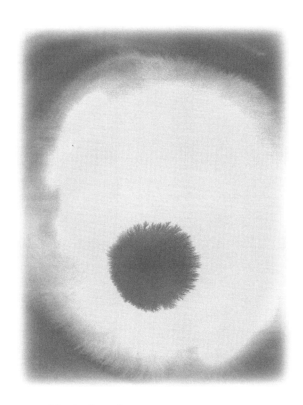

知的障害のある子を育てた母の障害観

ICFによる質的分析から

下尾直子 *Shimoo Naoko*

生活書院

知的障害のある子を育てた母の障害観
ICF による質的分析から

目次

第1章　研究の背景

第1節　研究の背景と議論の文脈　9
第2節　先行研究　10
　1　脱家族と親の障害観　10
　2　ICFと社会モデルの対立　13
　　2-1　ICIDH発行による対立　13
　　2-2　医学モデルと社会モデルの統合は可能か　14
　　2-3　イギリス型社会モデルとアメリカ型社会モデル　19
　　2-4　新社会モデル　22
　　2-5　障害のモデルの整理　24
第3節　目的と意義　30

第2章　研究の方法

第1節　研究における問い　33
第2節　筆者の立ち位置　34
第3節　用語の定義　36
　1　障害観　36
　2　障害のモデル　37
　3　「知的障害のある子をもつ母親」　39
第4節　研究の設計と流れ　41
　1　研究全体の流れ　41
　2　研究協力者の選定　44
　3　グループディスカッション　46
　　3-1　グループディスカッション採用の意味　46
　　3-2　背景知の一致　47
　　3-3　ディスカッションのテーマ　48
　4　分析過程　49
　　4-1　分析道具としてICFを使用する理由と意義　49
　　4-2　ディスカッションデータの逐語録化とTU化　55
　　4-3　ICFコードへのリンキング　55

4-4　評価点の付与　60
　　4-5　ICF関連図　61
　5　倫理上の配慮　62
　4　研究の限界　63

第3章　障害のある子を育てた母親のグループディスカッション

　第1節　ディスカッション参加者プロフィール　67
　第2節　グループごとのディスカッションの流れ　68
　　1　（予備調査）01グループのディスカッション　68
　　2　（予備調査）02グループのディスカッション　70
　　3　Aグループのディスカッション　73
　　　3-1　リンクされたコード　73
　　　3-2　ディスカッションの流れ　74
　　　3-3　Aグループのディスカッションのまとめ　85
　　4　Bグループのディスカッション　86
　　　4-1　リンクされたコード　87
　　　4-2　ディスカッションの流れ　87
　　　4-3　Bグループのディスカッションのまとめ　100
　　5　Cグループのディスカッション　101
　　　5-1　リンクされたコード　102
　　　5-2　ディスカッションの流れ　103
　　　5-3　Cグループのディスカッションのまとめ　118
　　6　Dグループのディスカッション　119
　　　6-1　リンクされたコード　119
　　　6-2　ディスカッションの流れ　121
　　　6-3　Dグループのディスカッションのまとめ　136
　　7　グループディスカッションの流れを振り返って　137
　　8　ディスカッション後の聴きとり　138
　第3節　コード関連図にみる母親の障害観　141
　　1　b177.知的機能（⇔p7701.婚姻関係）　141
　　2　p7701.婚姻関係（⇔p850.報酬を伴う仕事／p660.他者援助（子育て））　146
　　3　p660.他者援助（子育て）／p850.報酬を伴う仕事（⇔e330.家族（母親）の

         支援）　151
     4　e310.家族（母親）の支援　154
     5　e310.家族（母親）の支援（⇔a177.意思決定）　160
     6　a177.意思決定（⇔e465.社会的規範・慣行・イデオロギー／e460.社会的態
         度）　163
     7　e460.社会的態度／e465.社会的規範・慣行・イデオロギー（⇔b1268.恥
         ずかしさ／nd.スティグマとしての恥ずかしさ）　167
     8　nd.スティグマとしての恥ずかしさ（⇔nd.自分の障害を知る）
         173
     9　nd.自分の障害を知る（⇔p7.対人関係）　175
     10　p7700.恋愛関係／p7702.性的関係（⇔a2400.責任への対処）　178
     11　a2400.責任への対処（⇔e399.詳細不明の支援と関係（誰か））　182
     12　e399.詳細不明の支援と関係（誰か）（⇔p998.その他のコミュニティライ
         フ（住まい方の選択）（離家））　185
     13　p998.その他のコミュニティライフ（住まい方の選択）（離家）
         （⇔p6608.その他の他者援助（かすがい）　189
     14　主要コード関連図のまとめ　193
   第4節　ICFコードリンキング過程及び関連図からの知見　197
     1　新コードにみるオリジナリティ　197
     2　「適切」の再定義　201
     3　関連図から得た知見　203
         3-1　関連図中の矢印が示す個人モデルと社会モデル　203
         3-2　個人モデルの矢印だけの関連図　204
         3-3　社会モデルの矢印だけの関連図　207
         3-4　個人モデルの矢印と社会モデル矢印が混在した関連図　208

第4章　考察と結論

第1節　知的障害のある子をもつ母親の障害観　216
     1　「再定義した適切」の社会化　216
     2　障害モデルの共存　219
         2-1　強い医学モデルを含む個人モデルの機能　219
         2-2　社会モデルの気づきと形成　222

2-3　障害のモデルの共存　224
　　　2-4　普遍と個別の交差　227
　　　2-5　障害児の母親の障害観の特殊性　229
　第2節　社会資源として活かす知的障害のある子をもつ母親の障害観　230
　　1　母親の障害観の活用——脱家族にこたえて　230
　　2　「目指すべき自立」ではない、「オーダーメイドの自立」へ　232
　　3　ケアされる権利の希求　234
　第3節　今後への課題と総括　236
　　1　「誰か」を模索する　236
　　2　先をゆく専門職　237
　　3　分析道具としてのICFの活用　238
　第4節　総括　239

補章　先行研究

　第1節　障害児家族研究と親の障害観　243
　　1　親の障害観　243
　　2　ストレス研究からみた障害観　247
　　3　障害受容論からみた障害観　251
　　4　自立生活と家族　253
　　　4-1　自立と母親　253
　　　4-2　知的障害と自立生活　257
　　　4-3　自立生活の条件　260
　第2節　ICFについての先行研究レビュー　262
　　1　ICFの動向　262
　　　1-1　ICFの目的とその適用　262
　　　1-2　派生分類ICF-CYの発行　264
　　　1-3　ICFの改訂プロセス　265
　　2　ICFの構造　266
　　　2-1　ICFの構成要素の定義　266
　　　2-2　ICFの階層構造　268
　　　2-3　ICFのコード　269
　　　2-4　ICFの評価点　270

3　ICFの活用　271
　　3-1　調査への活用　271
　　3-2　実践的活用　273

あとがき　282
引用文献　285

第1章　研究の背景

第1節　研究の背景と議論の文脈

　わが国においては、1970年代から、障害者とその家族との関係に「脱家族」が主張されてきた。それは、決して個別の親たちの批判ではなく、社会に根付いた「かわいそうな障害者を命がけで守るべき母親像」を糾弾するものであったが、脱家族を語る過程で障害者の母親は、愛ゆえに障害者を子ども扱いし続けるために「蹴っ飛ばさなければならない（横塚 1975）」存在としても扱われてきた。

　岡原（1990: 82）は、「親の愛情規範が、問題として把握し語るそれ自体の成立をそもそも許さないような社会通念が存在している」ことを指摘している。石川時子（2007: 10）は、これをパターナリズムに対するマターナリズムと呼び、以下のように説明している。脱家族の主張は、まさにこのマターナリズムへの批判である。

> 　「あなたのために」「こうしたほうがよいけれど」「どうしたいかはあなたが決めてよい」と、きわめてゆるやかに一定の方向へ誘導する形をもっている。それが善意であり明確な抑圧ではないため、支配であることが被干渉者にも意識されがたく、それを振り払う決意をすることは罪悪感を喚起させるため、衝突を避けるために自己主張しなくなることが考えられる。

　脱家族の主張には、表現としては確かに敵視されているはずの当の親でさえも説得させられてしまう圧倒的な正義があった。しかし、その脱家族がある時期に急速に薄められていった。

>「親への依存を断ち切ることは、親を敵視したり、親子関係の重要性を否定したりするものでは決してなく、むしろ真の絆を強めるものであることはいうまでもない」(「10/27 幼い時からの障害者の所得保障制度確立を要求する中央決起集会基調報告」1981/10/27: 土屋 2002: 20 より引用)

　その契機を土屋（2002: 21）は、「運動が所得保障を第一の要求課題とし、具体的な制度を求める方向へ移行すると同時」であったと分析している。端的に言えば、親を悪者に仕立てあげるよりも、親子の絆を訴えるほうが政治家またはそれを支持する有権者の共感が得られやすいという実をとった戦略ということである。
　しかし、知的障害者の親である筆者は、釈然としない思いをもってしまう。自らの「愛の息苦しさ」を自覚していただけに、いったんは「蹴飛ばされる」覚悟を決めたのだ。にもかかわらず、今度は「真の絆」という言葉によって、また再び親子は結びあわされた。が、一度「蹴飛ばす」と言われた以上は、心底納得できないものが残る。真の絆とはなにか？親である「私」に、脱家族はなにを突き付けたのか。本論は、過激な脱家族にも、薄められた脱家族にも感じる、この「違和感」を契機とした、障害児の母としての当事者研究である。

第2節　先行研究

1　脱家族と親の障害観

　日本の障害者運動の先頭にたつ青い芝の会が脱家族論を謳うきっかけになったのは、1970年に横浜で起きた障害児殺し事件であった。母親が当時2歳の重度心身障害のある長女を絞殺したこの事件は、当時、加害者である母親に対する同情を基調とした世論が形成され、事件発生直後、地元町内会や親の会からは減刑嘆願請求がなされた。「神奈川県心身障害児父母の会連盟」は、本事件を「やむを得ざる成り行き」であり、「福祉行政の貧困」に起因するものとして横浜市長へ抗議文を提出したのである。

「青い芝の会神奈川県連合会」は、これに対して、減刑嘆願反対・厳正裁判要求を掲げた運動を展開した。減刑に反対する意見書の中では、本事件が脳性まひ者を「本来あってはならない存在」として位置づけてきた生産第一主義の現代社会の構造に起因するものであること、被告である母親もまた、この障害者に対する構造的抑圧の被害者の一人であったこと、しかしだからといって、母親に無罪の判決が下されるのなら、障害者を「本来あってはならない存在」に追い込む構造を再強化することにつながることが主張された（田中 2005: 34）。「障害児は死んだ方が幸せ」という当時の一般世論を「殺された子どもの生命の尊厳はどうなるのか」と厳しく批判したのが、この運動の主旨であったわけだが、裁判は第1回公判から1カ月で結審し、判決は懲役2年、執行猶予3年という軽い刑であった。それは社会が重度障害者の声明をその程度のものとして見ていることを示す、なによりの証拠でもあった（杉本 2008: 79）。

　横塚（1974）は、「これらは全て殺した親の側に立つものであり、『悲劇』という場合も殺した親、すなわち『健全者』にとっての悲劇なのであって、この場合一番大切なはずの本人（障害者）の存在はすっぽり抜け落ちているのである。」と言っている。彼らは「殺す側」との決別を決断し、「殺される側」に立たされていることを明確に表明した。この事件は、それまで一蓮托生の存在として扱われていた家族を、「当事者」の視点から分離させたと言ってよいだろう。

　そこから青い芝の会の行動綱領[1]が生まれた。第一から第五テーゼまである行動綱領の中でもっとも有名なのが「第三テーゼ：われらは愛と正義を否定する　われらは愛と正義のもつエゴイズムを鋭く告発し、それを否定する事によって生じる人間凝視に伴う相互理解こそ真の福祉であると信じ、且つ行動する」である。

　このテーゼのインパクトは、「それまで誰もその価値を否定したことのない、いわば絶対的ともされてきた価値を正面から否定したこと（杉本 2008: 81）」にある。そして、このテーゼが、脱家族を象徴する横塚の有名な一文につながるのである。

> 泣きながらでも、親不孝を詫びてでも、親の偏愛を蹴っ飛ばさなければな
> らないのが我々の宿命である。（横塚 1975: 19）

　そこで、本論は「親の障害観」に着目する。それこそが脱家族が糾弾してきた源泉であり、同時に親が抱える「違和感」の源泉であると考えるからである。障害のある子の母親である社会学者のランズマン（Landsman 2005）は、障害のある子を育てた母親がもつ障害観を、「差別する社会との仲介者として変化した障害観」としてとらえ、それは「医学モデルと社会モデルの交差するところ」にあると言っている。同じように、中根（2006: 14）は、「個人モデルにも社会モデルにも還元することのできない親と子の関係」と表現し、それは「障害に注目する個人モデルでも社会に注目する社会モデルでもない、現在の社会において家族が特別なニーズを抱えることの意味を捉えるような視座」を提供すると指摘している。

　すなわち、「脱家族の主張」と「親の立場」の相克は、「個人モデル」と「社会モデル」の相克に通じる。それはすなわち、ICF（International Classification of Functioning, Disability and Health ＝ 国際生活機能分類　WHO 2001）が掲げる「医学モデルと社会モデルの統合」と「社会モデル」が重ねてきた議論に、脱家族にまつわる母親の違和感が重なるということでもある。

　脱家族は、基本的に親の障害観を「それほど変らない、固定化したもの」として捉えている。もしくは、それが変るのを待ってはいられないと判断している。だからこそ、脱家族が目指されるのだし、それもまたある面からは真理だろう。しかし、石川（1995: 27）はすでに20年前に「障害のある子どもを育てるという体験を通して親たちが自分の価値観、枠組、存在証明の方法を変更し、〈健常者の論理〉から少しずつ自分を解放していくことで〈悲嘆の過程〉のループから脱出していく」ことを指摘し、「これまでの障害者運動は親を過小評価しすぎてきたのではないか（: 56）」と言っている。本論は、親の障害観を、変化するものと捉え、ランズマン（Landsman 2005）の言う「差別する社会との仲介者として変化した障害観」として醸成するものと捉える。障害のある子の育児を通し、親の障害観は変化する。そしてその先には、親の「我が子の障害受容」という名の心理的変化だけではなく、も

っと主体的で、且つ、ある意味利己的な意思が生まれるという仮説に基づき本論は構成されている。

2　ICFと社会モデルの対立

2-1　ICIDH発行による対立

　医学モデルと社会モデルの対立構図が生まれたのは、1980年のICIDH（International Classification of Impairment、Disability and hadicapped＝国際障害分類試案）が発行されてからである。ICIDHは、当時「まったく異例なことに、個人名（著者Woods）で提出された（佐藤1992: 47）」という。これは「WHO当局がゴタゴタに巻き込まれたくなかったため」であり、実際に起草段階ですでに各国からの政治的妨害があり、発行後はWHO事務局内部からさえ多くの批判があがった。

　「全体の構成モデルへの批判」、すなわちICIDHが医学モデル・個人還元主義だとする批判が一つであり、これは主に「何が『正常』かという問題を無視している。たとえ正常という観念が承認されていたとしても、『正常』とは状況的・文化的に相対的であることの認識不足は国際的枠組みにおける重大な怠慢である（Oliver 1990=2006: 24）」というものである。

　次に病気、インペアメント、ディスアビリティ、ハンディキャップの相互関係への批判がある。これは、全ての要素が線形モデルでつながっていることに対する批判であった。さらに、インペアメント、ディスアビリティ、ハンディキャップのそれぞれの概念と分類への批判があった。特に「ハンディキャップの概念・定義と分類リストは最も問題の多い部分である（佐藤1992: 110）」と言われた。

　さらに、環境因子を分類項目に入れなかったことも発行当初から批判の的であった。ICIDHはインペアメントを身体機能と身体構造のひどい逸脱や欠陥の問題としてとらえ、ハンディキャップを環境におけるバリア、ディスアビリティをインペアメントが環境の中で発現することであるととらえていた（Peterson et al. 2009: 4）が、この時点で環境因子が「障害」に与える影響を認識していたわけではない（杉野 2007: 51）。「障害」はあくまでも、インペアメントの発現としてとらえられていたのである。

ICIDH に最初に反応を示したのは、障害者の当事者団体として 1981 年に設立された DPI である。DPI は UPIAS による障害の二元定義を採用しており、ICIDH のハンディキャップ概念を特に強く批判していた。

　ただし、オリバー（Oliver 1990=2006: 27）によれば、DPI は、もっと根源的な問題のために WHO が障害の枠組みを作ること自体に反対していた。つまり、ICIDH の存在目的そのもの、「障害を計測可能なものとして考えることや、障害があるかどうかについて分割線をひいて区別しようとすること（Zola 1981: 242）」のような「個人の生活の質について医療専門家が判定する権限をもつこと」が「優生思想へと結びつく危険性をはらんでいる（Pfeiffer 2000: 1081）」という点が、DPI にとっての根源的問題だったのであって、ゆえに DPI は、当初 ICIDH の廃止を主張していたのである。

　ICIDH は 1993 年に改定プロセスを決定し、ICF 発行へと動き出す。改定作業チームには 1995 年会議から DPI のメンバーが参画しており（河野 2002: 38）、杉野はこの DPI の動きを「次第に廃止することは不可能であると判断して、次善の策として WHO による国際障害分類の改定過程に関与する方向で運動していく」と解釈している。その後、WHO 及び改定作業チームが特に DPI からの意見の聴取に多くの時間とエネルギーを割いたであろうことは、のちに発行された ICF の付録にある「DPI は、とくにこの改定過程に時間とエネルギーを貢献し、ICF はその情報・意見の提供を反映（WHO 2001=2003: 232）した」いう一文で示されている。なお、この改定の要点として挙がったのは、「インペアメントからディスアビリティへ、さらにハンディキャップへと至る一方向の流れ（すなわち「線形モデル」）の改定」、「ハンディキャップの発生過程主要構成要素である環境因子や個人因子の追加」などであった（WHO 2001=2003:237）。

2-2　医学モデルと社会モデルの統合は可能か

　ICIDH は改訂を経て、1997 年 4 月に「ICIDH ベータ 1 案」という名称で提示された。同年 6 月にはフィールドトライアルが行われ、このときのデータと同時に得られた意見に基づいて、1999 年 7 月、ICIDH ベータ 2 案が発行された。発行と同時に 50 カ国以上の国と 1800 人以上の専門家が参加し

たフィールドトライアルが1999年7月から2000年9月まで行われ、この結果を受けて、2000年10月にICIDH-2最終前版が提出され、2001年5月、世界保健会議でICF（International Classification of Functioning, Disability and Health=国際生活機能分類）として承認されたのである（WHO 2001=2003: 237-238）。

DPIの代表論者としてハースト（Hurst 2000: 1086）は、ICFにはまだ障害に関する用語の誤用があることを指摘しながらも、逆に分類を使うことによって、障害の性質を理解するには環境因子の影響が鍵であることを知らしめることができるとし、障害者への差別・偏見・虐待の分析と露見のために、「我々自身の手段として、分類を使わなくてならない」といっている。

ICFは、ICIDH発行からの社会モデルとの議論を経て、DPIメンバーの改定作業参画を実現し、医学モデルと社会モデルの統合を謳っていることが最大の特徴である。

ICFはこれら2つの対立するモデルの統合に基づいている。生活機能の様々な観点の統合をはかる上で、「生物・心理・社会アプローチ」を用いる。したがってICFが意図しているのは、1つの統合を成し遂げ、それによって生物学的、個人的、社会的観点における、健康に関する異なる観点の首尾一貫した見方を提供することである（WHO 2001=2003: 18）。

この時点から、ICFと社会モデルの議論は「医学モデルと社会モデルは、統合可能か否か」というテーマに集約されていく。ここでICFがいう「統合」とは、「対立する二つのモデルの弁証法的な統合（WHO 2001=2003: 18）」である。弁証法的とは、「相対立し、互いに相手を否定しようとし、相容れない二つのものを、同一平面上で妥協的・折衷的に一緒にしようとするのではなく、より高い水準で統一する（二つのもののうち、正しい要素は生かし、誤った要素は除き、さらに両者にない新しい要素を加え、全体を組織する）ことである（上田 2013: 304）」。

統合したことによって、ICFは「生物学的、個人的、社会的観点における、健康に関する異なる観点の首尾一貫した見方を提供する（WHO 2001=2003: 18）」とされた。ホーレンウェガー（Hollenweger 2011: 4）は、ICFは生活機能という一つのフレームワークに集中したことで、インペアメントを記述し

た情報と例えば教育への参加を記述した情報を架橋して考察できることが最大のメリットであると評価している。

　しかし、社会モデル派にとって、「統合」は受け入れられるものではなかった。もっとも根源的な問題として、オリバー（Oliver 2006＝2010: 19-20）は、「障害の個人モデルは、障害者の数をかぞえ、登録するという結果をもたらす。対して、社会モデルは物理的・社会的な環境がどれだけ障壁になっているかを測定する手段を発展させるという結果をもたらす」ことを挙げている。つまり、モデルは、その使用意図に応じてその目的を反映する（Shakespeare et.al 2006: 1101-02）ものであるが、オリバーら社会モデル派にとって、医学モデルと社会モデルは、第一にまず、その使用意図が異なっている点において統合不可能だというのである。

　同様にわが国では、杉野（2004）が障害学者として「（社会モデルとしての）障害学の研究視角は障害者個人と社会の関係において、つねに社会に焦点化することによって『できなくさせる』プロセス、すなわち『無力化（disablement）』の社会過程を解明しようとするものであり、その限りにおいて、個別援助学の理論モデルとは統合不可能なものである」といっている。

　ICFが医学モデルと社会モデルの統合を果たしたのかどうか、もしくは統合可能なのかどうかについての議論は、ICFが依拠したとする生物心理社会アプローチにまつわる議論によく似ている。

　生物心理社会アプローチは、1977年にエンゲル（Engel）が提唱したシステム理論に基づく医学アプローチである。エンゲル（Engel 1980）は、分子レベル、細胞レベル、器官レベル、人、二者関係、家族、コミュニティ、といった階層式のシステムに則して臨床場面での応用を具体的に記述している。

　エンゲルのこの説を厳しく批判したのがナシアガミー（Nassir Ghaemi 2007=2009、2010＝2012）である。ナシアガミーは、生物心理社会アプローチを「怠惰な折衷主義」であるとして以下のように、徹底的に批判した。

　　精神医学における重要な側面をリストアップしているにすぎない。それ
　　ら三つの側面をどのように理解すべきかという点については、何も言っ
　　てくれないのである。そうなると臨床家は、基本的には自分がしたいとお

もうことは何でもしてしまうということになってしまう（Nassir Ghaemi 2007=2009: 11）

　ナシアガミーは、エンゲルの生物心理社会アプローチを、3次元を組み合わせることによってひとつひとつの視点が（特にナシアガミーが重視する精神医学的視点が）おろそかになる「知的怠惰への弁解」とまで言っている。
　同じように、ICFが多職種の連携のために共通言語としての機能をめざしたことに対して、社会モデル派は「共通言語の必要などない」と断じ、ナシアガミーがエンゲルを批判したときと同様に、組み合わせてしまうことによって（すみわけることによって）社会モデルがもっとも重視してきた主張を曖昧にしてしまう危険を指摘している。
　それは、ICFが社会モデルとの対話の結果として分類に加えた「環境因子」の曖昧さへの批判となる。ICFは、ICIDHにはなかった「環境因子」と「生活機能」の相互作用による「障害」という概念を有しており、ICFはその点においてもっとも社会モデルを意識しているのであるが、これに対して、社会モデル側はICF発行当初から現在に至るまで強く反論している。それは、「障害学はつねにマクロな社会状況を『環境因子』としてまず念頭に置き、そうしたマクロな社会に働きかける実践を『社会モデル実践』と呼んでいる」のに対し、リハ学を代表とする医学モデルの実践は、「環境概念を、障害者個人を取り巻くごく身近なミクロ状況に限定して解釈し、個人が使用する道具や個人と接するごく狭い範囲の人間関係など個人以外の働きかけすべてを環境因子あるいは社会への働きかけとして解釈する傾向がある」という対比（杉野 2007:251）である。
　後章で詳述するように、ICFの環境因子には法律や制度サービスなども用意されてはいるが、ICFが依拠する生物心理社会アプローチがこれまで取り上げてきたのは、確かにほとんどが家族システムなどの身近なシステムであり、広げたとしても職場や地域社会など、あくまでも個人に直接的に働きかける環境にとどまってきた。それは非常に常識的で、「正しいとしても、そこから与えられる解釈はありふれたものでしかない」とナシアガミー（Nassir Ghaemi 2007=2009: 14）が指摘している程度のものに過ぎない。

ICF を使った研究・実践において、生物心理社会アプローチと同様の環境因子の捉え方がなされるのならば、それは同じ轍を踏む、つまり「怠惰な折衷主義」の繰り返しになるだろう。
　ところで、ナシアガミーは、生物心理社会アプローチを「折衷主義」と言っており、彼自身がめざすところは「多元主義」であると言っている。まず、折衷主義を否定することで、教条主義や生物学的還元主義に戻るのではないことを確認したうえで、さらに徹底した開放性を追求しているというのだが、それを「統合主義」とは異なる「多元主義」として定義づけていることは注目できる。統合主義は全てのモデルのあいだの壁を根本的に取り払い結合させるものだが、多元主義はそれぞれの理解のあいだに相違があることを進んで許容し、統合しようとしないものだというのが彼の解釈である。
　これは、「理論的統合はありえない」というICFに対する社会モデルの反論を想起させる。一方で、杉野（2004）が、理論的統合はありえないものの、実践上の「ICFと社会モデルの協調」は可能としたうえで、「個人援助と社会運動の実践上の違いを尊重しつつ、分担・バランス調整をする必要性を認識することが課題である」と発言していることは、ナシアガミーの「多元主義」に近い考えではないかと思える。ナシアガミー（2010 = 2012: xvi）は、多元主義の解説の中で「適正な理論や適正な方法はただ一つだが、さまざまな局面においてそれがいつも同一のものだというわけではない」と記述している。
　そのときどきで「概念的・経験的に正当」な方法が選択されることが重要であり、それぞれの方法はそれぞれ純粋なかたちで使うことが多元主義である。生物心理社会アプローチそのものは、1977年に発表されたのち隆盛をみせたものの、その後は、全体として患者を診るための準拠枠程度のものとしてしか認識されなかった（渡辺 2014: 29）。少なくても、ナシアガミーの著作は邦訳されているが、エンゲル論文は邦訳されていない。それが、2001年のICF発行によって再び「統合」という言葉と共に引用されている。これまで繰り返されてきた統合か否かの議論を重ねるよりも、「統合」だけではない多元的な使用法がいくつかあることを念頭に、実践レベルにおいて「どう使うか」が議論されるべきときなのだろう。

2-3　イギリス型社会モデルとアメリカ型社会モデル

　ICF における医学モデルと社会モデルの統合議論については、前項で記述したが、この議論の過程で、社会モデル内部に二つの社会モデルがあることが露呈した経緯については杉野（2007: 58-66）が詳述している。簡単にまとめると、それは以下のような経緯である。」

　障害学者のファイファー（Pfeiffer 1998: 519-520）が、「国際障害分類（ICIDH）は、改訂するよりも廃止すべきだ」というなかで「国際障害分類（ICIDH）は自立生活運動パラダイムとは共存できる部分もあるが、障害者を抑圧されたマイノリティとみなす『マイノリティ集団』パラダイムと共存することはほとんど不可能である」と述べた。

　これらに対して、WHO の ICIDH 改訂を主導していた人々、特に生物心理社会アプローチの策定に関わった人々（Üstün et al. 1998）は、ICIDH 第 2 版草稿が社会モデルを統合したことを強調した。確かに ICIDH2 はマイノリティ集団パラダイムには合致しないが、それは、自分たちがマイノリティ集団パラダイムよりも障害への普遍的アプローチのほうがすぐれていると判断したからである。ICIDH2 の基底となっているのは、障害を孤立した特異な人たちに特有の問題だと考えるのは誤りであるという、アーヴィング・ゾラの「障害の普遍化論」に根ざしているのであると主張したのである。

　さらに、翌年ビッケンバック（Bickenbach et al. 1999）ら[2]は、マイノリティ集団アプローチを以下の 3 点を挙げて批判した。

　1）障害者の多様性を無視している
　2）障害者の社会参加が制限されるのは、例えば黒人差別のように意図的な排除ではなく、障害者が参加するために必要な手段や配慮などが提供されないからであり、それは差別ではなく、不公平分配の問題であって、両者は同じものではない。
　3）マイノリティ集団アプローチでは、排他的で確固とした障害の定義が必要になるが、それは障害を固定的にしてしまい、医学モデルと同じことになる。

　そして、それに対してゾラの普遍化アプローチは、障害を健常と連続的なものとして捉え、障害は人類の一部の人たちだけの属性ではなく、人間の普

遍的な状態として理解できるとしているため、民主主義政治において適合的であり、ICIDH2はこのアプローチに基づいていると述べた。

　このように、ビッケンバック達によって「社会モデル」理論の内部矛盾を突かれた障害学は「社会モデル」の分類整理へと向かうことになる。そして、ハーンやビッケンバックのように「社会モデル」に3つの下位区分[3]を導入したり、ファイファーにいたっては9種類もの下位区分[4]を用いて「社会モデル」を整理しようとした。杉野（2007）は、分類整理も必要だったかもしれないが、社会モデルの統一性や共通性も理論的に深められるべきではないかと提起し、日本で知られてこなかったゾラの社会モデルを紹介したうえで、アメリカの社会モデルは、インペアメントをマイノリティの「しるし」としてとらえている点で、イギリスの社会モデルがインペアメントを「できないこと」ととらえているのとは違うが、「アメリカ主流社会」に対しての居心地の悪さを感じている人を「マイノリティ」と呼ぶ、広い意味でのマイノリティモデルと呼んでもよいのではないかと結論している。

　社会モデル内部のこのような議論は、その後もことあるごとに「イギリス社会モデル」と「アメリカ社会モデル」という二つの社会モデルとして論じられている。中でも、障害者権利条約が、「障害は人間と環境との動的な相互作用の産物だとみなす」アメリカ社会モデルに基づいているという川島と、「条約は医学モデルと社会モデルの統合モデルあるいは人間と環境の相互作用モデルといえるICFの視点での障害の定義となった」と主張する佐藤の議論（川島 2013: 90-130）は、本論としておさえておくべき議論である。ここでは、ICFの統合モデルとアメリカ社会モデルは同じものと言ってよいかどうかという問いがたてられている。というのも、両者はいずれも、個人と社会との「相互作用」によって当事者の不利（障害）が生じるという定式をとるため、「まるで同じものであるかのような印象」を関係者に与えているからである。川島は、両者は同じ「相互作用」という表現を用いているが、不利（障害）の原因として社会障壁の否定的作用を特に強調するのがアメリカ社会モデルであり、それはICFの統合モデルのように個人と社会の両方を平板に並べ、どちらにも障害の原因があるとする相対的な見方とは別なものであるといっている。

一方、佐藤は社会モデルとしてはイギリス社会モデルのほうが一般的な社会モデルの理解なのではないかと言っており、アメリカの社会モデルは、大きく見れば「統合モデル」あるいは「相互作用モデル」としかいいようがなく、社会モデルにこれを含めること自体が混乱の源泉になるのではと言っている。そして、参加障害の解決のために「障壁除去」をより強調すべきであると述べ、こうした背景のもとにICFは「社会モデルとの統合」を掲げて発行されたのであるとして、統合モデルの有用性を説いている。

　両氏の議論は、障害者権利条約がどちらのモデルに依拠して書かれているかという主題に沿って進められた議論であるが、その流れの中でアメリカ社会モデルとICFの統合モデルの異同について交わされた議論は、社会モデルとそれを統合したと謳うICFがその始まりから交わしてきた議論でもあり、さらに言えばそれ以前の生物心理社会アプローチにまつわる議論にも通底しているものである。そして、それは、社会モデルのリーダー的存在の一人だったシェイクスピア（Shakespeare 2006）が「重要なのは、社会モデルが間違っているということだ（: 53）」「いくつかの理由があるが、今や社会モデルは障害者運動や障害学のさらなる発展を阻害するものになっている（: 33）」といったときの理由のひとつにも挙げられた議論でもある。

　すなわち、医学モデルを含む個人モデルと社会モデルの対立には、もはやほとんど意味はない。むしろ、ICFのいう統合やナシアガミーのいう多元主義やアメリカ社会モデル（とICFも）がいう相互作用が、どのように実践面で有効でありうるかが重要な論点である。社会モデルはそれだけでは、障害のある人の人生における個人と環境の複雑な相互作用を理解するには役に立たない（Shakespeare 2013: 220）。モデルが発見道具であるなら、社会モデルが主張してきた「障害は社会によって構築される」という前提はすでにモデルとして十分に定着しているゆえに、そこに固執するのは意味がないのだ。それよりも戦略的にそれらをどう使うかが今問われているテーマなのである。シェイクスピア（Shakespeare 2013: 220）は、「より洗練された、複雑なアプローチが必要である。おそらくWHOのイニシアティブのもとにあるICFを組み立てるために」、「障害が複雑な現象であるということを認知し、分析と干渉の異なるレベルを必要とし、健康問題から社会政治的な分野にまでわ

たるようなアプローチが必要だ」とも言っている。社会モデルが主張してきた政治的制度的な戦略を踏襲しつつ、ICFを活用していこうとする本論にとって、かつて社会モデルの先鋒的存在だったシェイクスピアのこの一言は重要な示唆である。

2-4　新社会モデル

　シェイクスピアが社会モデルとの決別を宣言したいくつかの理由の中のさらにひとつが、「社会モデルは個人モデルや医学モデルへの批判を強調するあまり、障害当事者が経験するインペアメントを軽視または無視している（Shakespeare 2013: 218）」ということであった。それは、イギリス社会モデルが社会が構築するものとしてのディスアビリティを対象にしてきたことに「異和感」を唱えたモリスやクロウ、フレンチといったフェミニスト障害学者によって提起されたものである。モリス（Morris 1991: 10）は、以下のように述べている。

　　　社会モデルには、私たちの身体の経験を否定する傾向がある。社会モデルは、私たちの身体的な差異や制限は完全に社会が生み出したものと主張している。環境のバリアや世間の態度などは、私たちの障害の重要な部分であり、私たちの自立を妨げるものである。しかし、それがすべてだと言ってしまうと、インペアメントをめぐる個人の経験、病気や死の恐怖をめぐる個人の経験まで否定してしまうことになる。

　モリスらは「私たちの身体の経験」という、インペアメントをもつ痛みにもっと目をむけるべきだと訴えた。社会モデルが当事者の経験を政治化しようとすることで、ディスアビリティに集中するように圧力がかけられ、障害のある身体の経験を認めることができなかったという事情がある（Morris 1996: 13）と述べ、障害当事者個人が経験を積極的に語ることが重要であることを主張し、Encounters with Strangers; Feminism and Disability という当事者たちの経験を集めた本を編集している。

　この本の中で、クロウ（Crow 1996a:218）は、a renuwed social model of

disability＝新社会モデルという表現で、自らのインペアメントの経験を「差異」として語る新しい社会モデルの形を提案している。クロウの主張した新社会モデル＝インペアメントの社会モデルは以下のようなモデルである。

> ディスアビリティは、社会モデルにとって主要な概念のままである。インペアメントはそれに付随する。インペアメントの社会モデルがすることは、社会モデルを強化することである。ただし、ディスアビリティがなくなってもインペアメントが厳然としてあることを認めるべきである。障害とは本来否定的でつらい体験なのである。それはインペアメントを医学的に説明したりすることでも、障害のない人に想像してもらうようなことでもない。単に、ディスアビリティと主観的な経験としてのインペアメントを明確に区別し、両者が同時に複雑に働く方法を理解するべきということである。(Crow 1996: 筆者要約)

インペアメントとディスアビリティを明確に区別することで、インペアメントをディスアビリティの経験全体の一部として適切にとらえられるのか否かは論争の的となった。

フィンケルシュタイン（Finkelstein 1996）は、身体の痛みや披露、憂鬱についての障害者の個人的経験を探求するために「今そこにある」障壁から目をそらすべきではないと主張した。

結果として、イギリス社会モデルは「最新の社会モデル」を打ち出した。2000年2月に行われたGLAD（＝Greater London Action on Disability）の会議で、モリスは以下のように語っている。

> 私たちは最新の障害の社会モデルを作りだす必要がある。私たちに対するポジティブな声明を含み、私たちの多様性と差異を認め、制度的な差別を認め、選択について語り、社会のバリアだけが私たちを排除するものではないことを認め、態度やアクセスというバリアについて語る、そういう最新のモデルが必要なのだ。(GLAD 2000 conference report)

杉野（2007: 154）は、「社会制度上の障壁を除去するだけでは不充分だという指摘は正しいが、社会制度上の障壁の除去は、文化的抑圧や個人的経験を無視したり放置することには決してならない。むしろ、社会制度上の障壁の除去は、障害をめぐる文化的抑圧の除去や個人的経験の社会化にとっての前提条件だ」と反論している。これを「公共空間による喫煙禁止もしくは分煙の法制化によって、家庭内での禁煙、分煙圧力が増すのと同じことである」という明快なたとえで説明し、「オリバー（Oliver 1996: 38-41）は、社会的に解決できる問題からとりかかろうとしたのが社会モデルであり、その果実を充分に収穫してから個人的問題に向かうべきだと述べている（杉野 2002: 275）」と、元来のイギリス社会モデルの有用性を説いている。

　モリスらの議論は、ディスアビリティ理論の焦点がディスアビリティに限定されるべきか、インペアメントにまで広げるべきかについてであり（Barnes et al. 1999: 126）、障害者の経験をいかにして社会モデルの観点に適切に統合するかという方法論については、根本的な不一致を依然として残してしまった。障害のモデルがあくまでも発見道具としてのモデルであることを踏まえれば、モデルはシンプルであるほうが実用的である。その意味でモリスらの「新社会モデル」はあくまで新・社会モデルと捉え、社会制度上の障壁の除去に焦点化したモデルを「社会モデル」として捉えておくことが本論の整理としては妥当だと考える。

2-5　障害のモデルの整理

　本論では、これまでの整理をふまえ、「個人モデル（医学モデルを含む）」と「社会モデル（＝イギリス社会モデル）」と、「両モデルの共存」を障害のモデルとする。アメリカ社会モデルについては、「社会障壁の否定的作用を特に強調（川島 2013: 101）」しながら、障害が個人と環境の相互作用から生まれることを主張する相互作用モデルであると解釈すると、ICFとの異同が理論的には理解できても実質的にはそれほど有用なものとは思えない。特に、本論はシンプルなモデルをそのままで組み合わせることに可能性を探ろうとするものであり、モデルそのものが複雑になってしまうことは回避したい。同じ理由で新・社会モデルについても、その理論的思想は分析視角として重

要であることを理解したうえでモデルとしては採用しないこととする。

　個人モデル・医学モデルと社会モデルの定義については、本論は ICF を分析ツールとして使用するため、ICF のモデル定義をひとまず採用する。まず、ICF による医学モデルと社会モデルの定義は以下の通りである。

> 　医学モデルでは、障害という現象を個人の問題としてとらえ、病気・外傷やその他の健康状態から直接的に生じるものであり、専門職による個別的な治療というかたちでの医療を必要とするものとみる。障害への対処は、治癒あるいは個人のよりよい適応と行動変容を目標になされる。主な課題は医療であり、政治的なレベルでは、保健ケア政策の修正や改革が主要な対応となる。一方、社会モデルでは障害を主として社会によって作られた問題とみなし基本的に障害のある人の社会への完全な統合の問題としてみる。障害は個人に帰属するものではなく、諸状態の集合体であり、その多くが社会環境によって作りだされたものであるとされる。したがって、この問題に取り組むには社会的行動が求められ、障害のある人の社会生活の全分野への完全参加を求める態度上または思想上の課題であり、政治的なレベルにおいては人権問題とされる。このモデルでは、障害は政治的問題となる。(WHO 2001=2003: 18)

　ICF のこの定義では、医学モデルと社会モデルだけが取り上げられており、「個人モデル」の定義は示されていない。しかし、社会モデルでは社会モデルに対するモデルを個人モデルと規定している。医学モデルと個人モデルの違いについて、杉野（2007: 143-156）は以下のように説明している。

> 　医学モデルは、医学的「診断」による「選別」が問題視されるモデルであり、個人モデルとは医学や心理学（アイデンティティなど）によって障害という現象を個人の中に同定しようとするモデルである。

　さらに、個人モデルについては、バーンズら（Barnes 1999=2004: 42-43）が、以下のようにその特長を挙げている。①主として医学的定義や正常について

の生物生理学的定義に基づいている。②インペアメントはディスアビリティやハンディキャップの原因として認定される。③インペアメントがあるとされた人々を依存的な立場におく。障害者を総じて自力で活動できない者、つまり自ら働きかける者というよりもむしろ他者によって働きかけられる者として仮定する。④障害者個人がそれぞれの障害に適応するためのさまざまな工夫を用いることによって、自分たちの状況の中で最善の努力をすることが期待されている。バーンズらの分類では、医学モデルと個人モデルは同じものと考えられているが、本論では特にICFの用語との関連から、個人モデルの一部に「医療を必要とする」医学モデルがあると考える。よって、本論では「個人モデル」というときには医学モデルを含むものとみなすが、「医学と心理学を分ける考え方は、心身医学や生理学的心理学といった現代の研究動向を考えると無理がある（杉野 2007: 150）」ため、「医学モデル」というときには個人モデルより狭い範囲を指すとだけ定義する。

そこで、本論ではICFの医学モデルの定義を以下のように広げて読み替え、個人モデルの定義とする。

> <u>（医学モデルを含む）</u>個人モデルでは、障害という現象を個人の問題としてとらえ、病気・外傷やその他の<u>身体状態もしくは個人的背景</u>から直接的に生じるものであり、専門職による個別的な<u>対応</u>というかたちでの医療や<u>介入</u>を必要とするものとみる。障害への対処は、治癒あるいは個人のよりよい適応と行動変容を目標になされる。(WHO 2001=2003:18) より下線部分改変

個人モデルと社会モデルを整理した図として、杉野（2007:150）の「障害認識の4次元と障害モデル」がある。杉野は、個人モデルと社会モデルの観点だけではなく、唯物論的視点と観念論的視点の対比を考慮した理解を展開している。

まず、英米の社会モデルの差を「障害者を排除する社会構造を社会意識にも配慮しつつ政治経済分析を行うイギリス社会モデルと、政治経済要因にも配慮しつつ障害者を排除する社会意識を研究するアメリカ社会モデル」とし、これを唯物論的社会モデルと観念論的社会モデルとした。杉野はこれによっ

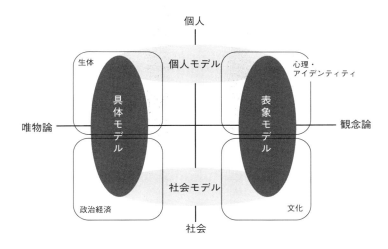

図1-4　杉野（2007: 150）「障害認識の4次元と4つの障害モデル」

て、「オリバー社会モデルとゾラの医療化研究を同じ社会モデルとして理解することができる（: 148）」としている。

さらに、現象学的アプローチや象徴的相互作用論による障害研究を「個人が自分自身の苦痛について語る時も、それは社会における苦痛の文化から自由ではないし、ミクロな対面状況における個人の相互作用もマクロな社会規範に影響されている」という意味で観念論的個人モデルと観念論的社会モデルの双方にまたがる「表象モデル」として位置付け、「その大部分は「社会モデル」に含めてよいだろう（: 149）」と整理している。

一方で、「具体モデル」として杉野が挙げているのが、優生医療の政治学や臓器売買の経済学などであるが、クロウ（Crow 1996）が提起した新・社会モデル＝インペアメントの社会モデルはここに入らないだろうか。もしくはインペアメントと文化を結び付けたという意味では文化象限と生体象限を含むモデルなのかもしれない。

「障害のモデル」の整理に続いて整理すべきは、「個人モデルと社会モデルの共存」についてである。本論ではこれまでに「ICFモデル」という表現はしていない。ICFが「医学モデルと社会モデルを統合した」とすることと、

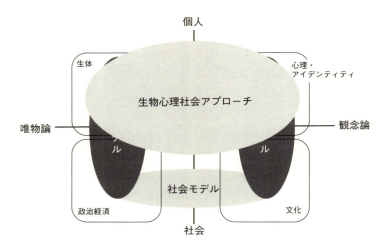

図1-5 「生物心理社会アプローチの位置」
杉野(2007: 150)「障害認識の4次元と4つの障害モデル」に筆者加筆

ICFが依拠すると掲げた「生物心理社会アプローチ」が一致しないため、何をもってICFモデルとするかが判然としないためである。

例えば、ここで杉野の図にICFが依拠する生物心理社会アプローチを入れてみよう。個人モデルは生物心理社会アプローチの範疇に収められるが、既述したように、このアプローチの実践では社会への視点のひろがりは家族システムかコミュニティにとどまっていることが指摘されており(Nassir Gheami 2007=2009: 12)、図では社会の領域に少しかかる程度の円になると考えられる。

少なくとも、生物心理社会モデルとしてのこれまでの実践上で社会モデルが主張してきた政治経済や文化への接触はほとんどない。結果、「生物心理社会アプローチ」には「社会モデル」が抱合されるとは言えないので、「生物心理社会アプローチ」対「社会モデル」の対立図式は維持される。「生物心理社会アプローチ」イコール「医学モデルと社会モデルの統合」と考えることは、ここではできないことになる。そこで本論では、「生物心理社会アプローチ」、「医学モデルと社会モデルの統合」を含めて「医学モデルと社会モデルの共存」としていったん整理する。

図1-13 本論における「個人モデルと社会モデルの共存」イメージ

　共存のあり方としては、各モデルの独立性を限りなく薄める「統合」という形もあるだろうし、杉野（2004）がいう「協調」という形もあるだろう。杉野（2004）は、医学モデルと社会モデルが統合することは不可能であると主張する一方で、「実践モデルにおける協調は可能」としている。「協調」は、「統合」とは逆に各モデルの独立性が高い共存のしかたで、実践上の棲み分けをする形と考えられよう。図上でも両モデルを結合させず、個人（医学）モデルと社会モデルをそれぞれ独立したままに示すのが「協調」である。

　すなわち、ナシアガミー（Nassir Ghaemi）が主張する「多元主義」を採用した概念であり、そこにある全てのモデルがそれぞれに完全に独立していることが肝要である。

　またランズマン（Landsman 2005: 121）のいう「交差」という形もある。ランズマンは、「障害児の母親たちは、相反する二つの論説の交差するところにいる」と言っている。

　「彼女たちは、医学モデルに根ざしたまま、子どもの幸せと発展を阻害するのは、子どものインペアメントよりも、社会の偏見、抑圧、自治の否定であることを理解している。」母たちは「自分の子どもの成長に間に合うように、社会が変わること」を希求するのだという。重要なのは、母親たちの障害観が、時間的経緯によって医学モデルから社会モデルに移行しているわけではない、ということである。ランズマンのインタビューの中で、母親たちは、あくまでも医学モデルに根ざしたまま、社会モデルを体験することで、「差別する社会との仲介者として、自分自身が変化したと主張している

(: 138)」のである。つまり、母親の内面に両モデルが同時に共存することこそに「社会との仲介者としての価値がある」ということになる。

それは、オリバーとサーペイ（Oliver&Sapey 2006: 91）が言うように「障害児と家庭生活の影響について論じる場合には、障害の個人モデルと社会モデルふたつの見方の違いがあらわれる」ということとも重なる。母親の障害観や自立観を論じるときには、独立した形で個人モデルと社会モデルの両視角が不可欠である。ふたつのものが統合して別のひとつとなることと、独立したふたつが交差することはまったく別なことである。ふたつのモデルが統合しているならひとつの事象を1つの像として視ることになるだろうし、交差しているならひとつの事象を異なる角度から視ることになる。その場合は、2つの異なってみえる像を同時に認めることになる。さらに、「交差」には動きが伴う。

交差した2つの見方はその後徐々に距離をとり、異なる別の到達点に向かって進む。同じ事象を2つの角度から視、そこからまったく異なる別の対処が同時に現れることになる。

しかし、交差したその瞬間、それは「発見道具」としては結合している。それが本論が仮定する「医学モデルと社会モデルの交差」の原型である。

第3節　目的と意義

本論は、「脱家族」に対する母親の違和感を「ICFと社会モデル」の相克と重ねて明らかにするものである。本論には、二つの目的を設定する。ひとつは、障害者と社会を結ぶ仲介者としての母親の障害観を描き出すことである。障害児を育てたことで、従来もっていたステレオタイプの障害観を徐々に変遷させ到達した障害観が、「障害児の親だからこそ到達する独自の障害観」であることを前提に、その「社会モデルでも個人モデルでもないモデル」が、社会との仲介役としてどう機能するか、それを見定めることは、障害児の母親当事者としての筆者自身のアイデンティティを確立することにもつながる。

もうひとつの目的は、母親当事者の声をICFのコードにリンクさせるこ

とで、試行的に「社会モデルでも個人モデルでもないモデル」をICFで表現してみることである。そのことによって、ICFがどこまで個人モデルと社会モデル双方の視点を持ち合わせているのかその適合性[5]を確かめつつ、「社会モデルでも個人モデルでもないモデル」を表現しうる道具としてのICFを模索することである。

　加えて、「当事者の母親」ではなく、「母親当事者」として、「蹴飛ばされる」のでも「頼られる」のでもない、主体的な当事者像を確立することは本論の第一義的な意義である。また、それが、母親同士のディスカッションによって明らかにされ、共有されることも本論の重視するところである。「障害児の母親」集団という特殊性は、正にも負にも強烈な個性を発揮する。ときに「当事者」であることを忘れ、ときに社会に迎合しながらも、ときに社会との軋轢を生み、ときに社会への反発を募らせる。その特殊性ゆえのダイナミクスが明らかにすることは、これまでの障害観の議論になかった新たな地平を生みだすだろう。それが、ランズマン（Landsman 2005）の言うように「差別する社会との仲介者」であるのならば、なによりも「わが子が生きていく社会」を変える一助になる。そこにこそ、本論の「母親当事者研究」としての真の意義があるのである。

注
1）http://w01.tp1.jp/~a151770011/setumei.html より（2015.06.06）
2）1998年のウストゥンらの論文と1999年のビッケンバックらの論文は筆頭者が違うだけで、連名の筆者4名は同じ（Üstün, Bickenbash, Chatterji, Badley）である。
3）ひとつはハーンが「人権アプローチ」と呼びビッケンバックが「差別禁止型」アプローチと呼んだもの、二つ目はハーンが障害の普遍化と呼び、ビッケンバックが「普遍的政策型／普遍主義」と呼んだもの、三つ目はハーンが「マイノリティ集団モデル」と呼び、ビッケンバックが「公正分配型／権利付与型」アプローチと呼んだものである。（Hahn 2001: 72-74 Bickenbach 2001: 578-580= いずれも杉野 2007: 67-68 より）
4）社会構築主義モデル（アメリカ社会モデル）、マルクス主義モデル（イギリス社会モデル）、インペアメントモデル、抑圧されたマイノリティモデル、自立生活モデル、ポストモダン＝ポスト構造主義＝人間主義＝体験主義＝実存主義モデル、連続性モデル、人間多様性モデル、差別モデル（杉野 2007: 68-69）
5）適合性（compatibility）とは、スタッキら（Stucki,Ewert & Cieza 2003）の研究において、リハビリテーション医学における既存の評価尺度がICFのコードがとリンキングできる

かを示したもので、これによってICFの活用の可能性を探るための用語である。

第2章
研究の方法

第1節　研究における問い

　本研究における問いは以下の三つである。
　ひとつは、「知的障害者の母親の障害観は、『障害』をどう捉えているか」である。『障害』は何によって構築されたものであると考えているか、それにどう対応しようとしているかが問われる。それぞれがまず親としての体験をそのままに語ることを出発点として、障害のある子を育てた母親だからこそ到達する障害観が、普遍化されないまでも共通理解として描き出せることを前提に、「差別する社会との仲介者」としての機能をどう果たすかまでを可視化したい。
　二つめは、「知的障害者の母親の『母としてのノーマルな願い』と『子のノーマルな自立生活』は相反するものか」という問いである。脱家族の主張は、母として受け入れざるを得ないものなのか、違和感の源泉はどこなのか、違和感をもったまま「母としてあるべき姿」を追求するべきなのか、対して「率直な母の願い」とは何か、それは子の自立を阻む願いなのか、どちらもあきらめない母親ならではの視点はどこにあるか、探求しなくてはならない。
　三つめは、「障害を社会的に構築されたディスアビリティとして規定する社会モデルと障害を生物学的なインペアメントに起因するものとして規定する個人モデルの共存は可能か。可能だとしたら、それを表すICFのコードは十分なのか、十分でないとしたら何が加えられるべきか」である。ICFが両モデルの共存を示すことができれば、これを使った新たな展開が期待されるはずである。

第 2 節　筆者の立ち位置

　筆者は、脱家族論が蹴飛ばす対象とする「障害児の母親」である。このことを開示するのは、本論が筆者自身の人生におけるリサーチ・クエスチョンを探る、親当事者研究だからである。
　ここで、障害者の母親を「当事者」と呼んで良いのかという問いが現れる。星加（2012: 11）によれば、当事者とは「問題の中で不利益を受けている主体、あるいは問題の起点となるニーズが帰属する主体」である。この定義に従えば、障害者の母親は間違いなく、二つの条件をクリアする「当事者」である。しかし、「障害者の母親」は、障害者という一次的な当事者のニーズが先にあっての二次的な「当事者」ともいえる。星加は「支援者の当事者性」を認めながら、それをもって「当事者主権」を言ってしまうのは危険であること、逆に一次的な当事者を優先すると言いきってしまう論にも危険があることについて論じ、「最もうまくいっている支援関係は、最も危険な支援関係に限りなく近づく」という逆説を、「家族による支援につきまとう両義性」と述べている。
　親は「支援者としての当事者性」だけでなく、「当事者の自立を求める当事者性（岡部 2012: 46）」をもつ存在でもある。子が生まれたときから成人してもなお、「子の代弁」という役割を担ってくると、親自身の内面で「子どもの意思」と「自身の意思」が混然一体となってくる面がある。子の代理としての当事者性と自身としての当事者性とがあり、母親の当事者性は、そのような二面性をもったものなのである。
　当事者研究は、日本では、北海道浦河町にある精神障害者施設「浦河べてるの家」で行われてきた当事者活動の手法（石原 2013: 13-22）として知られてきた。それは「治療」や「問題解決」を目的とするものではなく、当事者たちが奪われていた「悩む権利」や自分について「苦労する」ことの権利を取り戻す活動であるとされている。研究の手順としては「まず自分について語ること」があり、そこで語られた言説を参加者が共有し、それぞれが自分自身の問題に対する対処法のヒントを得るというナラティブアプローチがベースになっているため、普遍性は目指さない（河野 2013: 101）。一人一人が

ユニークなエピソードとして「事例」を発表し、それと類似した事例や異なる事例と比較していくことで、それらの間にある同一性と差異を理解していくものである。そこから当事者同士が、自分の問題にどう向き合うかを模索する、そこにこそ、当事者研究の意義があるとされる。

　筆者は、調査者でありディスカッションを呼び掛けた者として、データに他の参加者とは異なるダイナミックスを与えることを意識しつつ、ディスカッションに参加した。

　それは、いかなる研究方法であろうと、人が人と対峙して行われる聞きとりは、「それがどれほど形式化され、限定され、あるいは標準化されていようとも、参加者のあいだの相互行為に依存している」というホルステインとグブリアム（Holstein&Gubrium 1995=2004: 54）[1]の説を支持したからである。筆者は、自分の意見を積極的には発言はしていないが、本研究が筆者とディスカッション参加者の共同的な当事者研究であることを第一に意識し、グループのダイナミクスを積極的に且つ良心的に組み込んでいこうという姿勢で、ディスカッションのかじ取りを行い、且つ自然なリアクションでさまざまな意見に対する賛成・反対の意思を明確に示した。「『いかなる』アイデンティティの提示も、それ自体が考察の対象にしなければならない。つまりアイデンティティの提示は取り除いたり、標準化しなければならないようなものではない（:109）」と言えるからである。

　しかし、この方法は、リアルグループへの十分な信頼感がなければ成立しない、特殊な方法である。筆者の意思がインタビューの範囲を超えて他参加者の意見を左右しないことを確信でき、その後のリアルグループ内の相互関係にも影響しないことを確信できることが、この方法を採用できる必要条件であった。

　ディスカッション後は、筆者は「親当事者」としての視点からそれらの分析を行った。何よりも、本研究が筆者の人生におけるリサーチ・クエスチョンから始まったことを意識し、親たちの語りから学ぶことが筆者のもっとも大きな仕事であることを念頭に研究を設計し、作業を進めた。

第 3 節　用語の定義

1　障害観

　本論における「障害観」とは、障害とは何か、障害とはその人生にいかなる影響をあたえうるものと考えるかを示す。「障害」の意味、「障害」をめぐる価値観とも言い換えられ、「観」は view または image と訳される語である。また、「障害者とは誰か」を示す障害者定義[2]や障害者観[3]とは異なるものである。

　よく使われるのが「『障害は個性』という障害観（中山 2006: 101)」、「『障害』があることはよくないことであるとする障害観（赤塚 2007: 429)」、「それまで当たり前とされてきた障害観（要田 1989: 48)」などであり、障害観は「障害者定義」に比較して数段主観的なものである。

　「新しい障害観」という言葉もある[4]。上田（2005: 5）は「ICF は障害を人が『生きる』こと全体の中に位置づけて『生きることの困難』として理解するという、根本的に新しい見方に立っている」点で「まさに 21 世紀にふさわしい新しい障害観を提起している」と述べている。このように、ICF が出版された 2001 年以降数年間、ICF を評する形容詞として「新しい障害観」が使われてきた。

　上田・佐藤・茂木（2000）は ICF 発行の直前に、「障害観・障害者観の転換とリハビリテーション」というタイトルの対談も行っている。そこには「新しい障害観」に対する「古い障害観」という表現がある。それは、日本の法制度に根強く残っている「治る可能性があるとか動いている間は疾患であって、それがもう固定したとかこれ以上治らない、というようなものが障害なのであるという考え方」であるとされている。

　一方で、通山（2006）は、出生前診断をめぐる訴訟を題材に、「社会に支配的な障害観（: 40)」を論じ、そうした自明視された障害観を解体する学問として障害学を取り上げている。通山は「新たな障害観」を、専門家主導ではなく、当事者による語りによって構築しようと訴えている。

　すなわち、ICF も障害学もそれぞれが「新しい障害観」を打ち出しており、

「古い障害観」との対照によってその新しさを主張してきた。しかし、「新しい障害観」が提起されたのち、今に至っても「古い障害観」はなお根強く残っており、ICFや障害学が主張してきた「新しい障害観」は「古い障害観」を凌駕するほど社会に浸透したとは言えない。

2 障害のモデル

障害観をめぐる議論では、「社会モデル」と「個人モデル」や「医学モデル」とが、相反するモデルとして対比して論じられてきた。このような整理は、障害をめぐる社会的差別や権利保障、政治的な取り組みのあり方に関して、一定のものの見方を提供する点で極めて重要である（小澤2007: 1045）が、川島（2013: 94）は、そもそも「モデル」とは何をさすか、これまで日本のほとんどの研究者が曖昧にしてきており、そのことが障害のモデルをめぐる議論を混乱させていると指摘している。

川島（2013）は、障害学者のフィンケルシュタイン（Finkelstein 1996）やバーンズ（Barnes 2004）を引用し、「モデル」という語を「理論」（体系的な物事の説明）とみなすべきではないと指摘している。バーンズによれば、モデルとは、障害の包括的な理論などではなく、「発見道具（heuristic device）」だというのである。

社会学の研究手法を体系づけたフランクフォートナッシュミスら（Frankfort-Nachmias, C. & Nachmias, D. 1996: 23-44）は、研究の基礎的な概念として、「概念（concepts）」「定義（definitions）」と「理論（theory）」「モデル（models）」の4つをそれぞれ説明している。これによると、ひとつの「概念」はいくつかの「概念要素」の集合である。概念の要素には概念的な「定義」があり、これらの一連を「理論」と呼ぶ。そして、モデルという概念は、体系的な分類構造としての理論や概念的枠組みとしての理論と密接に結びついているとしながら、モデルは理論そのものではなく、あくまでも理論を導き出すために使われるものであると言っている。たとえばそれは、スペースシャトルのミニモデルに風を当てて、実際のスペースシャトルが風の強い日にどう飛ぶかを実験するようなもので、そのミニモデルにあたるのが、まさに「モデル」なのだと説明している。すなわち、理論は言語的であるのに対し、モデ

ルは理論を充足する非言語的存在なのである（三浦 2003: 45）。

　「発見道具」としてのモデルは、「ある」のではなく「使う」ことに意味がある。障害のモデルの重要性は、その使用場面によって異なる（Shakespeare et al. 2006: 1101-02.）。政策に使われるか、ソーシャルワーク実践に使われるか、当事者が自身の障害経験を説明するために使うのか、モデルはその使用意図に応じて使われるものなのである。障害の社会モデルの最初の提唱者であるオリバー（Oliver 2004）は、イギリスの放送大学の教科書の中で「もし私が金槌をもっていたら」という文章を書いている。

　この中で彼は、「障害の社会モデルが実際的な手段であり、理論、理念、概念ではないということ」を述べている。大工が金槌が良いものかどうか議論することに時間を費やし、実際にそれを使わないような馬鹿なことにならないよう、それを利用することこそが何より重要であると、オリバーはその文章を結んでいる（=2010: 16-24）。

　例えば、障害の社会モデルは、医学に支配されてきた当事者の経験を説明するため、医学モデル・個人モデルによって構築された福祉政策を批判する目的をもって誕生したモデルである。その意味で、「発見道具」としての社会モデルが最初に発見したのは、医学モデル・個人モデルであるといえる。医学モデルは、もともと障害を発見するためのほぼ唯一の道具として存在していたのだが、社会モデルという新たな「発見道具」が現れるまでは顕在化していなかった。その意味で、医学モデル・個人モデルは、そもそもが批判の的として社会モデルによって誕生させられたモデルであるといえる。

　ここで「医学モデル」と「個人モデル」という用語の整理が必要だろう。

　オリバー（Oliver 1996: 31）によれば、オリバーが1983年に社会モデルを発表した際は、社会モデルを医学モデルとの二分法によって概念化したのだが、医学モデルという用語は医療対象化への批判が核となっており、医学的・心理的な両側面を十分に表現できないため、「個人モデル」と呼ぶようになったという。個人モデルとは、障害は個人に所属し、個人に原因があるとするモデルである。このモデルは「障害は個人の身に降りかかる悲劇である」という悲劇理論が基礎となっている。これに対して社会モデルは、障害を社会的抑圧とし、障害者を個人的な悲劇の当事者ではなく、社会の犠牲者

と捉えるモデルである。ただし、英国型社会モデルでは、オリバー以外、医学モデルと個人モデルを同義と捉え、社会モデルに対峙するモデルを個人モデルとしていることが多い（寺島 2003: 2）[5]。そこで本論では、次項で扱う障害のモデル対立については、社会モデル誕生当初の対立について記述する場合には、対立モデルを「医学モデル」とし、医学的側面だけではない側面が加味されたモデルを記述する場合には「個人モデル」とする。

3　「知的障害のある子をもつ母親」

　本論で「子」とは、親子関係における「子」であり、「児童」という意味ではない。グループディスカッションに参加した母親の子どもは、ディスカッション実施時点ですでに半数が成人していたが、本論では「子ども」「わが子」と記している。本文で「児童」という意味の「子ども」を使う場合には、他の表現に言い換えており、引用等で使用されている場合には「子ども（C）」と表記した。

　「知的障害」については、ディスカッション参加者がもつ認識に従った。すなわち、参加者本人が「子どもには知的障害がある」と認識している場合に「知的障害」とした。「知的障害」を臨床的に定義づけるのは困難だとされるからである。これをオリバー（Oliver 2006 =2010: 67.）は、「なぜなら治療を必要とする症状がまったくないのがしばしばであり、むしろ社会的能力を評価したり、IQ を測定しようとする目的との関連で認識されるものであるから」と説明している。ただし、本論に関して言えば、「参加者本人の認識」を裏付けているのは、医師の診断であり、福祉サービスを受給するために取得する療育手帳の有無及び等級であったといえる。

　「知的障害」は、医師の診断においての「精神遅滞」と同義である[6]。診断には、アメリカ精神医学会が定めた DSM（Diagnostic and Statistical Manual of Mental Disorders）と WHO の国際疾病分類 International Classification of Diseases（ICD）が使われることが多い。

　また、療育手帳制度では、昭和 48 年 9 月 27 日児発第 725 号通知「療育手帳制度の実施について」で定められている以下のいずれにも該当するものを「知的障害者（児）」と定義している。前述したように、知的障害は、治療の

表 2-1　精神遅滞の診断基準（DSM-Ⅳ-TR）

A. 明らかな知的機能の遅れ：個別施行による知能検査で、おおよそ 70 以下の IQ（平均より 2 標準偏差下が目安）（幼児においては、臨床的判断による）
B. 同時に、現在の適応機能（すなわち、その文化圏でその年齢に対して期待される基準に適合する有能さ）の欠陥または不全が、以下のうち 2 つ以上の領域で存在：コミュニケーション、自己管理、家庭生活、社会的／対人的技能、地域社会資源の利用、自律性、発揮される学習能力、仕事、余暇、健康、安全
C. 発症は 18 歳以前である

出処：DSM-Ⅳ-TR（アメリカ精神医学会 2000 [= 高橋他訳 2002:49]）

表 2-2　精神遅滞の定義（ICD-10）

精神の発達停止あるいは発達不全の状態であり、発達期に明らかになる全体的な知能水準に寄与する能力、例えば認知、言語、運動および社会的能力の障害によって特徴づけられる。

出処：ICD-10（WHO 2003）（http://www.dis.h.u-tokyo.ac.jp/byomei/icd10/：2014.5.27 最終更新）

表 2-3　知的障害の定義（療育手帳）

知的障害者（児）は以下のいずれにも該当するもの
・おおむね 18 歳以前に知的機能障害が認められ、それが持続している
・標準化された知的検査によって測定された知能指数 (IQ)75 以下
・日常生活に支障が生じているため、医療、福祉、教育、職業面で特別の援助を必要とする

出処：「療育手帳制度の実施について」（厚生労働省通知 1）
[http://www.geocities.jp/minna1293/10ryouikutetyou02.html：2014.5.27 最終更新]

　必要がないために医師の診断を必要とすることが少なく、家族としては手帳の交付をもって「確定診断」と認識するケースが多い。判定には、福祉事務所の状況聴取、児童相談所・知的障害者更生相談所心理判定員による知能検査、相談所の医師による診察が行われるため、結果的に前掲の DSM や ICD 等の医学的診断が根拠になっているといえる。
　知的障害の定義において IQ を用いた分類を廃止すべきだという論がある（Harris 1995、Field 1999）。当事者が IQ という概念を自覚的に受け止めないままに外部から「分類」され、そこに時としてスティグマを導く価値が内包されてしまうこと（中野 2002: 39）への警鐘である。同時に、「適応行動」「問題行動」という表現は適切なのかという課題にも向きあわなくてはならない。なにをもって「適応」とし、なにをもって「問題」とするのかという

点においても、知的障害は極めて危うい定義のもとに診断されているということができる。

つまり、社会モデルの台頭によって、知的障害は今や「能力という社会からの期待との関係で作られたもの（Marks 1999: 142）」として捉えられるようにもなってきており、きわめて社会的な障害であると考えられるが、本研究の対象者である母親たちのもつ知的障害の定義は、IQ で示される「医学的診断」に基づいており、母親たちの障害観の前提に強い医学モデルの障害観があると言うことができるだろう。

第4節　研究の設計と流れ

1　研究全体の流れ

全体の流れは以下のようである。詳細は次項以下に示すものとする。

①研究協力者選定の条件を決めるための予備調査

あらかじめ2グループの予備調査を行い、グループ選定のための条件を決めた。2007年春 01 グループ予備調査（筆者自宅にて）、2008 年5月8日 02 グループの予備調査（協力者の子どもが通う特別支援学校にて）が行われた。

②研究協力者への依頼・承諾

事前に口頭または電話等で内諾を得た協力者に、郵送または手渡しで依頼書を配布し、承諾を得た。

③筆者を含めたリアルグループによるグループディスカッション

グループディスカッションは、筆者自宅のリビングで行われた。ディスカッション参加者全員が、筆者自宅から公共の交通機関を使ってほぼ1時間圏内に居住していたこと、筆者の自宅が全員が所属しているサークルの活動場所に近かったことなどから、筆者自宅で行うことが適当であると考えられた。午前9時半に集合し、10時から12時の予定でディスカッションを行った。超過したグループもあったが、全グループが3時間以内で終了した。ディスカッション後は、昼食を提供して謝意を示した。協力謝礼金等は渡していない。

2009 年2月25日に A グループ（子どもが学生男子）、2009 年3月5日に

Bグループ（子どもが学生女子）、2009年3月24日にCグループ（子どもが卒後男子）、2009年7月3日にDグループ（子どもが卒後女子）のディスカッションを行った。

　録音はディスカッション中のみとし、直後の会話は録音していない。直後の会話については、ディスカッションの内容を補足するものとしてディスカッションデータの分析の際の解釈に活かすためにメモを残した。会話文そのものを論文内に使用する際には、本人の承諾を得た。

④逐語録の作成

　ボイスレコーダーに録音したディスカッションは、速やかに逐語録にした。笑いや参加者の表情などはメモを参考に出来る限り逐語録に書きこんだ。

⑤逐語録のTU分割

　TU（＝語幹ユニット）に分割した。詳細は次項以下に記載する。

⑥TU単位でのICFコードへのリンキング

　ICFコードにリンキングした。リンキングのルールの詳細は次項以下に記載する。

　逐語録をTUごとにICFコードにリンキングし、これをエクセルで整理した。その一部を例に示した。A列はグループディスカッション内のTU番号である。B列は逐語録、C列が主なコード、D列以降は関連して出現したコードである。それぞれの評価点も、評価点のルールに従って示している。

⑦補足的データの収集とデータの最終確認

　ディスカッション翌日以降、ディスカッション参加者との対面の会話、電話やメールでのやり取りなどを通し、ディスカッションの会話についての補足や気持ちの変化などが語られた際にはメモを残した。これらのメモの情報は、ディスカッションデータ分析の際の解釈に活かしたほか、会話文そのものを論文内に使用する際には、本人の承諾を得た。

　2015年2月には、本調査ディスカッション参加者に、ディスカッションから数年を経た現在の心境などをたずね、最終確認を行うための質問事項を郵送し、A～Dグループ参加者19名中17人から回答を得た。これらのデータは、本論に使用する承諾を文書で得ており、データ分析の解釈に活かした。

⑦ICF 関連図の作成

　ICF コードを結び付け、ICF 関連図を作成した。関連図は、①グループディスカッションの流れを整理する目的と②ディスカッションで現れた主要なコード間の関連を示す目的の二つの目的で作成した。

　グループディスカッションの流れを示す関連図は、ディスカッションで語られた話題を流れに沿って示すもので、逐語録に従って、いくつかの TU をまとめた話題ごとに関連図を作成した。実際のディスカッションでは、同じ話題が間をおいて繰り返されたり、唐突に全く違う話題に切り替わったりといった現象もおきており、関連図はそれを全て追うことはせず、同じような話題を一つの関連図にまとめて説明している。そこから、ディスカッションの流れを示し、年齢と性差で同質性をもたせたグループごとの障害観の特徴を示すことができると考えた。

　コード間の関連を示す関連図は、以下の手順で作成した。まず、エクセルにまとめられたコード表を C 列→ D 列→ E 列……の順で最優先列として選んで並べ替えを行う。例えば C 列優先のコード表であるコードに着目すると、そのコードを主たるコードとした TU だけを取り出すことができる。次に D 列や E 列…のように関連するコードを並べ替えると、そこでもそのコードが現れた TU を取り出すことができる。これらをつなぎあわせて、あるコードが出現した 4 グループの TU を取り出すことができる。次に、該当のコードと共に出現したコードを見ると、特に多いコードがある等の特徴を発見することができる。これらを関連図にしたものが「コード間の関連を示す関連図」である。

　コード間の関連を示す関連図は、二つのコードの関連に焦点化して描いている。まず、「あるコードⅠ」ともっとも強く関連する「あるコードⅡ」の関連図を描き、次に、「あるコードⅡ」ともっとも強く関連する「あるコードⅢ」との関連図を描く……というように、関連するコードを追って焦点化するコードを換えて関連図を作成した。

⑧リンキング過程および関連図の知見を総合した「母親の障害観」の導出

　リンキングの過程から得た知見と関連図から得た知見を総合し、母親の障害観を障害のモデルを使って描き出す。

2 研究協力者の選定

グループディスカッションの参加者は、リアルグループによる研究であることにこだわり、また同質性を保持して選出した。最初に、本調査に先だって、2グループの予備調査を行い、グループの同質性について検討を行った。予備調査参加者のプロフィールは、表の通りである。

予備調査開始時には、「障害種別」で同質性を保持しようと考えた。そこで01グループをダウン症のグループ、02グループを重度重複のグループとした。しかし、予備調査では、「○ちゃんは、男の子だから」「そこは男女差

表2-4 予備調査01グループ（ダウン症の子どもをもつ母親のグループ）

	子の年齢・性別・所属・手帳等級				家族構成
01－1	18歳	女	高校	B1	父母妹
01－1	15歳	女	中学	B1	父母姉
01－3	20歳	女	授産勤務	B1	父母姉
01－4	12歳	男	小学校	B1	父母妹
01－5	13歳	男	中学	B1	父母祖父

表2-5 予備調査02グループ（重度重複障害の学齢期の子どもをもつ母親グループ）

	子の年齢・性別・所属・手帳等級・障害					家族構成
02－1	12歳	女	中学	身障1級	脳性まひ	父母
02－1	15歳	男	高校	身障1級	脳性まひ	父母
02－3	8歳	女	小学校	身障1級	急性脳症	父母姉
02－4	9歳	男	小学校	身障1級 愛の手帳2度	ダウン症	父母兄
02－5	11歳	女	小学校	身障1級	脳性まひ	父母妹
02－4	9歳	女	小学校	身障1級	神経軸索ジストロフィー	父母姉
02－7	12歳	男	中学校	身障1級	外傷性くも膜下出血	父母弟祖父母
02－8	14歳	女	中学校	身障1級 愛の手帳2度	脳性まひ	父母姉妹
02－9	14歳	男	中学校	身障1級	ジュベール症候群	父母祖母

だね」や「うちはもう働いてるから」「学校にいるときはそうだったわ」など、年齢や性別でディスカッションが止まることがたびたび見られた。また、同じ障害種別であっても原因や程度、生活状況や本人の個性はさまざまであり、障害種別による同質性はほとんど確認できなかった。

　また、予備調査を行った2グループは、01グループが5名、02グループは9名だったが、参加者への負担を考慮したディスカッション時間の制限から、9名のディスカッションで全員の声を十分に聞くことは難しかった。さらに、01グループは、調査者がよく知っているメンバーであったが、02グループは初対面のグループメンバーであったため、02グループのディスカッションでは、子どもの状況や家族の状況などを紹介するために時間が取られたことや、調査者に対する遠慮がディスカッションの内容を多少抑制気味にさせたのではないかと推測できた。

　さらに、予備調査02グループは、ディスカッションメンバー全員が調査者と面識がなかったが、メンバー同士は、子どもが学校にいる間の時間のほとんどを共に過ごしているリアルグループであった。しかし、既述したようなデメリットによって、ディスカッションは01グループよりも不活発であった。

　すなわち、2つの予備調査から、ディスカッショングループの選定では、①子どもの障害種別、年齢（特に学齢期か否か）、性別を一致させるべきである。②特に障害種別における差異は大きいので、一つの障害種別に絞って研究すべきである。③リアルグループの研究では、調査者も含めたリアルグループにすべきである。④2時間のディスカッションで全員が十分に発言するためには、4〜5名のグループが適当である、ということがわかった。

　そこで本ディスカッションでは、参加者の条件を、①子どもが「知的障害」である　②子どもの年齢（学生か卒後か）と性別を、1グループ内で一致させる　③調査者を含め、日常から交流してディスカッションの相手をよく知っているリアルグループであること、の3点を条件に選定し同質性の保持を行い、4〜5名の4グループを組織した。

　本論のディスカッション参加者は、筆者の「障害児の母親」仲間である。ディスカッション時には、それぞれの子どものためのサークルが設立されて

から10年以上が経過しており、互いの子どもの特性等を十分に認識し合っていた。さらに、10年にわたり親同士のあいだで密で深いやりとりをしてきており、「障害児の母親としての歴史」を共有していた。そのために、共同の行動様式とその基礎にある母親としての心の動きを一定程度認識し合っていた。

さらに、調査のために人工的に設定されたグループでは、日常のコミュニケーションと切り離された環境で意見を述べることになるため、ディスカッションはその場限りのものになるが、リアルグループでは日常生活と似た環境で意見が生まれ、表出され、修正されたり共有されたりすることになり、それによってグループダイナミクスが高まり、ディスカッション後も互恵性が維持されることも予測された。当事者研究としての本論においては、最適な参加者の選択であったと考える。

3 グループディスカッション

3-1 グループディスカッション採用の意味

本研究では、データ収集の方法として、グループディスカッション[7]を採用した。グループディスカッションは、フォーカスグループインタビューの中のひとつの方法である。本研究においては、グループインタビュー技法の中でも、以下の点でグループディスカッションが妥当であると判断した。

第一に、参加者間相互の刺激によって発展するグループダイナミクスへの期待である。すなわち、議論の刺激とそこで発展するダイナミクスとが知見を得るための鍵として活用される（Flick［1995＝2002］:146）。グループダイナミクスによって、より広範囲に意見が広がり、予測不可能な意見の収集が期待できること、と同時に、グループ内である意見が形成される際のダイナミクスそのものが重要な知見を提示することがあるという点である。

本調査の主題については、社会的に合意された見解が定まっておらず、インタビュー参加者も当事者として答えを模索している最中であることが推測される。すでにもっている明確な意見としてではなく、その場で考え、意見を出し合うことで、グループとしての意見の広がり、深まりが期待できる。その過程こそが、本研究の目的につながる「母親の障害観の揺れ」につながるものであると考えた。

一方、グループディスカッションは、「誤った意見や極端な見方を除くよう、参加者が相互にチェックして均衡をとる傾向によってデータ収集の品質管理が行える。またこの場合、ある見解が参加者間に比較的一貫して共有されている様を評価することがかなり容易である（Flick 2002; Patto［1990: 335-336］）」といわれる。本調査は「囲い込む家族」という、参加者のアイデンティを否定するような言説を前提にした研究であることにも特別な配慮を要するため、「社会的望ましさへと引っ張られたり、インタビュアーに感銘を与えようとする傾向が、仲間からの支援によって減じられる（Vaughn 1996=1999）」ような「データの品質管理」は重要である。

　さらに、本調査による互恵性が挙げられる。前述したように、本調査は主題について参加者がその場で考え、意見をまとめていく過程が想定される。「同じような状況にいる者同士」の話し合いによって参加者が得られるものは、インタビューへの参加意欲をさらに高めると考えられた。

　しかし一方で、グループディスカッションでは、グループの持つダイナミクスのゆえに、あるメンバーが主導的に発言したり、発言を遠慮する者がでてきたりするという偏りが出現することが予測される。そこで調査者は、グループの中で独自に発展するダイナミクスを活かしながらも、同時に全参加者に平等に発言してもらうためディスカッションの舵取りをする（Flick 1995=2002: 151）ことになるが、限定された時間内で行うディスカッションでは、平等性を第一義的に扱うことにも限界がある。この問題を減ずる措置として、本調査は、グループディスカッションで十分に発言できなかったメンバーに対する補足の個別インタビューや、必要に応じて補足的に行う簡単な質問紙調査などを随時組み合わせて行った。

3-2　背景知の一致

　ディスカッションの初めに、調査者から、ディスカッションの企図について説明した。これは、ホルスタインとグブリアム（Holstein & Gubrium 1995=2004）の「インタビューに参加するインタビュアーも回答者も両方ともに、必然的にそして不可避的に『アクティブ』であるということだ。つまりどちらも意味を作りだす作業にかかわっている（: 21）」という主張を支持

し、インタビュアーと回答者が共同で知識を構築することに貢献していることを認め、それを意識的にかつ良心的にインタビューのデータの算出と分析に組み込んだものである。その具体的な方法のひとつとして、背景知の一致を意識し、本調査は調査者と参加者の背景知を一致させるため、本論の趣旨に沿ったディスカッション企図を説明した。

　特に、脱家族論は、研究者の間ではともかく、一般社会において取り上げられる機会は多くない。実際に、後日の質問紙調査でディスカッションの当日までに「脱家族」の概念をどこかで聞いたことがあると答えたのは、19人中2人だけだった。「障害者家族」という、当事者性を帯びながらも非当事者でもある母親に「脱家族」の主張が届いていないとすれば、調査者と参加者のあいだに、テーマに関わる背景知に重大な差があるということになる。本調査は、まず、その背景知の差を縮小することで、意識的にかつ良心的にインタビューをすることに努めた。

　「ディスカッションの前に」という位置付けで、本研究の趣旨を再度確認のために説明した後、「障害者とその家族についての近年の議論」として、囲い込む家族が身体障害当事者によって糾弾された歴史のうえに、自己決定をキーワードに家族（特に母親）からの独立を主張する「脱家族論」が（1970年代には非常にラディカルに、現在は緩やかに、が厳然として）あることを中心に説明し、筆者が以前に強い衝撃を受けた「泣きながらでも……」という横塚のメッセージを紹介した。

3-3　ディスカッションのテーマ

　ディスカッションのテーマは「障害者の自立」である。依頼文には「テーマは障害のあるお子さんの将来像について母として気になることについてです」としたが、実際には前述のディスカッション企図説明の後、「どう思いますか、蹴飛ばされそうですか」という問いかけでスタートした。

　敢えて、本論のテーマである「障害観」をテーマにしなかったのには、抽象的なディスカッションになることを避ける狙いがあったことと、正面から本題に切りこむことで本音が聴きとれなくなることを恐れたためである。生活のあらゆる場面を具体的に話題にしながら自立について語り合うなかで、

そのナラティブに滲出した障害観こそ、意識下に内面化された真の障害観ではないかと考えたのである。

4 分析過程
4-1 分析道具として ICF を使用する理由と意義

本論では ICF を分類分析の指標として使用する。それは、まず、以下にあるように、ICF を研究の「建築材料」である「さまざまな構成概念や領域を位置づける手段」として使用することで、母親たちのナラティブが一つの指標に基づいて系統立てられることを期待するからである。

> ICF は、生活機能や障害の過程をモデル化したものではない。しかし、ICF はさまざまな構成概念や領域を位置づける手段を提供することによって、過程の記述のためにも役立つものである。ICF が提供するものは、相互作用的で発展的な過程としての、生活機能と障害の分類への多角的アプローチである。これは利用者に「建築材料」を提供するものであり、誰でもこれを使ってモデルを作ったり、この過程を異なった側面から研究したりすることができる。〔ICF 序論〕(WHO 2001 [=2002: 16])

ディスカッションデータのような質的データを質的に分析して、新しい理論を構築する方法として、グラウンデッドセオリー法（GTA）[8]、KJ 法[9]、ナラティブアナリシス（NA）[10] などが挙げられる。生のデータから意味解釈や仮説を生成するこれらの方法は、質的研究の中でも「The Big Q」と呼ばれ、調査者は仮説をもたず、常に新しい質問を探し続けることが求められる。一方で、データをあらかじめ理論的に想定しておいたカテゴリーに従って分類整理し、場合によっては数的処理も行うような方法は「The Small q」と呼ばれる。この方法は、仮説を検証するような場合に使われ、質問を探すのではなく、答えを探す方法である（Kidder & Fine 1987: 59）。

「The Big Q」の代表である GTA は、単なる言い換えや要約を越えた内容についての深い理解を得ることができる研究方法として広く使われているが、「研究方法」と「わざ」の境界が見えにくく、研究方法の教育が困難である

点、コード化や比較の可能性が際限なく存在し、理論的飽和の判断が研究者に任されてしまう点に、使用の困難さが指摘されている（Flick 1995 [=2002: 230]）。

そこで、本論では、すでに本論のテーマである障害に関連する事柄が分類されており、用語に一定の信頼性のある定義が付されている ICF を使ってコーディング作業を行い[11]、ICF のもつ数的な性質も活かしつつ分析する手法（The Small q）を採用した。

分析のカテゴリーとして、ICF を採用したのは、本論の主題である社会モデルと個人モデルの統合を謳っている ICF を「まず使用する」ことに意義があると考えたからである。それは、ICF が、社会モデル的観点の不足を指摘されていることを考慮してもなお、少なくても両視角を意識して作成された点において唯一の枠組みであり、実証検証的な意義においても使用することによって示唆される面があるだろうと考えられることによる。

ただし、ディスカッションによる質的データを ICF という既存の枠組みで分類整理する方法は、一見効率的で、The Big Q よりも容易に実施できるように見えるが、「データ以外から作った既存のカテゴリーを使って分類する方法は、言説の内容が見えにくくなり、本当の深みに届くことができないおそれがある（Flick 1995 [=2002: 241]）」ことも指摘されている。すなわち、枠組みの使用法いかんでは、研究目的である、母親の障害観の独自性が見えにくくなる危険があることも自覚すべきである。構造化しないディスカッションにおいては、同じ日本語という言語においても、同じことが違う言葉で表現されることは少なくない。逆に、同じことが異なる言葉で言い換えられることもある。それは、ガーゲン（Gergen 1999= 東村 2004: 72）の「社会構成主義のテーゼ」の第一「私たちが世界や自己を理解するために用いる言葉は『事実』によって規定されない」ということでもある。そして、それはそのまま第二のテーゼ「記述や説明、表現は人々の関係から意味を与えられる」につながる。

本論において探ろうとするのは、まさしく、子の障害状態という「事実」ではなく、母親がとらえた「意味」であり、「関係」である。この点を念頭におき、ナラティブを読みとり、ICF を使って分類することによって、複雑

な意味や関係を丁寧に読み解く作業につなげていく。

　次節で詳細な手順を提示するが、本論では逐語録のナラティブをICFのコードにリンキングさせ、関連図を作成することで可視化する方法をとる。リンキングは、本論の研究方法においてもっとも重要な作業である。本節ですでに述べたようにICFのコードにはひとつひとつに定義が書かれている。この定義と、眼前のナラティブを照らし合わせる作業では、当然のことながら定義に忠実である必要があり、ひとつのナラティブをどのコードにリンキングするか、またはどのコードにもリンキングしないかを決定するためには、言葉の意味や関係を精査する必要が生じる。それはそのままガーゲンの四つ目のテーゼ「自分たちの理解のあり方について反省することが、明るい未来にとって不可欠である (: 75)」を実行することになる。作業そのものが、ナラティブをそのままにせず、意味を問い直す機会を提供することになり、そこに存在する「暗黙の合意」や「前提」を振り返る作業も必ず必要とするのである。

　ただし、ICFの使用については、特に脱家族の背景である社会モデルからの拒否反応がある。例えば、星加（2007: 251-253）は、自論とICFの認識との立場の差異について、3点をあげている。

　その一つは、ICFは、ディスアビリティの生成過程における「社会的構築性」に焦点を当てていないという点である。「ディスアビリティの生成においては、『社会的価値』やそのリストによってどの『活動』や『参加』が焦点化されるのかということ自体が社会的な過程として重要な意味があるのだが、ICFはこの点を所与のものとして扱っている」ことと、「ディスアビリティを観察されている実行状況と期待されている実行状況の乖離と捉えている点」は評価しているものの、「期待されている実行状況の基準点が『標準的な個人の社会状況』によって表現され、『期待』という心的過程に含まれる規範的・主観的な要素については扱われていない」ことが問題として提起されている。

　二つ目は、ICFは、インペアメントを「一般人口の標準からの偏差を表すもの」として、純粋に生理学的・解剖学的に定義しているため、ICFにおいてインペアメントは否定的に定義されており、「活動制限」や「参加制約」

の結果として間接的に反映しているはずの社会的状態が記述できないというものである。星加は、「心身機能」や「身体構造」に関する否定的状態としてのインペアメントが、純粋に生理学的な言語で記述されることはあり得ず、それもまた「環境因子」を含む他の要素や次元との関連において規定される必要があるという。

　三つ目は、ICFにおいては、ディスアビリティが内的過程を経て産出され、増幅されていくという次元が全く看過されているというものである。ディスアビリティには、単なるインペアメントの結果ではなく、社会的規範の内在化とスティグマの影響を受け、あきらめてしまうという「自己抑制のディスアビリティ」がある。「ディスアビリティ現象の重要な側面を理解するためにこの水準のディスアビリティの生成過程を扱えない理論的枠組は致命的である」というのが星加の論である。

　ここで本論の立場を明示する前に、本論は障害児者の障害状況をアセスメントするものではなく、あくまでも母親の視角からみた「障害」を分析するものであることを確認しなくてはならない。

　星加の第一の指摘は、母親の障害観を分析するにあたって、看過できない視点である。本論は、まさに、母親らがどのような「社会的価値」に基づいてどの活動制限や参加制約に焦点化しているのか、そのこと自体を分析しようとするものであり、ICFのリストそのものの妥当性を含めて検証するものである。既述したようにICFのリストは日々改訂されており、また社会モデルを表現するために必要なコードの圧倒的な不足をある程度自覚している。よって、その使用にあたっては、コードの不足を補うシステムも備えられており、コードの不足を補いつつリンキングを行うことで、却ってアクティブな分析が可能になると考える。評価点についても、同様のことが言える。本論は、母親の障害観を分析するものであることから、評価されるのは「一般の標準からの期待」ではなく、「規範的・主観的な心的過程を含めた母親の期待」と母親が観察した実行状況の乖離である。すなわち、星加の第一の指摘は、そのまま本論の掲げる研究課題に相当するものである。

　第二の指摘については、特に知的障害において重要な示唆と言えよう。心身機能（b117-知的機能）が「標準」より低いことは、それだけでは何ら障

害とは言えないが、標準に合わせた様々な社会的条件（言葉や文字・数の使用など）によって「活動制限」や「参加制約」が生じているのが、知的障害を取り巻く現状である。さらに、そのことが身体障害に比較して見えにくく、ユニバーサルデザインにつながりにくくなっており、結果的に知的障害は固定化されやすいからである。

しかし、星加の指摘の通り、ICFは心身機能と身体構造を生理学的・解剖学的に定義しているが、それと相互に関連する要素としての環境因子にはe460.社会的態度やe465.社会的規範・慣行・イデオロギーまたは、それらの影響をうけることも予測できるe410.家族の態度などの「態度要素」が用意されている。インペアメントと環境因子が複雑に影響しあっていることを認めても、ICFがそれを表現できないとは言い切れない。むしろ、両者を分けて捉えることは、この課題を見えやすくするとも考えられる。留意すべきは、いかに生理学的・解剖学的基準であろうと、「標準」は社会的に変容するものだということであり、ICFが標榜する「共通言語性」はこの点において危ういものになる。あくまでも変容する標準からの偏差であることを念頭にインペアメントを規定し、そのことによって、「標準」を逆照射することは可能である。「標準」が何によって規定されているのかは、インペアメントを仮定することによってこそ浮かび上がるのである。

ただし、繰り返しになるが、本論は母親の障害観を主題にするものであり、本論においてリンキングするコードは、あくまでも母親が捉えた心身機能である。母親の内部に規定された標準との偏差が心身機能のマイナス（ときにプラス）となって示されるのであり、それらが、間接的に環境因子や他の要素や次元といかに関連づけられるかについてこそが、本論の関心である。

第三の指摘については、上田（1983, 2005, 2014）が主張する主観との関連が想起される。上田は、1981年ICIDHを紹介する初期の段階で、障害のある人の内部にある主観的障害の存在を指摘し（上田 2005: 61）、分類に加えることを一貫して主張してきた。主観的次元に呼応するものとして、ICFの構成要素を「客観的次元」と位置付けていることについては容認できないが、「本人の主観」がICFの分類のどこかに新たに加えられるべきであるという主張はもっともである。すでに主観的次元を加えた実践研究もおなわれてき

ており（斎藤 2013・石川他 2013）、本論においても、ディスカッション逐語録を読み込む際に、「自己抑制としてのディスアビリティ」の存在も念頭に置き、必要に応じて主観次元の項目を設けることで、これに対応することはできるだろう。

特に、星加（2007: 220）が取り上げている、母親が子を守ろうとするあまりに、奇しくも本人の「自己抑制のディスアビリティ」を促進してしまう皮肉な事例[12]（浜田 1997: 170-1）には注目すべきである。このことはすなわち、母親の障害観が及ぼす重要な影響のひとつであり、本論の主題に引きつけて課題提示が求められるものである。

ここまで、星加（2007）のICF批判に呼応する形で論を進めてきたが、どのような課題が提示されようとも、ICFがひとまず医学モデルと社会モデルの統合を謳っていること、不足を指摘されていることが意識され改定作業が進行していることにおいて、使用することに第一義的な意味があると考える。

バーンズ（Barnes, C. 2011: 108）は、障害学会の第7回シンポジウム討論において「ICFは決して分離された学校、アクセスできない建物、障害者に尊厳をもった暮らしを提供しない不十分な手当てを測定することに使われることはありません」と発言しているが、使うことが禁じられているものでは到底なく、ひとまず使ってみることはできる。続けてバーンズは、「またICFではなぜ障害をもつ人々はメディアで不完全な人のようにいまだに取り上げられるのかもわかりません」とし、それではと、「ICFに代わる差別とか権利侵害、ディスアビリティを明らかにする構造分析のツール、手段、指標」について問われ（堀 2011: 109）、「政府の統計」と答えている[13]のだが、この回答はいかにも説得力に欠ける。

前述したように、重要なことはICFは発展途上にあるということである（Peterson et al. 2010: 18）。不足が指摘される社会モデルの視点を強く意識しながら使うことによって、より社会モデルの視点からの課題を発見できる道具として洗練させていくこともできる、その可能性を閉じていない可塑性がICFの魅力である。本論はこうした課題意識をもってICFを使用するものである。

4-2　ディスカッションデータの逐語録化とTU化

　グループディスカッションは、全てICレコーダーで録音し、逐語録を作成した。逐語録は、内容分析（Berelson 1954=1957: 49）の手法であるTU（Thematic Unit 語幹ユニット）に分割した。TUの分割は、スティンソンら（Stinson et al. 1994）の手順に従って行った。TUとは、各々1つの概念のみをもつ最小の単位とされ、通常の場合1つの主述からなる文章に相当する（平井 2007: 151）。

　リアルグループのディスカッションである本データは、文章化すると句読点がつけにくい語りも多い。例えば、以下のような語りは一文だが、5つにTU化した。TUは、このような語りを分割するときに、一定のルールを提供する点で有効である。

(1) やっぱし私の知り合いにも<u>障害を持っている子の親</u>って結構<u>障害を持ってるお母さん</u>って何人かいるんですよ、

(2) そうなるとやっぱし、その子の<u>ケア</u>をやっぱし親がやるよりかは<u>第三者のケースワーカーさんとかそういう人たち</u>がたくさんこう<u>見守って</u>くれて、

(3) さっき言った方もその<u>グループホームの方達</u>とか、<u>子どもを産む</u>に当たっても<u>小中学校の担任</u>まで呼んで<u>産む</u>かどうかの<u>話し合いをして</u>、

(4) <u>産んだらどうなるかも考えさせて、ケアされて産んだ</u>

(5) のをみたときに、ああ、<u>こういうことをしてくださるところもあるんだ</u>、それがいくつもあるわけじゃないけど、ああ、<u>そうなったときにはそういう形</u>もあるんだっていうのはおぼろげに感じたよね。

　　　　　　　　　　　　　　　＊下線部はICFコードにリンキングした語

4-3　ICFコードへのリンキング

　TU単位に分割したデータは、1TUごとに、TUの中に現れた単語のうち、障害のある人に言及している語を拾い、これをICFコードリンキングルールに従って、コード化した。

　本研究では、逐語録に現れた全ての言葉の中から、障害のある人の生活機能についての記述を抽出し、もっともふさわしいICFのコードとリンクさせた。リンクにあたっては、Cieza et al.（2005）及び堺（2013）のICFリン

キングルールを参考に、本論独自のルールを作成した。

　リンキングのルールは、本論においてもっとも重要である。

　それは、「障害のある子をもつ母親の障害観」を二つの「発見道具」（医学モデルと社会モデル）を使って視る必要があるからである。逐語録をコードにリンキングする際には、常に、社会モデルの視点の不足を疑う必要がある。

　例えば、オリバー（Oliver 1990 [=2006: 29]）は、1986年に行われたイギリスの国勢調査局による直接面接法調査の質問リストを言い換えて見せている。そのひとつに以下のような言い換えがある。

・どんな身体の不都合が物をもったり、つかんだり、ひねったりすることを難しくしていますか？
・物をもったり、つかんだり、ひねったりするのが難しくなる、つぼや瓶や缶といった日用品のデザインの欠点はどういったものですか？

　イギリスの国勢調査で使われた上の文章は、ICFのコードにリンキングすると、その定義に「手と手指を用いて、物を扱ったり、つまみあげたり、操作したり、放したりといった協調性のある行為」と書いてある、**a440. 細やかな手の使用**とリンクし、この活動の制限に影響を与えたのが「身体の不都合」という第１レベルのコードｂ（心身機能）かｓ（身体構造）の機能障害、つまりインペアメントということになる。回答者の回答によっては「手の筋力低下」**b7300. 個々の筋や筋群の筋力**にリンクされるかもしれないし、「不器用さ」が理由なのであれば、定義に不器用さを挙げている**b7600. 単純な随意運動の制御**にリンクされるかもしれない。

　一方で、オリバーが書き換えた下の文章は、**a440. 細やかな手の使用**の活動制限に影響したのは、本人のインペアメントではなく、「日用品のデザイン」である。ここに挙げられたつぼ、瓶、缶はICFでは**e1150. 日常生活における個人用の一般的な製品と用具**というコードになり、それが阻害的に働いたことになる。

　似たことがディスカッションの中で語られたときには、文脈で判断する必要が出てくる。「プルトップでぷしゅっとあける缶づめは、うちの子にはあ

けられない」という文章なら、**a440. 細やかな手の使用**より、「瓶や缶をあける」が定義に例示されている **p550. 食べること**と **e1150. 日常生活における個人用の一般的な製品と用具**がリンクされるかもしれない。それによって、調理が難しくなっているのなら、**p630. 調理**もリンクされるかもしれない。

ここで確認したいのは、「プルトップの缶は開けられない」という時に、医学モデルでしか捉えられず、**a440. 細やかな手の使用**と「不器用さ」＝**b7600. 単純な随意運動の制御**だけを選んでリンクしがちなことである。リンクの際には、社会モデルの視角を意識し、**e1150. 日常生活における個人用の一般的な製品と用具**などの影響に言及していないことも確認することが重要である。さらにそこには、缶を生産する **e5100. 消費財生産のためのサービス**や、製品の基準を決める機関の制度 **e5101. 消費財生産のための制度**の責任に言及していないとも限らない。「ああいう缶のしか売ってないからね」などのようなちょっとした言葉の中に散見できる社会モデルの視角を見落とさないようにしなくてはならない。

社会モデルの視角が ICF において十分には用意されていないことは指摘される（Hahn 2002）通りであり、そうした不足を、末尾が 8 のコード「その他特定の……」と末尾が 9 のコード「詳細不明の……」や、nd コードを使用して、積極的に新設するのが、本論のリンキングルールの特徴である。

〈ICF リンキングルール〉

① ICF には、コードの定義と「含まれるもの」「除かれるもの」が明記されている。リンキングにあたっては、これらの情報を参照して行う。

② 第 1～第 4 レベルのうち、できる限り詳細なレベルにあるコードにリンクさせる。例：「ゲーム機で遊ぶ」は、第 3 レベルの「p9200. 遊び（ゲーム機）」であり、第 2 レベルの「p920. レクリエーションとレジャー」ではない。

③ 各 ICF のカテゴリーに当てはまらない場合、コードの末尾に 8 を付した「その他特定の〜」のコードを使用し、新しいコードを作る。例：「旅行」は、「d 9208 その他の特定のレクリエーションとレジャー（旅行）」とする。

④ 各 ICF カテゴリーのコード 9「詳細不明の」を使用する。「詳細不明の」は、そのグループに含まれることは間違いないが、個別のカテゴリーに割り当

てるには情報が不十分な生活機能をコード化するためのものである。例：現存する職業名や人間関係呼称で表現できない「誰か」からの支援を示すコードは、e399. その他詳細不明の支援と関係とする。

⑤ふさわしいコードが見つからない場合は、nd（=not definable）の記号をあてる。

例えば、「出産した」は、「出産する」というコードがないため、「nd（出産する）」として参加の欄に入れる。

⑥その他 ICF にリンクされない語は、個人因子である可能性がある。個人因子には、pf（=personal factor）の記号をあてる。主観も個人因子とする。

⑦ e コードの3章（支援と関係）のコード化にあたっては、支援の内容を付加情報として加える。

例えば、「e310. 家族：更衣の支援」のように表する。

1）リンキングルール③について

　本論では、コードの末尾に8を付した「その他特定の」コードを使用する。このコードは、シーザ（Cieza, et al. 2005）及び堺（2013）の ICF リンキングルールでは、使われておらず、リンクしようとする文章が現存するコードに当てはまらない場合は、近いコードを選び、含みきれなかった情報を付加するルールを適用している。例えば、シーザら（Cieza, et al. 2005: 215）のルール表の例では、「I am worried.」は **b152. 情動機能**のコードを選択し、worried を付加するとし、「In your right leg, do you have pain in the foot?」は、**b28015. 下肢の痛み**を選択し、Right leg を付加するとしている。

　ICF コードは、階層式であり、コードの数字の桁数が増えるほど詳細度があがる仕組みである。

　b152 の例では、**b152. 情動機能**はその詳細分類が **b1520. 情動の適切性**や **b1521. 情動の制御**などであり、不安や悲しみといった情動の具体例は「含まれるもの」に挙げられているものの、分類はされていない。また、**b280. 痛みの感覚**は **b2800. 全身的な痛み**や **b2801. 局所的な痛み**などに詳細分類され、さらに **b2801** は **b28015. 下肢の痛み**など身体の部位を詳細に分類しているが、さらに詳細な「右足の痛み」までは分類していない。この二例の

ように、ICFが分類してない階層にある項目については、もっとも近い既存のコードに付加情報をつけるのは妥当だろう。

　しかし、例えば「旅行」は**d920. レクリエーションとレジャー**にリンクされるが、その詳細分類（d9200.遊び　d9201.スポーツ　d9202.芸術と文化　d9203.工芸　d9204.趣味　d9205.社交）には挙げられていない。しかし、d920における「旅行」は、**b152. 情動機能**における「不安」のように同レベルの分類項目が設定されていないわけではなく、また、**b280. 痛みの感覚**における「右足の痛み」のように、それが含まれる上位分類があるわけでもない。「スポーツ」や「社交」という同じ階層の分類項目が設定されている以上、それと同階層の**d9208. その他特定のレクリエーションとレジャー**を選択すべきであると考えた。そこで、本論では、末尾に8を付した「その他特定の」コードを使用し、**d9208. その他特定のレクリエーションとレジャー（旅行）**にリンクすることとする。

2）リンキングルール④について

　1）と同様に、シーザ（Cieza, et al. 2005）及び堺（2013）のICFリンキングルールでは、末尾に9を付した「詳細不明の」コードは使用されていないが、本論では使用する。

　シーザら（Cieza, et al. 2005: 215）のルールでは、「How much do you think your pain has changed with relationship with others」という文を挙げ、「relationship with others」は**d7. 対人関係**ではあるが、**d799. 詳細不明の対人関係**ではないとしている。この場合の「others」は、家族であれ、友人であれ、よく知らない相手であれ、あらゆる人間関係が当てはまるのだから、d799ではなく**d7.（対人関係）**もしくは**d779.（自分以外の誰かとの特別な対人関係）**が妥当だろう。

　しかし、例えば本ディスカッションで語られた「親に代わる愛情を注いで、しかも事務手続きも家事も手伝ってくれる、しかもいなくならない誰かと暮らせればいいよね」という文における「誰か」は、d7やd730-d799のようなあらゆる人間関係に当てはまることではなく、現在は誰かわからないが、特定の職業や立場である「誰か」という特定の個人を指している。ICFの階

層性を考慮すれば、**d799. 詳細不明の対人関係（誰か）**を選択することになる。

3) リンキングの妥当性確保

　ICF コードへのリンキング作業は、リンキングの経験を有する筆者が単独で行ったが、リンキングの過程では随時、ICF リンキングについて日本の第一人者である帝京大学の堺裕氏[14]のスーパービジョンを受けて進めた。リンキングルールの組み立て、コードのリンキング作業そのものについて具体的な指導を受け、修正しつつ作業を進めた。

　また、ディスカッションの言説そのものの意図をとり違えることを防ぎ、最終的に ICF コードのリンキングミスを防ぐため、各ディスカッションの最後に、参加者全員で、ディスカッションの内容を ICF の活動と参加のリストと照らし合わせてチェックした。チェック作業は、「政治的活動と市民権（p950）について、今日は話しませんでしたね？」「人権（p940）については、入浴や着替えの手伝いを異性である親がする……という話のときに触れましたね？」というように、ICF のコードを順に辿り、筆者のメモを確認しつつ、質問を繰り返す形式で行った。チェックは、ICF コードの1章からではなく、参加の最後の章である第9章の終りのコードから逆順に行った。参加者から、「その話は、そういう意味で話していなかった」という意見が挙がった場合は、参加者全員でどのコードが適当かを話し合った。チェック作業は、当事者によるトライアンギュレーションとしての一定の機能を果たした。さらに、この場で、ディスカッション時にはなかった意見や感想が挙がった場合はメモとして残し、「ディスカッション後の聞き取り補足データ」として使用した。

4-4　評価点の付与

　ICF では、「どのようなコードを用いても少なくとも1つの評価点は伴うべきである。評価点がなければコード自体に固有の意味はない（WHO 2001: 214）」とあるように、評価点は ICF の使用における必須条件である。しかし、本論のデータは、ICF が能力の評価点の基準として挙げているような

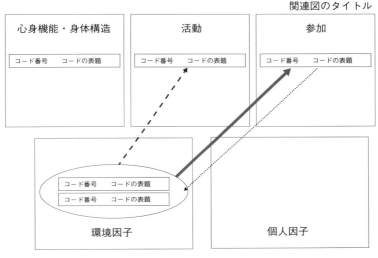

図 2-1　ICF 関連図

「画一的」「標準的」な環境の下で評価されたものではない。ある個人の能力や実行状況について語るだけでなく、一般論としてある生活機能について語ることも多く、したがって、評価点が付与できないコードも存在する。さらに、能力や実行状況に触れている語りでも、その評価は標準化された環境でテストされた普遍的な数値であることはほとんどなく、母親の主観的かつある場面だけを切り取ったその瞬間の評価である。加えて、その評価は、ICF が設定するように問題の重症度[15]すなわちマイナス面だけではなく、ある生活機能についてのプラス面が語られることも多かった。そこで、本論では、「ICF のコード化に関するガイドライン（WHO 2001: 211-224)」にある評価点を付す形式のみを採用し、実行状況と能力について、プラスかマイナスかだけを評価する評価点を評価可能なコードにのみ付すことにした。

4-5　ICF 関連図

　本論では、ICF 関連図を「ディスカッションデータの概念生成図」として

使用する。ICFの「構成要素間の相互作用図」と同じ位置に、独自の評価点を付した心身機能・身体構造と活動、参加、環境因子、個人因子のコードを四角で囲んだコード番号とコード表題で配置し、コード間を矢印で結び付ける。

矢印は、実線の矢印（→）はプラスの因果関係の方向を示し、点線の矢印（⋯▶）はマイナスの因果関係の方向を示す。箱矢印（⇒）で結ばれたコードは、因果関係ではないが影響があることを示す。線型の点線（-▶）は、支援の方向を示す。

いくつかのコードをまとめる場合は、コードを丸で囲む。丸で囲まれた部分から伸びる矢印は、囲まれたコード全てから伸びる矢印であることを示す。

5　倫理上の配慮

本研究は以下のように、倫理的配慮を期している。

ディスカッションの依頼は、資料1の「グループディスカッションのお願い」という依頼文書で行われた。実際には、事前に電話または口頭で依頼し、日程等の調整が行われたのちに、依頼文を郵送または手渡した。依頼文には、資料1の「ディスカッション参加承諾書」も1枚同封し、1枚は記入後当日までに回収し、1枚は協力者の手元に残すよう配慮した。

資料1の「グループディスカッションのお願い」では、本論のテーマをごく簡単に記した他、グループディスカッションという方法の意味、リアルグループの意味、ディスカッションテーマについて、録音・逐語録化すること、最後にデータ管理と秘密保持について言及している。

資料1の「ディスカッション参加承諾書」は、以下の点について確認し、ディスカッション参加とデータ使用承諾のサイン欄を設けた。また、同時に子どもの年齢や家族構成などの基礎データを記入する欄を設け、データ提供できることのみを記入するように依頼した。

・データが筆者の博士号請求論文に使用されること
・参加者の匿名性が守られること
・個人情報が公表されないこと
・逐語録が配布され、そこに納得のいかない発言や記載があった場合には

データとして取り下げる（削除する）ことも可能であること
・データの管理は厳重に行うこと（使用後は廃棄すること）

　さらにディスカッション終了後、逐語録を全員に手渡しまたは郵送し、同時に資料3「博士号請求論文使用許可書」にサインしてもらった。ここには、逐語録に「言った覚えのないこと」「本意ではなかったため記録に残したくないこと」「削除してほしい発言」がないかどうかを確認する欄があり、各人がこれをチェックし、同意のサインを記した。なお、この確認作業では、協力者のうち1名が他人のプライバシーに強く関与した部分などの削除を要求し、これに応じて10数行を逐語録から削除した。

4　研究の限界

　本研究では、複数の母親のディスカッションデータを一枚の関連図にまとめる作業を行っている。賛成反対の意見が明確に分かれた事柄については、賛否両論の関連図をそれぞれに作成したが、「さまざまな視点」で語られた事柄については一枚の関連図に複数の母親の意見がまとめられている。本研究では、ディスカッションを通して母親らが協同で言説をまとめあげていく作業を、当事者研究として捉えているため、ディスカッションで語られた意見に「反対」の意が唱えられなかったとき、それを賛意として認識した。
そのため、ディスカッションをファシリテートした筆者は、意識的に「皆さんもそう思いますか」という質問をはさみこみ、反対意見はもちろん類似した意見も含めた「さまざまな意見」を引き出そうとした。また、言語化されなかった表情や態度にも着目し、「○さんはどう？」といった問いかけで、言語化されなかった意見もあえて追求するよう努めた。
これらの方法によって、逐語録化されたデータは、ディスカッション参加者の「暫定的な総意」であるとした。

　さらに、逐語録を全員に開示し確認してもらうこと、リアルグループである利を活かし、逐語録を読んだ後の感想や意見を聞きとる追加調査を行ったことなどにより、「さまざまな意見」がグループ全体の総意であったことを確認した。

　ただし、研究の限界として、本研究で選定されたリアルグループが、前述

したように互いの意見を認め合うことができる信頼関係によって構成されていることを筆者は確信していたものの、それが全体としてどこまで担保されていたかは確認できない。可能性として、グループの意見に異を唱えることができなかったメンバーがいたことも否定できず、リアルグループであるがゆえに、その後の関係性を考慮した「つきあい」による抑制が働いたメンバーがいなかったともいえない。さらに、グループダイナミックスとしての「社会的手抜き」が起きて「熟考する」「ディスカッションに参加する」「正直である」ことに向き合わないメンバーがいなかったとも限らない。すなわち、ICF関連図がグループ全員の一致した意見を反映したものであるとは正確な意味では断定できない。

　さらに、本論のディスカッション参加者は極めて少数であり、本論の結論は「知的障害者の母親の障害観」として普遍化されるものではない。参加者は、限定された地域に住む、限定された階層の母親であって、リアルグループであるため志向性も極めて似通っていると考えられる。本論の結論がある一部の母親たちの障害観しか描き出さないことも、本論の限界である。ただし、普遍化した障害観を描き出すことは、当事者研究としての本論の範疇ではないことは前述の通りである。

　これと関連して、本論は障害のある子を育てた母親だからこそ得る特殊な障害観を描き出そうとするものであるにもかかわらず、一般の母親もしくは障害のある子を育てた母親以外の人の障害観を提示していない。「一般の障害観」を先行研究等から仮定したところからスタートしており、母親の障害観が時代によって変化するのと同様に一般の障害観も変化することを考慮すればなお、「一般の障害観」を同じ方法で導出することも必要とされるだろうし、母親の障害観を描き出すには、「父親」の障害観との差異についてもさらに比較研究することができるだろうことは自覚している。母親と父親については、特に日本において強い社会的ジェンダー規範による差が中根（2006: 114）にも指摘されており、父親当事者の発言等を引用することについては迷いが生じたが、本論ではいまだ明確にされていない両者の異同に敢えて固執せず、親当事者として共感できる部分は積極的に引用した。

　加えて、数値的な表現についても限界があった。本論は、ICFコードへの

リンキングによってある程度数的な処理も行う質的研究「The small Q」をめざしたが、分析の過程でコードの数を根拠として使用したのは「多い／少ない」というレベルにとどまらざるを得なかった。コードの数そのものは、そのときのそのメンバーによるディスカッションであるという個別性に左右されるもので、普遍性は全くなく、全体を俯瞰する際に参考程度に使用できる程度であると判断したためである。

注
1）ホルスタインとグブリアム（Holstein & Gubrium 1995=2004）は、『アクティブインタビュー』の中で、どんなにされた洗練されたインタビューでも調査者と回答者の会話であるのだから、可能性としてはバイアスがかかるものであるとしたうえで、インタビューは情報自体を産出する場所なのだとしている。つまり、インタビュアーも回答者も、どちらも意味を作りだす作業に関わっているアクティブな存在である。回答者も、単なる情報の収納庫ではなく、むしろインタビュアーと協同で知識を構築する者なのである。そこで『アクティブインタビュー』では、インタビュアーは公正無私な触媒とはなりえず、むしろ自覚的にアクティブであろうとするために、意図的にしかも協同して回答を誘い出そうとする。つまり語りのリソースや回答者がとるべき方向付け、該当の問題の前例などを示したり、ときには提案したりもする存在であるべきだ（: 104）としている。
2）「障害者の権利条約（1975）」では、「『障害者』という言葉は、先天的か否かにかかわらず、身体的・または精神的能力の不全のために、通常の個人又は社会生活に必要なことを確保することが、自分自身では完全に又は部分的にできない人のことを意味する」と定義される。また、「国際障害者年行動計画．（1980.）」では、「障害者とは、その社会の他の異なったニーズをもつ特別な集団と考えられるべきではなく、通常の人間的ニーズを満たすのに、特別な困難をもつ普通の市民と考えられるべきである」とされている
3）三島（2002: 6）は、「障害者観」を「障害のある人に対する見方」とし、それを「個人が異形の相手に対して抱く印象」と「社会もしくは集団の内部で了承され、共有されている見方」に分けて説明している。この場合の「障害者観」は「障害者とは誰か」を示す障害者観とは別のものである。本論では、三島の言う障害者観も「障害観」に含まれるものとして、いったん定義する。
4）例えば、茂木（2003）は、『障害は個性か』という著書の副題を「新しい障害観と「特別支援教育をめぐって」として、この中でICFを紹介している。
5）寺島（2003）は、Drake（1999）が、「医学モデルと個人の悲劇モデルを同義として捉えており、それらは社会モデルに対峙するもので、宗教的信念と医学がもたらした幅広い科学的な背景によって強化されているとする」としていることを指摘する。
6）「精神薄弱」は1999年4月から法的には「知的障害」に改められたが，医学用語としては、疾患名 mental retardation の訳として「精神遅滞」の日本語が使用されている。
7）Flick（1995=2002）は、「特にドイツ語圏における昔の研究では「グループディスカッション」という語が広く流布していたが、同様の方法が最近の英米圏では「フォーカスグ

ループインタビュー」と呼ばれてふたたび盛んに用いられるようになっている。」としながら、両者のあいだにあるいくつかの異なる点を挙げている。フォーカスグループは、特にマーケティングとメディアの調査によく用いられるものであること、顔見知りでない人々のグループが適しているとされていることなどが、本論においては特に着目すべき相違点である。

8）グランデッドセオリーとは、外側からできあいの理論や枠組みをトップダウンで押し付けるのではなく、データとの対話のなかからボトムアップ的に作り上げられた、現象理解のための枠組みである（能智 2005: 120）。

9）KJ 法は、データを先入観や期待、既存の仮説や理論にあてはめるのではなく、ボトムアップにデータそのものに語らせて、秩序を見出すのが最大の特色である。KJ 法とグランデッドセオリー法は理論的、技法的に非常に親近性が高い（難波 2005: 125）。

10）NA とは「語り手がコミットメントして表現した、まとまりのない質的データ」＝ナラティブのシークエンスを問題にする分析法である。その手掛かりには、語りの表現、内容、構造、言語的・非言語的特徴、聞き手とのやりとりなどが考えられる。したがって NA の結果は、（KJ 法やグラウンデッドセオリー-法のように）元のテキストから想像しにくい形態ではなく、むしろもとのナラティブの要約であり、うまく構造を描き出したものになる（川野 2005：133）。

11）著者が ICF を使用した実践・研究（下尾 2013/2008a/2008b/2008c/2007 等）を行い、コーディングに経験上の蓄積が期待されることも、ICF 分析選択の理由である。

12）浜田（1997）による，右手に四肢欠損の障害をもつ女性の事例。彼女は幼少期の大やけどによって指を失って以来，外出時には母親が編んでくれた手袋で手を隠すようになった。浜田は、「世間の目から娘の右手を守り、保護することが、同時にその右手を拒絶し、断罪することになってしまう.」と指摘している。

13）「不利益、差別、搾取、これらをみつけて、明示するというときに一番簡単な方法は、政府の統計を参照することです。例えば障害者がいかに雇用において不利益をうけているかという具体的な指標はイギリスでは簡単に入手できます。非障害者と比べた障害者の失業率、それから障害労働者の非障害者と比べた平均賃金、こういう統計は簡単に入手できます。政府は現状でいいのだといわんとするために、統計の数字を使うんです。でも私たちは逆に、このままではいけない、障害をもつ人々が不利な状況に置かれているということを明らかにするために政府の統計を使うわけです」。

14）堺裕氏：帝京大学（福岡医療技術理学療法学科）教授。ICF-CY 策定では、作業グループメンバーとして参加している。シーザ（Cieza）ら（2005）のリンキングルールに従って、「幼稚園教育要領」「盲学校、聾学校及び養護学校学習指導要領」と ICF の適合性を検討する論文（2006、2013）を発表している。

15）ICF では、問題なしを xxx.00 と表し、評価点は「現在問題となっていることの重症度（WHO 2001: 214）」を示す。

第3章
障害のある子を育てた母親の
グループディスカッション

第1節　ディスカッション参加者プロフィール

　調査グループは以下のとおりである。このうち、01・02グループは、予備調査として位置付けられたグループである。これら2グループのディスカッションの結果は、本ディスカッションのグループ編成を行う際の参考にされただけでなく、ディスカッションにおいての筆者の発言・態度にも大いに示唆を与えた。

01：ダウン症の子どもをもつ母親グループ（5人）
02：重度重複障害の学齢期の子どもをもつ母親グループ（9人）
A：知的障害の学齢期の男の子をもつ母親グループ（5人）
B：知的障害の学齢期の女の子をもつ母親グループ（5人）
C：知的障害の卒後の男の子をもつ母親グループ（5人）
D：知的障害の卒後の女の子をもつ母親グループ（4人）

表 3-1　Aグループ（知的障害の学齢期の男の子をもつ母親のグループ）

	子の年齢	子の障害	所属	療育手帳	同居家族	母
A1	18歳	精神発達遅滞	高校	A1	父母姉妹	40代主婦
A2	15歳	知的障害	中学校	B1	父母姉姉祖父母	50代パート
A3	12歳	広汎性発達障害	小学校	B1	父母弟	30代パート
A4	16歳	知的障害	高校	B1	父母	40代パート
A5	15歳	プラダウイリー症候群	中学校	B1	父母	50代主婦

表 3-2　Bグループ（知的障害の学齢期の女の子をもつ母親のグループ）

	子の年齢	子の障害	所属	療育手帳	同居家族	母
B1	17歳	プラダウイリー症候群	高校	B1	父母妹弟	40代自営
B2	15歳	精神遅滞	中学	B1	父母妹	40代主婦
B3	15歳	ダウン症候群	高校	4級	父母祖母	50代主婦
B4	11歳	広汎性発達障害	小学校	B1	父母姉兄	40代パート
B5	17歳	ルビンシュタインティビー症候群	高校	A1	父母祖母	40代パート

表 3-3　Cグループ（知的障害の卒後の男の子をもつ母親のグループ）

	子の年齢	子の障害	所属	療育手帳	同居家族	母
C1	24歳	先天性水頭症	保育所	B1	父母弟	50代パート
C2	22歳	ダウン症候群	作業所	A1	父母兄	60代主婦
C3	22歳	ダウン症候群	作業所	A1	父母兄	50代主婦
C4	21歳	知的障害	授産	A1	父母兄	50代主婦
C5	20歳	知的障害	一般企業	B1	父母姉祖父	50代主婦

表 3-4　Dグループ（知的障害の卒後の女の子をもつ母親のグループ）

	子の年齢	子の障害	所属	療育手帳	同居家族	母
D1	20歳	知的障害	授産	B1	父母兄	回答なし
D2	20歳	知的障害	就労移行支援	B1	父母妹	40代主婦
D3	22歳	ダウン症候群	授産	A1	父母妹	50代主婦
D4	27歳	ダウン症候群	授産	A1	父母姉	50代主婦

A～D各グループディスカッション参加者の属性は表の通りである。

第2節　グループごとのディスカッションの流れ

1　（予備調査）O1グループのディスカッション

　O1グループは、小学生から社会人までのダウン症の男女の母親グループである。

　親は教師ではないが、「導くものと導かれるもの（p1）」の関係であるということから、ディスカッションがスタートした。ではきょうだい児はどうだ

ったか？から、きょうだい児の育て方との比較、障害のある子は地方では親戚にも隠さなくてはならないようなムードがあったこと、首都圏にきて気が楽になったこと等が語られた。その流れから、障害のある子を育てる親の心理的負担について、幼いころからのいろいろが語られ、社会人の子をもつ母親から「ようやく一区切りがついて落ち着いた（p5）」という発言があると、学齢期の子をもつ母親から「社会人になると親も気持ちの波がなくなるんですか？（p5）」という質問があり、その後も後輩の母親が先輩の母親に質問して答えるまたはアドバイスするという形式になっていった。ヘルパーさんとの付き合い方、年金や就労のこと、自立をめざすときに特に教えるべきこと、きょうだい児のフォローなどさまざまな質問や意見が出た。

　学生の子どもの母親から卒業した子どもをもつ母親に対する質問では、結婚や恋愛についての話題もあったが、女の子どもをもつ母親が性の問題に「関係ないと思いたい」というと、男の子どもをもつ母親から「女の子だもんね」という声があがり、「男の子は自然と……ね」と続くものの、「そうね、そこは男女違う面で心配だよね」（p10）と話題が続かなくなることが目立った。違いを見せあうというよりは、互いに遠慮するような空気が流れ、他の話題に移ってしまうことが何度かあり、結婚・恋愛・性の問題についてはディスカッションが深まらなかった。

　「ダウンの子の特徴」として「癒し効果」があることは全員で一致した。「あの子がうちにいるだけで、絆が強くなるっていうのすごくあるよね（p9）」。世の中の人の中には、「ダウンの子は天使なんだってね」という人もいるが、中には「障害児がいるんだってねと声をひそめて噂する人もいて。世間の人がかわいいとか言うと、きれいごとを言ってるようにしか聞こえない（p10）」「障害児のお母さんってみんなにこにこしてて楽しそうねって、で「ああやってないと生きていけないのよね」って真顔でいわれたことがあって、なんだろうって思った（p24）」「望んで産んだわけじゃないけど、なんで泣いてなくちゃならないのよ（p24）」という声もあった。また、障害児を育てるということは「全然違う。ああ、こういう生活もあったんだって。下の子育てて、ホントに楽なんだって感じた（p14）」。これには、学校卒業後の母親から「年齢的なものもあると思うよ。私もその頃はそう思ってた（p24）」や「そうい

うのも思い出になるよ。(子どもも)教えたことはちゃんとできるようになるから。過程なんだから(p25)」というアドバイスがあった。

　世間は甘くないという話から、友達関係を含め、自分が周囲からどう思われているかと自己像が一致していないことやきょうだい間の力関係、育てている過程で自分自身が成長したという話や父親と子どもの関係なども語られた。最後には「親がすべきこと」の中にはPTAや区や市の仕事等、「世間を変える」仕事に携わることも多くなることについても話題になった。「なんで障害児の親になったからって、そんなことまでしなくちゃならないのかまったくわかんない(p27)」や「親は本気だからね。親より一生懸命する人がいない。誰かお金もらってる人がちゃんとやってよとは思うけど(p27)」という不満がでた。

　全体として、卒後の母親が相談役のようになり、答えを示していくようなディスカッションになったが、「母親の役割」として、しつけ・教育のほか、季節の洋服の入れ替えや美容院のタイミングなどなかなか他人には頼みにくい支援が卒後には問題になること、親戚を含む世間と闘っていかなくてはならないことなども語られた。

2　(予備調査) 02グループのディスカッション

　02グループは、重度重複障害をもつ子どもが多く通う首都圏の特別支援学校のPTA組織の役員のグループである。ディスカッション参加者は、リアルグループであるが、調査者は参加者全員と初対面であった。

　そのため、「うちは年子のきょうだいがいるんですけど。上のが小5で下のが小4で(p1)」と自己紹介や説明が多くなり、それに対して調査者も「きょうだいがいらっしゃる方は他にもいらっしゃいますか」と質問しているように、背景を確認しつつ進めていくことや、「それは皆さんも同じですか」というように、反応を言語的に確認してることが多く、リアルグループの流れを分断することにつながっている。

　ディスカッションは、子どもの「将来」を憂える親心から始まった。「将来的にはグループホームとかに入ってくれればいいなと。できれば私の手から離してしまいたいじゃないけど、離れていかないといけないと思うので

（p1）」という語りがあった。この母親は「私はなるべく外へ外へ出してしまってるんですよ（中略）いかに関わりやすい子に育てるか。誰が触ってもびくともしないような頑丈な子に育てたいと思っているので（p1）」と続けた。これに対し、「うちは真逆で、主人が子どもの死に水を取ってから死にたいって言っているので（p2）」という語りがあり、「他の人にみてもらうのは嫌」「自分と同じくらいの愛情をもっている人じゃないと預けられない」という意見が出た。このグループは重度重複障害のため、「日常生活のすべてを介助している（p2）」。「私は本当はずっと仕事してきたし、子ども産んだら復帰してって思ってたのに、下の子が障害だったから全てが狂ったわけですね（p3）」という。「何かのときに預けられるところも少ないし、こないだの連休みたいな時なんかものすごいストレスでしたね（p4）」と介護の苦労や行政への不満が多く語られた。

　子どもの自立心については、「ああ、このヘルパーさんは好きなんだなって、それが表情でわかるくらいで、自立とかどうやって考えるのっていう……（p8）」「自分で決められる子はこの中にはいないと思います（p9）」「学校の旅行でも親が付き添ってしまうんです。だって、うちの子は言葉ももちろんだけど、表情も読みとれないし、痛いと笑っちゃうんですよ、うちの子は（p10）」

　02グループでは「自立」とは、「デイサービスにあずけること」や「ヘルパーに預けること」になっていた。「他の人が家に入るのは、家族がリラックスできない（p12）」「主人なんか、留守番してもらうときはビデオカメラ据えたいって言ってます（p12）」という状況で、その他の自立の選択肢としては「グループホームに入ってくれたらって。理想は、学校の先生のようにしっかりケアしてくれるヘルパーさんがいる環境で。全くの理想なんですけど（p13）」と、現実的ではない理想としてのグループホームが語られた。

　ただ、「自立」の手段としてのヘルパーやデイサービスについては、多くの不満が語られた。「一人しかいないんですよ、好きな人は。後の人はみんな嫌いなの。来るとつらそうな表情になる。けど、ごめん、私は気がつかないふりをするの（p5）」「3時間も預けると身体がカチコチになって帰ってくるから結局家でマッサージしなくちゃいけないから却って大変みたい……（p19）」。「でも、相手は一生懸命だから文句も言いづらいよね（p20）」「じゃ

預かれませんって簡単に言われちゃうからね。緊急のときには預けられるようにしておかないと（p22）」と、レスパイトどころか緊急時の対応すら危うい状況であることが吐露された。

さらに、「デイサービスに行くと、職員不足で『置いておいてあげるから』って動かしてはくれないんですよ。3時間に1回のおむつ交換とかそんな感じなの。でもあきらめるしか。他にないんで（p21）」「うちの子は他の子に比べると少し動けるんです。けど、一人で歩けるわけじゃないから、ショートステイでは座位保持イスでずっと。むこうからの条件なんです、事故を避けるために。動けない子の上に転んだりしちゃうと大変だからって（p21）」と、預けることが子ども自身にとってつらい状況であることが繰り返し語られた。

結婚や恋愛については、「好きなヘルパーさん」という話が出た時に調査者が強引に話をふっているが「考えつかないというか、想像できない（p27）」「この子が恋愛感情持ってるわっていうのは絶対思えないですよ。ね？ みんなに確認しちゃうわ（p27）」「デートでヘルパーさんつきでディズニーランドとか？ すごい楽しい想像……でも、じゃ性とか、動けないんだからありえない（p28）」のように、全員が「そうさせたいとは思うけど、想像もできない」と否定的だった。性の問題では、本人が自覚しないまま「いたずらされること」への恐怖が語られた。「されていること自体がわからないと思うんですね、そういう恐怖（p28）」「最初から最後まで純粋無垢なままで死なせてあげたいと思う（p29）」「知らないことの方が幸せっていうことがあると思う（p29）」「恋なんて、お願いだからしないで（P29）」と強い否定感情があった。

最後は「自立って言っても、絶対脳の移植でもしない限りそうはならないので（p30）」という言葉で締めくくられたが、自立というテーマで障害観を探るとき、重度重複障害の子どもをもつ母親ではあまりにもテーマが広がりすぎることが示唆された。

また、02グループのディスカションデータは、01グループのデータに比較して1.5倍の時間でありながら同数程度の文字数しかなく、リアルグループでありながら初対面の調査者への遠慮なのか、全体に相互のディスカッシ

ョンが少なく、筆者の質問に回答する形のインタビュー形式になった。

表3-5 Aグループ（学齢期男子をもつ母親）のディスカッション

ディスカッション時間	2h06m38s(126分)
TU数	549
リンクされた使用コード	176（b:17 s:2 d:111e:39 pf:3 nd:4）

3 Aグループのディスカッション

表3-6 Aグループ 使用コード

b	1	b1 障害の特性　b117 知的機能　b1254 持続性　b1255 親近性　b1266 確信　b1268 その他（恥かしさ）（依存心）　b1302 食欲　b1304 衝動の制御　b1308 性的な欲求　b144 記憶力　b152 情動機能　b1603 思考の統制　b1644 洞察
	6	b6400 性的刺激期の機能　b660 生殖能力に関する機能
	7	b760 随意運動の制御機能
s	1	s110 脳
	6	s6 生殖系に関連した身体構造
d	1	a1 能力　a1260 外向性　a130 模倣性　a132 情報の獲得　a137 概念の習得　a140 書くことの学習　a145 読むことの学習　a150 計算の学習　a159 その他の基礎的学習（物事の仕組みについての学習）（モラルやルールについての学習）　a163 思考　a1631 推測する　a170 書くこと　a172 計算する　a175 問題解決　a1751 複雑な問題解決　a177 意思決定　a198 その他の学習と知識の応用（時計を読む）（社会の理解）
	2	a2300 日課の遂行　a2305 時間の管理　a2400 責任の対処　a2401 ストレスの対処　a2402 危機への対処　a2408 その他（性的欲求への対処）　a250 行動の管理　a298 そのほかの一般的課題と要求（将来設計）
	3	a310 話し言葉の理解　3102 複雑な話し言葉の理解　p330-349 コミュニケーションの表出a／p330 話すこと　p335 非言語の表現　p3500 会話の開始　p3350 ジェスチャーによる表出　p345 書き言葉によるメッセージの表出　p3503 一対一の会話　a/p3600 遠隔通信用具の利用
	4	a440 細やかな手の使用　a4400 手の動き　a4552 走ること　p470 交通機関や手段の利用
	5	a5 セルフケア　a510 身体を洗う　a540 更衣　a5404 適切な衣服の選択　a5408 その他（持ち物の準備）　a560 飲む　a5700 身体的快適性の確保　a5701 食事や健康の管理　a571 安全に注意すること　a598 その他（マスターベーション）
	6	p610 住居の入手　p6200 買い物　a630 調理　a6300 簡単な調理　a6400 洗濯　a6403 家庭用器具の使用　p660 他者への援助　p6603 他者のコミュニケーションの援助
	7	p7 対人関係　p710 挨拶　p7103 批判　p7108 その他（うそをつく）　p71041 社会的な対人関係の維持　p7105 対人関係における身体接触　p720 複雑な対人関係　p7201 対人関係の終結　p7202 対人関係における行動の制御　p7203 社会的ルールに従った対人関係　p7204 社会的距離の維持　p7208 その他の対人関係（悪意のある人との関係）　p730 よく知らない人との関係　p7400 教師との関係　p7500 友人との関係　p7501 隣人との関係　p760 家族との関係　p7504 仲間との関係　p7600 子どもとの関係　p7601 親との関係　p7602 きょうだいとの関係　p770 親密な関係　p7700 恋愛関係　p7701 婚姻関係　p7702 性的関係

	8	p820 学校教育　p8208 その他（性教育）　p835 学校生活や関連した活動　p840-859 仕事と雇用　p845 仕事の獲得　p8450 職探し　p850 報酬を伴う仕事　p8509 詳細不明の p855 無報酬の仕事　p860 基本的な経済取引　p865 複雑な経済取引　p870 経済的自立 p8700 個人の資産　p8701 経済上の公的な資格・権利　p879 その他の経済活動（契約） p898 その他の主要な生活領域（手続き）
	9	p9100 非公式団体　p920 レクリエーションとレジャー　p9200 遊び　p9202 芸術と文化 p9203 工芸　p9204 趣味　p9205 社交　p9208 その他のレクリエーションとレジャー（外出）（旅行）（テレビ視聴）　p 940 人権　p998 その他のコミュニティライフ・社会生活・市民生活（離家）
e	1	e1101 教育用の支援的な製品と用具　e115 日常生活における個人用の製品と用品　e1150 日常生活における個人用の一般的な製品と用具　e1250 コミュニケーションの一般的な製品と用具　e130 教育用の製品と用具　e155 私用の建物の設計・建設用の製品と用具　e1650 経済的資産
	2	e235 人的災害　e298 その他の（夏の他人の服装）
	3	e310 家族（親・父親・母親・きょうだい・パートナー）　e315 親族　e320 友人 e325 仲間 e330 権限を持つ人　e340 対人サービス提供者　e345 よく知らない人 e355 保健の専門職 e360 教師　e398 その他の支援と関係（恋人・BF/GF）（ネットワーク）（悪意のある人）　e399 詳細不明の（誰か）
	4	e410 家族の態度　e425 知人の態度　e445 よく知らない人の態度　e455 教師の態度 e460 社会的態度　e465 社会的規範・慣行・イデオロギー
	5	e560 メディアサービス　e5650 経済に関するサービス　e570 福祉サービス　e5701 社会保障制度　e5750 一般的な社会的支援サービス　e5800 保健サービス　e5853 特別な教育と訓練のサービス
pf		（主観）（年齢）（経験）
nd		（出産）（妊娠）（自分の障害を知る）（やんちゃする）

【注】下線をつけたコードは、各カテゴリーごとに設定された8コード（「その他特定の」）や9コード（「その他詳細不明の」）を採用したもの、及びndコードとしてリンクしたものである。

3-1　リンクされたコード

3-2　ディスカッションの流れ

Aグループのディスカッションの流れは、以下のようであった。

(1) 離家に関する母親と父親の意見の相違

　　1TU～56TU/153TU～161TU（計65TU）

　まず初めに、家族特に e310.×家族（母親）と e310.○家族（父親）の見解の相違について語られた。母（A1①）は、「社会に出たら、特学（特殊学級）なんかないんだから、普通以上の厳しい環境＝e460.－社会的態度にいなくちゃならないんだから」と考え、また、子どもが早くから一人でいろい

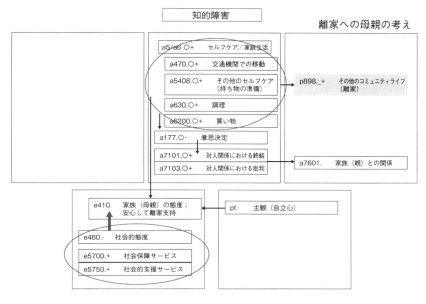

図 3-1　関連図 A1　離家への母親の考え

ろなこと（a630. ○＋調理や a6200. ○＋買い物などの家事や、a5400. ○＋その他のセルフケア（自分の持ち物等の準備）や a470. ○＋交通機関での移動））ができるようになってきたことや pf. 自立心に気づき、それならと手をかけるところを減らしていこうとしてきた。

　一方、父親（A1②）は、子育てを母親に一任して普段の子どもの様子をよく知らないがために、「障害＝ b117. －知的機能があるのにそんなこと＝ a5/a6. ○－セルフケア / 家庭生活できるの？」と小さな自立（例えば、一人で電車通学する＝ a470. ○－交通機関での移動など）にも反対する傾向がある。一人で入浴できる＝ a510. ○－自分の身体を洗うのに、入浴の介助をしてしまって子どものプライドを傷つけてしまったこともあった。父親のそのような考えは、その子自身を見ずに「障害者なんだからできないはず」という思い込み＝ e465. －社会的規範・慣行・イデオロギーであることが多い。また、「かわいいから手放したくない＝ pf. 主観」と考えて、つい子ども扱いする

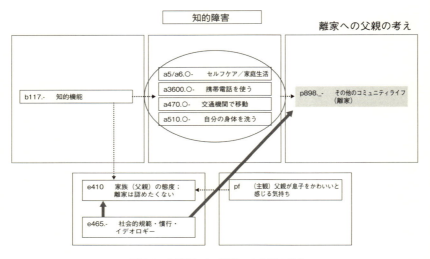

図3-2　関連図A2　離家への父親の考え

傾向にある。「パパは『10年後は3人で旅行に行ってるかな』なんて言ってる」という発言もあった。

(2) 離家と住まい方の決定

　　57TU ～ 152TU（計96TU）

　　次に母たちが抱いている p898._ その他のコミュニティライフ（離家）のイメージについて語り合った。基本的に p898._ その他のコミュニティライフ（離家）は本人の希望＝ b198. その他の精神的機能（自立心）があるなら実現させてやりたいが、ここで語られたのは p898._ その他のコミュニティライフ（グループホームなどの入居）である。食事などの家事やセルフケア＝ a5/a6.○－セルフケア／家庭生活などは、、親の教育＝ e310.＋家族（母親）：教育・しつけ次第である。あとは a8700 ._ －資産管理や p7._ －対人関係、a571._ －安全に注意することをグループホームの職員なり支援者＝ e5750.＋社会的支援サービスに手伝ってもらえればよい。ただし、誰とどう住みたいか＝ p898._ その他のコミュニティライフ（住まい方の選択）など、自分で a163._ －思考・a177._ －意思決定することができず、nd. －将来設計

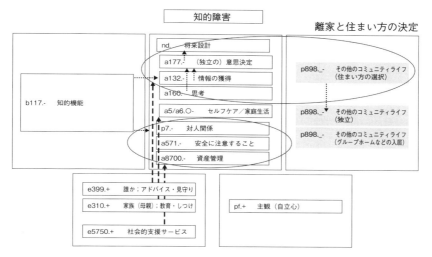

図 3-3 関連図 A3　離家と住まい方の決定

できないのがもっとも問題である。また、火の始末など a571._ －安全に注意することに不安があって独りにはできない（から p898._ その他のコミュニティライフ（グループホームなどの入居）が良い）という意見や、逆に p7._ －対人関係に弱いので、グループホームなど集団では住めないという意見など、わが子の個々の事情による独立のイメージが具体的に挙がってきた。

(3) 自分の障害を知る
　161TU 〜 229TU（計 68TU）

　本人が自分の障害について理解していない＝ nd. －自分の障害を知るということにも、問題がある。e350.×－その他の専門職（教師）を含め説明する人が特にいないのに、子どもは周囲の友人＝ e425. －（健常）知人の態度をみて「自閉症」等を理解している。「たぶんその子たちの親とかが言っているんだろうけど、『あいつは特学だ』とか特別な偏見な感じで悪口言われたり、いじわるされたりして、自分もそんな（悪口を言われる）『特別』なヒトなんだっていう風に」理解しているのではないか。逆に、特学のクラスの子に対しては、「仲間」という意識がある p7504. ○仲間との関係ようだ

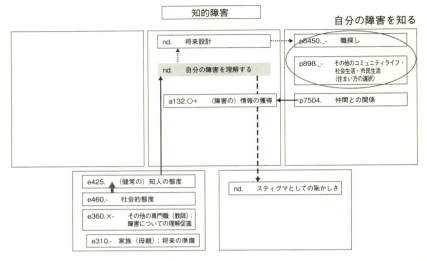

図 3-4 関連図 A4 自分の障害を知る

が、共通点を自分の特性として理解する = nd. －自分の障害を知るには至っていない。本来は、nd. －自分の障害を知って、nd. － 将来設計する必要があるだろうが、そこは難しいので、親が代わりにして = e310. ○家族（親）：将来設計やらないとならない。p8450._ －職探しも、グループホームなど p898._ その他のコミュニティライフ（住まい方の選択）も、親がある程度の選択肢を選ぶこと = e310. ○家族（親）：将来設計になるだろうと思っている。

(4) 悪意のある人との関係

230TU ～ 329TU（計 99TU）

いじめに対抗する = p7208._ －その他の特定の対人関係（悪意のある人との関係）、p7202._ －対人関係における行動の制御、a2401._ －ストレスの対処など、現在は e310. ＋家族（母親）が関わって何とかなっている面は多々ある。5/a6. ○－セルフケア／家庭生活などがある程度できても、どこかずれていたり b1521. －情動の制御ができなかったりで p7._ －対人関係につまづくことが多い。それらは、障害のある子に対して冷たい態度をとる社会 = e460. －社会的態度や、そこに育つ子どもたち = e425. －（健常の）知

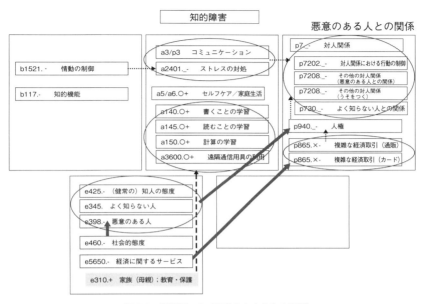

図 3-5 関連図 A5 悪意のある人との関係

人の態度の意地悪な言動によるところが大きく、それらがかわらないと安心はできないが、いずれ e310.＋家族（親）もいなくなることを考えると、本人たちにそれに対応する力を身につけさせるのも親の役目＝ e310.＋家族（親）：教育かと思う。

　また、悪意のある人にだまされる＝ p7208.＿－その他の特定の対人関係（悪意のある人との関係）というトラブルの心配もある。路上でも、カードを作る＝ p865.＿－複雑な経済取引（カード）とか p865.＿－複雑な経済取引（通販）、さまざまな勧誘があるし、ネットなどお金を使う仕組みそのものが複雑になっている。学校では a140.○＋読むことの学習、a145.○＋書くことの学習、a150.○＋計算の学習、a3600.○＋遠隔通信用具の利用等は教えてくれるが、逆にそれらの技術をもっていることがだまされる原因になってしまうこともある。そのように考えると、「世間は厳しい」＝ e460.－社会的態度のであって、親が守ってやらないといけない＝ e310.＋家族（親）：保護部分を感じる。

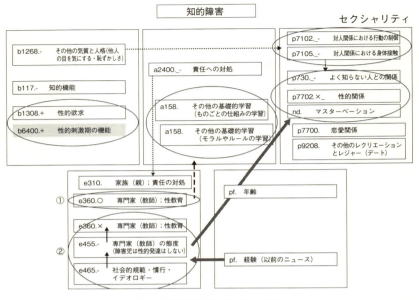

図 3-6 関連図 A6 セクシャリティ

(5) セクシャリティ

330 ～ 398/514 ～ 539（計 95TU）

　性的な面にも心配がある。女性に興味が出てきた = **b1300.＋性的欲求**ので、一人で外出するとトラブルも起きやすい。知らない人 = **p730._ －よく知らない人との関係**の腕をなでてしまって = **p7102._ －対人関係における行動の制御**、学校に抗議の電話をされたこともある。**b1268.－その他の気質と人格（他人の目を気にする恥ずかしさ）** がないことが問題なのだと思う。**p7700.恋愛関係**や性的関係 **p7702.×性的関係**など、内心認めたい気持ちはあるが、自分の子どもに関しては、デート程度は許せるが、女の子に何かしてしまったら = **p7702.×性的関係**怖い。「男と女の決定的なところは、やはり何かあった時に、女の子側に『手を出した』と言われてしまうこと。本人が責任をとれない = **a2400._ －責任の対処**以上、謝ったり責任をとらされるのは男の子の側の親 = **e310.家族（親）：責任の対処**だから」。トラブルにならないよ

うな性教育をしてくれる教師 e360. ◯ その他の専門職（教師）：性教育もいるが、多くの教師は消極的 e360. × その他の専門職（教師）：性教育である。
　障害児の性教育が行き過ぎたという pf. 経験（以前のニュース）があることから、そのような消極的な傾向が続いているらしい。身体の仕組みなどを教える ＝a159. ◯ _ その他の基礎的学習（物事の仕組みなどについての学習）ことができても、心の面やモラルについて教えない a159. × _ その他の基礎的学習（モラルやルールについての学習）と意味がない。健常の子には、身体の仕組みを教える ＝ a159. ◯ _ その他の基礎的学習（物事の仕組みなどについての学習）だけで済むのかもしれないが、知的障害のある子 ＝ b117.－ 知的機能には、それだけではうまくいかないところが難しいのではないか。

（6）やんちゃする
　426 〜 435TU/540 〜 549TU（20TU）
　「私が入って行ったら慌ててパソコン消したから後で履歴見たら『エロ』とか『セックス』とかのキーワード入れて何か見てた」という話から、「nd. やんちゃができないのは少しかわいそう」という話になった。親に叱られるようなこと（勝手に通販を頼んだり、110 番に電話したり）はするが、性的なことやちょっとした悪さのような親に隠し通すようなこと p7108. その他特定の、基本的対人関係（うそをつく）（ごまかす）はできない。「すぐにばれるような隠し方しかできない」「そもそも隠すような悪いことってあまりない」という。
　また、本人の言う ＝ a330. －話すことが「信用できないわけじゃないけど、よくわからないから確認が必要」であることも語られた。一人で通学 ＝ a470. ＋交通機関や手段の利用 しているが、ある日途中でよく会う人 ＝ p730. よく知らない人との関係 にリンゴをもらったと言うので、次の日について行ってその人にお礼を言った。話を聞いた時点では言語的に十分ではなく ＝ a330. －話す、どんな状況だったかあまりよくわからなかったため、「まさかとは思うけど、万が一何か迷惑かけていたかもしれないし、逆にまさかとは思うけどヘンな人じゃないかも確認したかった」のが本音である。本人はついてこられることが不本意だったようだが、「親 ＝ e310. 家族（親）の責任上仕方ない」という。さらに女の子とのお付き合いに関しては、最終

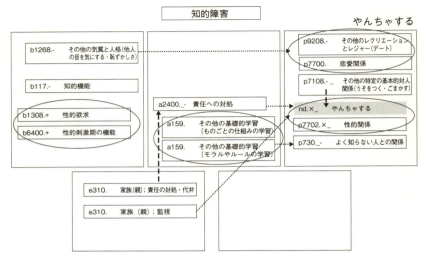

図 3-7　関連図 A7　やんちゃする

的な **a2400.−責任への対処**能力を考えるともっと慎重にならざるを得ない。結果として、健常のきょうだい＝ **e310. 家族（きょうだい）** には、「きっと何かしら悪いこともしてるだろうな」とは思っても口を出さないし、知らん顔しているが、障害のある子にはそうはいかない。責任がとれない **a2400.−責任への対処** からだと思う。

(7) 婚姻関係

　　399〜425/436〜459（計 51TU）

　p7701._−婚姻関係については、もし本人が希望したとしても、最後は親同士が決める **e310.○家族（親）：結婚の承認** ことになるのではないか。「男の子の親は、二人の障害の子を二人一緒に面倒見ることになる **e310.○家族（親）：子ども夫婦の支援**」からである。**p7701._−婚姻関係**には、**p898. その他の主要な生活領域（挙式）** だけでなく、**p898. その他の主要な生活領域（入籍）** という家族の問題があり、それはすなわち「誰が誰の面倒をみるのか」ということにつながってしまう。結婚とは家族となった人の責任をとる＝ **a2400._−責任の対処** ということで、経済的にも **p850._−報酬を伴**

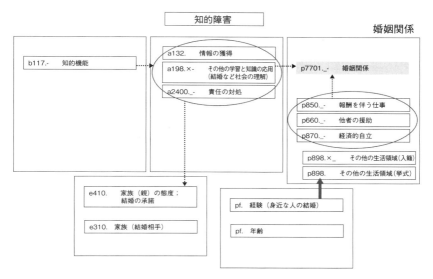

図3-8 関連図A8 婚姻関係

う仕事をして家族を養うべき＝p870._ －経済的自給だし、たとえば相手が病気になった時には面倒をみる＝p660._ －他者の援助ということでもあり、a2400._ －責任の対処能力が「結婚していいかどうか」の判断基準である。「おままごとじゃ困る」という。b117.－知的機能が低いため、pf.経験（身近な人の結婚）によって、短絡的に「結婚したい」などと言いだすが、実は「結婚とは何か」ということを理解していない＝a198.×－その他の学習と知識の応用（社会の理解）。pf.年齢的には結婚＝p7701._ －婚姻関係できるかもしれないが、理解が育っていない＝a198.×－その他の学習と知識の応用（社会の理解）うちは、認めるわけにはいかないという。

(8) きょうだいなどに望むこと
460～513（計54TU）

親亡きあと、きょうだいたち＝e310.家族（きょうだい）を親代わりにということは考えないようにしたい。子どものために貯金したe1650.経済的資産をなんとか管理してもらう＝e310.家族（きょうだい）：資産管理こと

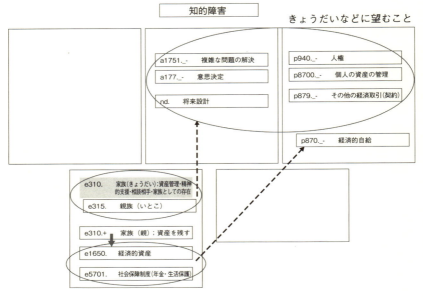

図3-9　関連図A9　きょうだいなどに望むこと

くらいは託したいが、それ以上の負担は避けたい。そうはいっても、きょうだいたち＝**e310. 家族（きょうだい）**は自然に自分が面倒をみなくては……と思っているらしく、それぞれに重荷になっている子もいれば、どんなに言っても結局は面倒を見るだろうなと思う子もいる。それはすべて本人の問題であって、親は「みなくていい」と言い続けるしかない。きょうだいがいない子の場合は、**e315. 親族（いとこ）**なども含め、「誰か」を想定してしまう気持ちはどの母親の中にもある。経済的には、**e5701.＋社会保障制度（年金）**もあるし、足りない部分は親が何とか用意していきたい＝**e310.＋家族（親）：資産を残す**が、「施設に入るときなどの **p879._ －その他の経済取引（契約）** などの難しいこと」、「何かあったときの相談」「精神的な支え」「差別された時の味方＝ **p940._ －人権擁護**」などが必要とされており、そのことについては、負担の少ない範囲で血縁関係に期待する＝**e310. 家族（きょうだい）：相談・精神的支援・人権擁護、e315. 親族（いとこ）：相談・精神**

的支援・人権擁護傾向は強い。

3-3　Aグループのディスカッションのまとめ

　ディスカッションは以下のようなテーマで構成された。

・離家に関する母親と父親の意見の相違：子どもの能力の評価の違いから
・離家と住まい方の決定（グループホームの選択等）の難しさ
・自分の障害を知る経路とその能力の不足による将来設計の困難
・世間の悪意のある人に対処できないために必要な親による保護（代弁、人権擁護）
・恥ずかしいと感じないために起きるセクシャリティ上のトラブルと性教育の必要
・「やんちゃする」ことと責任への対処
・結婚による「責任」の所在（経済的自立、他者援助）
・親亡きあと、きょうだいなどに望むこと（資産管理、相談、精神的支え、人権擁護）

　Aグループは離家に積極的な母親が多かったが、離家に至るまでも、離家後または親亡き後も含めた将来にあたっても、親（特に母親）がしなくてはならない支援が多いことが語られた。現段階では、離家に必要なスキル（安全や健康に気をつけることや家事、社会的ルール）を教えることや性教育、それに親の責任上、謝罪やお礼などをすることが必要である。また、離家にあたっては、子どもの障害特性を踏まえた将来設計をして適切な住まい方を決定すること、離家後も含めて「冷たい世間」から子を守ること、もっと先のことを見据えて資産を用意しその他のことを含めてきょうだい等に託すことなどが語られた。結婚については、経済的にも、「自分のこともできないのに」相手の事まで責任を取ることになることも考えて、賛成できないもしくは考えられないというのがAグループのディスカッションだった。
　また、子どもが自分の障害を知ったのは、いじめのようなネガティブな状況がきっかけだった。そうしたいじめや障害者に対する悪意は、社会の大人

たちの障害観によってできたものであり、本来はそれを正していくべきだが、ひとまずはそうした悪から子どもを保護するのが親の役割である。また、こうした状況下で知られる自分の障害の理解はネガティブなものであり、これらは障害のある友達とのかかわりによる自然な理解とは違う理解となると語られたのが特徴的である。

4　Bグループのディスカッション

表 3-7　Bグループ（学齢期女子をもつ母親）のディスカッション

ディスカッション時間	2h26m29s（136 分）
TU 数	616
リンクされた使用コード	145（b:9 s:1 d:91 e:32 pf:6 nd:6）

4-1　リンクされたコード

表 3-8　Aグループ　使用コード

b	1	b117 知的機能　b 122 全般的な心理社会的機能　b1263 精神的安定性　b1268 その他（恥ずかしさ）　b147 精神運動機能
	6	b660 生殖能力に関する機能　b670 性と生殖機能に関連した感覚
	7	b760 随意運動の制御機能　b7611 特定の自発運動
s	6	s6302 乳房と乳首
d	1	a132。情報の獲得　a135 反復　a150 計算の学習　a155 技能の獲得　a1550 基本的な技能の習得　a1559 詳細不明の技能の習得　a163 思考　a1630 見立てること　a1632 仮定を立てること　a175 問題解決　a177 意思決定　a198 その他の学習と知識の応用(特定のことについて理解・知識をもつこと)（社会的ルールの習得）
	2	a230 日課の遂行　a2300 日課の遂行　a240 ストレスとその他心理的欲求への対処　a2400 責任の対処　a2401 ストレスの対処　a2402 危機への対処　a250 行動の管理　a2501 要求に応えること　a2504 活動水準を適合させること
	3	a/p330 話すこと　p335 非言語の表現　p349 その他のコミュニケーション（SOS）　p350 会話　p355 ディスカッション　p3558 その他のディスカッション（相談する）　p360 コミュニケーション用具及び技法の利用　p3600 遠隔通信用具の利用
	4	a4 運動・姿勢　a4402 操作すること　a470 交通機関や手段の利用
	5	a5 セルフケア　a510 身体を洗う　a530 排泄　a540 更衣　a5403 履物を脱ぐこと　a5501 食べることの適切な遂行　a5701 食事や健康の管理　a571 安全に注意すること

	6	a6 a630 調理　a6300 簡単な調理　a6302 手の込んだ食事の調理　a6402 居住部分の掃除　a6403 家庭用器具の使用　p610 住居の入手　p6101 住居の賃貸　p6108 その他（住居探し）　p6200 買い物　p650 家庭用品の管理　p660 他者への援助　p6608 その他の他者への援助（かすがい）　p698 その他の家庭生活（留守番）
	7	p7 対人関係　p7103 批判　p7205 対人関係における身体接触　p7400 教師との関係　p7402 同等の立場にある人との関係　p7408 その他の公的な関係（支援者との関係）　p7409 詳細不明の公的な関係　p7500 友人との関係　p7503 同居者との非公式な関係　p7504 仲間との非公式な関係　p7509 詳細不明の非公式な関係　p760 家族との関係　p7601+ 親との関係　p7602 きょうだいとの関係　p770 親密な関係　p7700 恋愛関係　p7701 婚姻関係　p7702 性的関係　p798 その他の対人関係（悪意のある人との関係）　p799 詳細不明の対人関係（誰か）
	8	p820 学校教育　p845 仕事の獲得　p8450 職探し　p850 報酬を伴う仕事　p860 基本的な経済取引　p870 経済的自立　p8700 個人の資産　p898 その他の主要な生活領域（手続き）
	9	p920 レクリエーションとレジャー　p9200 遊び　p9202 芸術と文化　p9205 社交　p9208 その他のレクリエーションとレジャー（旅行）（テレビ視聴）　p940 人権　p998 その他のコミュニティライフ・社会生活・市民生活（離家）　p999 詳細不明のコミュニティライフ・社会生活・市民生活
e	1	e155私用の建物の設計・建設用の製品と用具　e165資産　e198(個別計画やＩＥＰのようなもの)
	3	e310 家族（親・父親・母親・きょうだい・パートナー）　e315 親族　e325 仲間　e330 権限を持つ人　e340 対人サービス提供者　e355 保健の専門職　e360 教師　e398 その他の支援と関係（恋人・BF/GF）（ネットワーク）（悪意のある人）　e399 詳細不明の支援と関係（誰か）
	4	e410 家族の態度　e425 友人の態度　e455 教師の態度　e460 社会的態度　e465 社会的規範・慣行・イデオロギー
	5	e550 司法サービス　e5600 メディアサービス　e570 社会保障サービス　e575 社会支援サービス　e5750 社会支援サービス　e580 保健サービス　e5850 教育と訓練のサービス　e5853 特別な教育と訓練のサービス　e5854 特別な教育と訓練の制度
pf		（母の性格）（年齢）（経験）（国籍）（時期（親亡き後・親存命中など））　主観（自立心）
nd		（将来設計）（出産する）（妊娠する）（自分の障害を理解する）（家族の習慣）（やんちゃする）

【注】下線をつけたコードは、各カテゴリーごとに設定された8コード（「その他特定の」）や9コード（「その他詳細不明の」）を採用したもの、及びndコードとしてリンクしたものである。

4-2　ディスカッションの流れ

Ｂグループのディスカッションの流れは、以下のようであった。

(1) 家庭のしつけ

1TU〜49TU/171〜173（計51TU）

まず初めに、特別支援学校の **e360.その他の専門職（教師）** から「食べ

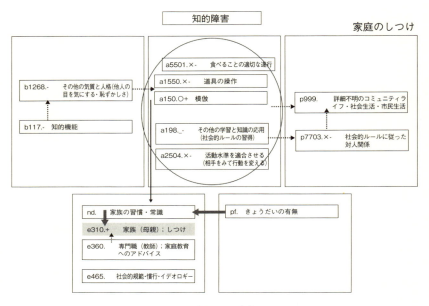

図3-10 関連図B1 家庭のしつけ

るマナー＝**a5501.×－食べることの適切な遂行**」「（友人との）外出時のマナー＝**p7203.×－社会的ルールに従った対人関係**」などの家庭のしつけ＝**e310.家族（親）；しつけ**ができていないと指摘を受け、親としては現段階の「自立のための」支援の第一が「しつけ（または出来ていない面では監視）」であると理解していることが語られた。知的障害＝**b117.－ 知的機能**のある子は、家庭でしていることを、恥ずかしいと思わず＝**b1268.その他の気質と人格（人の目を気にする・恥ずかしさ）**、そのまま外でもしてしまう。相手を見て行動を変えるということができない＝**a2504.×－活動水準を適合させる**ためである。「家庭内のことが写し鏡みたいになるから」怖い。健常のきょうだいは家で行儀が悪くても、外ではある程度猫をかぶるだろうと予測できるが、障害のある子はそうはいかないので、家庭内のしつけが重要であるという見解が示された。

「これからどんな風に暮らすのかわからないけど、とにかくいろんな価値

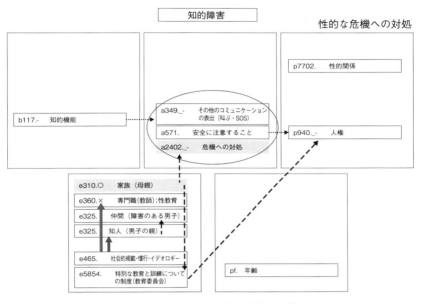

図 3-11　関連図 B2　性的な危機への対処

観= e465. 社会的規範・慣行・イデオロギーの人たちの中で生きていくんだ = p999. 詳細不明のコミュティライフ・社会生活・市民生活なと思うと、人様に迷惑をかけたり、自分で責任取れないような事態にならないかと不安」。また、一人っ子の家庭では、健常の子との比較をしないためか、「nd. 家庭内の習慣・常識が障害のある子に合わせて変っていっていて、世の中とずれてるのかも…。お行儀とか、そういえばこの歳の子にしたらっていうのがあるけど、気にならなくなってる、これってまずいよね」という声があった。

(2) 性的な危機への対処

<u>50TU 〜 109TU（60TU）</u>

次に、性的な **a2402._ －危機への対処**するため、親は子を「守る」必要がある＝ **e310. ○家族（親）：守る**ことが示された。教師が、いじめや性的いたずらから子どもを「守る」支援や「性的なマナーを教える」ことをしてい

第3章　障害のある子を育てた母親のグループディスカッション　89

ない＝e360.×その他の専門職（教師）：守る・性教育と訴える母親があり、学校での性教育について話題になった。特に、「知的障害＝b117.―知的機能だから（性的な）いたずらはしない」という男子e325.（障害のある男子）仲間の親e325.知人（男子の親）や教師e360.×その他の専門職（教師）の思い込みについての批判的意見があがった。性的ないたずら行為が実際にあったときにも、教師からは「彼にそんなつもりはないと思うので、慣れるように」と言われたこと、男の子の母親＝e325.知人（男子の親）から「妹とも一緒に寝ているし、いやらしい意味はない」と言われたという経験が3人から語られた。それらは、障害者はいつまでも子どもで性的な行為などしないというe465.社会的規範・慣行・イデオロギーの偏見だと思うが、その対応としては「そんなはずはない」と当事者の親などに訴える＝e310.○家族（親）：守る・代弁ことと、子どもに、学内で独りにならないようにと注意するなどa2402._―危機への対処や、a349._―その他のコミュニケーションの表出（SOSを叫ぶ）ことを教えるといった対応しかできない。

　他のディスカッション参加者から、そのような偏見は「立派なp940.人権問題であるし、e5851.教育と訓練の制度（教育委員会）に訴えて、問題にすべき」という声が上がった。「本人が学校などに抗議することは能力上できない」「親が出ていかないと解決しない」と全員が一致した。また、男の子に対して性的な行為の是非を教えるのも、その子の親の役目であるという意見だった。

(3) 教育

<u>110～128TU（19TU）</u>

　知的障害＝b117.―知的機能のある子の教育では、教育環境も重要である。e5850.教育と訓練についてのサービス（通常学校）に入学させるメリットとして、p750.（健常の）友人との非公式な関係のあいだにいることで、a132.○―情報の獲得をする」という効果について話された。思春期の女の子が「お父さんは気持ち悪い」と言いだす等、子どもなりの「常識」は外から仕入れてくるa132.○―情報の獲得ことが多い。例えば、男親についてのそうした言動が徐々に性教育へとつながるように、親や学校の教育以上に思

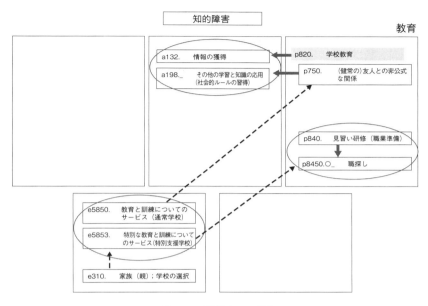

図 3-12　関連図 B3　教育

いがけず、**a198. その他の学習と知識の応用（モラルやルールの習得）** などの子どもの成長に役立つことがある。障害のある子どもばかりの中にいてはわからないことではないか……という。

　ただし、高校は **p8450.○_ 職探し** のために、**e5453. 特別な教育と訓練についてのサービス（特別支援学校）** にいれるべきと思って入れたという意見に、全員がうなづいた。**e5453. 特別な教育と訓練についてのサービス（特別支援学校）** では、**p840. 見習い研修（職業準備）** が充実している。

(4) 母親の行動監視支援

<u>129〜170TU/174〜180TU/269〜305TU（計 86TU）</u>

　親＝ **e310.○家族（親）：行動の監視** は、障害のある子どもの行動をある程度「監視する」役目もある。それは、恥ずかしいことや迷惑になることをしているかもしれないという面と、性的ないいたずらをする人や騙すような

第 3 章　障害のある子を育てた母親のグループディスカッション　91

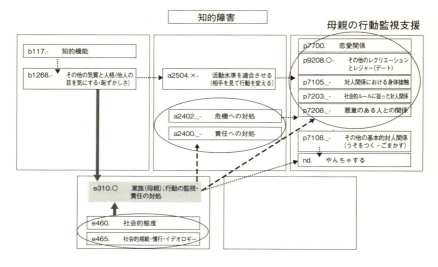

図3-13 関連図B4 母親の行動監視支援

人＝p7208.＿－悪意のある人との関係もいるので、自分で自分を守れない＝a2402.＿－危機への対処子をそうした悪から守る意味もある。前者の場合は、p7700.恋愛関係や異性の友達集団でのp9208.○－その他のレクリエーションとレジャー（デート）でも知的障害のある子ども同士では、人目を気にせずに「恥ずかしいこと（具体的には人前で抱き合う＝p7105.＿－対人関係における身体接触、どこにでも座りこんで話しこむ＝p7203.×－社会的ルールに従った対人関係など）」をしてしまうようなことが心配である。親は、「考えただけでぞっとする」ような恥ずかしさを感じてしまうため、そうした行為を阻止したい。また、社会に迷惑をかけてしまった場合には、子どもが＝a2400.×－責任への対処をできない場合は親が代わりにe310.○家族（親）：責任の対処することになる。責任がとれない子どもの責任は親が代わりにとるのが社会の常識だと思う。一方で、「昔自分もしたような」「きょうだいたちがしているような」nd.やんちゃするも見逃せないことは少しかわいそうに感じる。「たいしたことはしてないんだけど、見つければ叱っちゃうよね」という。「うそつけないし、ばればれだしね＝p7108.その他特定の基

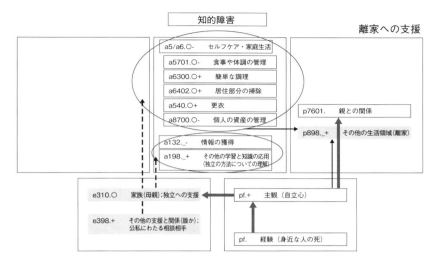

図 3-14　関連図 B5　離家への支援

本的対人関係（うそをつく・ごまかす）」というのが、障害のある子どもの「かわいいところ」でもあり、魅力にも通じる個性なのだが、**nd. やんちゃする**ができないのはやはり「障害」の一面として語られた。

また、健常のきょうだい児は、責任がとれるので、「ある年齢になれば親が監視するのはプライバシーの侵害」と「常識的に」思っているが、障害のある子に関しては逆に「親が守るべき・責任をとるべき」というのが「世間の常識」だと感じている。

(5) 離家について
　<u>181 〜 207/365 〜 381/441 〜 482/500 〜 545（計 132TU）</u>
　　将来的には 30 歳くらいまでは親元でたくさん甘えさせ、いい思い出をたくさんもたせてグループホームに入れたいという親と、「かわいいから手離せない」「どこにもやりたくない」という親に分かれた。手離すことを考えている親は、子どもが独立したいという気持ち＝**主観（自立心）**を表明してきていることを理由に挙げている。放課後などに家にいても「構われたくな

第 3 章　障害のある子を育てた母親のグループディスカッション　93

い」「独りでいたい」という時間が増え、**p7601. 親との関係**にも変化が見えてきた。ある子は「新しい家族を作る」と宣言した。最近知っている人が亡くなることが続き＝**pf. 経験（身近な人の死）**、両親がいずれ死んでしまうということに恐怖を覚えたことから始まったことらしい。急に家族を作ると言いだして驚いた。その方法は、「（知人の）〇さんの家族になる」「『嵐』のメンバーと結婚する」など実現できないことばかりだが、本人の「気持ち」は大事にしたいので、〇さんにお願いして泊めていただき、家族になれないことを納得させるなど、ひとつひとつまじめに対応している。自立必要な能力は、まず「食べる能力（ご飯を炊くなどの **a6300. 簡単な調理**・**a5701. 食事や健康の管理**など）、**a8700. 個人の資産の管理**、**a6402. 居住部分の掃除**、**a540. 更衣**などである。どれについても「誰か」の支援は不可欠である。

　一方で、手離したくないという親に対して、独立を考えている親からは、「一緒に過ごすこと自体が子にとっても負担になっているということはない？　少しの時間でも離れることが子どもを解放することになるんじゃないかなと思ってるんだけど」という意見があったが、手離したくないという親からは「うちの子は知的＝**b117. ー知的機能**には3歳レベルですよっていわれたのね。3歳で独り立ちできるわけないよねって自分の中で思って、だからいいのよいつまでもって思ってしまうのよ（笑）」と、自分の中の矛盾に気づきながらも、子どもの独立を否定する発言があった。また、子ども自身は、放課後などの時間に独りの部屋にいたがるなど**主観（自立心）**も現わしているのだが、テレビ番組 **e560 メディアサービス**で見たグループホームに泣きながら子どもを置いてくる親の姿から、ひとまず親が生きているうち **pf. 時期（親の存命中）**は独立させないという気持ちになったという発言もあった。グループホームなどに入居すれば、食べる心配もなく安全ではあろうが、他人と暮らすストレスはあるはずだし、独り暮らしさせるには、他のことができたとしても **p7408. その他の公的な関係（支援者との関係）**・スケジュール調整＝**a2301. 日課の管理**・急に変更になった時の対応 **a2304. 日課の変更の管理**など、親にだって難しいことが多く、子どもには無理だと思う。ヘルパーと気が合わない場合や、何かのやり方が気に入らないなど、そうした細かい調整＝**p7408._ ーその他の公的な関係（支援者との関**

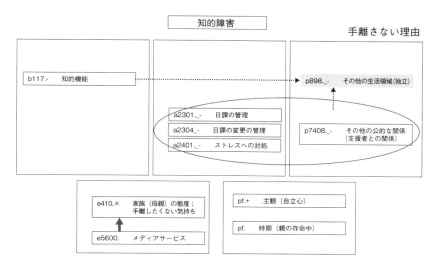

図 3-15 関連図 B6 手離さない理由

係）もあることを考えると、独りではこなせないだろう。というのが、手離さない親の語りだった。

(6) 親亡き後の支援者

208 〜 229/252 〜 268/306 〜 307/382 〜 440（100TU）

　pf. 時期（親亡き後）は、「はっきり言って、心配してもしかたない。どうなるかわからないけど、この子たちは、段ボール生活はしないはずよ、いざとなれば国も結構やるから」と言う。

　pf. 時期（親の存命中）はできれば親と一緒に暮らさせたいが、pf. 時期（親亡き後）の子どもの将来は、e310.＋家族（きょうだい）がいない場合は、e315.＋親族（いとこなど）、それもあてにできない場合に「行政」「国」＝ 575. 一般的な社会的支援サービス・制度・政策という声があった。支援してほしいことは a8700._ －個人の資産管理「pf. 主観（さびしくない）ような相談相手 p3558._ ＋その他のディスカッション（相談する）」「家族といたときと変わらないような普通の生活」を求める。それは、食事や建物の

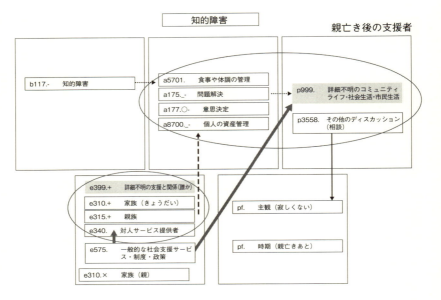

図 3-16 関連図 B7　親亡き後の支援者

問題ではなく、「孤独ではない = pf. 主観（さびしくない）」生活である。「身も心も頼れるような誰か」が「家族のように」みてくれるのが母親たちの理想である。

　「公私ともに相談に乗ってくれる人」が必要である。就労問題の相談であれば就労支援センターの職員 e340. 対人サービス提供者が、生活課題であればグループホームの職員 e340. 対人サービス提供者が相談にのるという形も考えられるが、「悩みって線引きできないじゃない？　仕事の話で相談 = p3558._.＋その他のディスカッション（相談する）に乗ってても、仕事場の人に恋してる = p7700. 恋愛関係とかって相談もあるだろうし、就労支援センターの人 e340. 対人サービス提供者だって『夜ごはんはどうするの = a5701.○＋食事や健康の管理？』とかの相談にもなるだろうし……」というように、特定の役割を定められないのが e399. 詳細不明の支援と関係（誰か）なのである

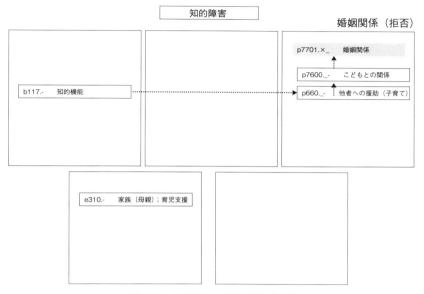

図 3-17 関連図 B8 婚姻関係（拒否）

(7) 婚姻関係

230 〜 251TU（22TU）

　p7701. 婚姻関係についても意見は二分した。「娘の結婚 p7701. × －婚姻関係はありえない」と言い切る親は、第一に、「障害＝ b117. －知的機能があるんだから、子ども＝ p7600. _ －子どもとの関係は無理でしょう」と、p660. _ －他者への援助（子育て）の能力を理由に挙げた。自分（母親）＝ e310. －家族（母親）育児としても、子育ての手伝いならともかく、「結局孫にあたる子の育児全てをさせられるのは無理」と言う。「大きくなったら母親の知的レベル超えるなんて怖い」「生んで誰が育てるのよ？産みますって言ったってまず産めないでしょう」。

　一方、「結婚できるかな p7701. ○. ＋婚姻関係って考えてる。今学校に仲良しの子＝ p7500. ○. ＋友人との非公式な関係がいて、しっかりしてるから『結婚してくれないかな〜？』なんて思っちゃう」と、わが子の結婚 p7701. ○. ＋婚姻関係に肯定的な親 e410. ○ 家族（母親）：結婚に賛成もい

第 3 章　障害のある子を育てた母親のグループディスカッション　　97

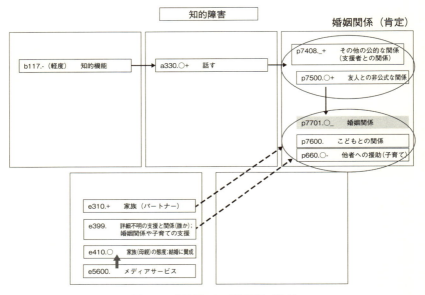

図 3-18　関連図 B9　婚姻関係（肯定）

る。子どもを産むかどうかについても、テレビ番組で知った、結婚して子育てしている先輩たちの事例をひき、「周りの人の助けでなんとかなるんだよ」と言っている。ただ、支援者に助けてもらう場合も、結婚相手になりそうな友人関係を築くのも **a330. ○+話す** という能力がないと難しいのかもしれないという。「要するに知的のレベル **b117. 知的機能** は、ある程度関係あるかな」という声が聞かれた。また、結婚相手については、全員が「相手 **e310.＋家族（パートナー）** が健常者 **b117.＋知的機能** なら大歓迎」と言い、「そんなことあるわけないけど、それは（影響が）大きいよね」と話す。

(8) 子を手放す親として
　　308TU～364TU/483～499（計 74TU）

　しかし、いずれ **e310. 家族（親）** は「子を監視する親」から「子を手離す親」にかわらねばならないという意見が出る。そのためには親 **e310. 家族（母親）** は、しつけや自立に向けた家事教育と、**a2402._ －危機への対処**の

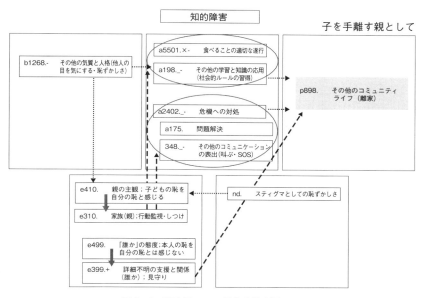

図 3-19　関連図 B10　子を手離す親として

ためのスキル（具体的には a349._ ーその他のコミュニケーションの表出（SOS を叫ぶ））、危ない時には一人にならないなどの **a175. 問題解決**能力を身につけさせ、「行動監視」役 **e310. 家族（母親）：行動の監視**を家族以外の「誰か」= **e398.＋その他の支援と関係（誰か）：見守り**に託す必要がある。ただし、**e398.＋その他の支援と関係（誰か）：見守り**がする支援は「行動の監視」ではなく「見守り」と表現されている。**e310. 家族（母親）：行動の監視**と **e398.＋その他の支援と関係（誰か）：見守り**には、子どもたちの行動を「自分の恥」と感じるか否かという当事者性が指摘された。

(9) 自分の障害を知る

546～616TU（71TU）

最後に、自分の障害について知ってるかどうか、**nd. 自分の障害を理解する**も大事だと **e5853. 特別な教育と訓練についてのサービス（特別支援学校）**主催の勉強会で聴いたという話がでた。自分の障害と向き合って = **nd. 自分**

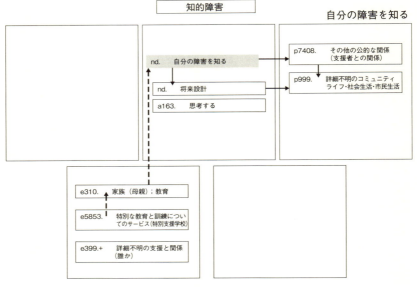

図3-20 関連図B11 自分の障害を知る

の障害を理解する、与えられた環境と自分の障害の両方をみて、どう生きていくか自分で考えられる a163.思考するように教育すべき＝ e310.＋家族（母親）：教育だと言われ、「なるほどと思い」、どこを支援してもらいたいのかちゃんとわかっていない＝ nd.自分の障害を理解すると、支援する側＝ e399.詳細不明の支援と関係（誰か）がニーズを勘違いすることはよくあると聞いたので、「なんとかこの社会でやっていく＝ p999.詳細不明のコミュニティライフ・社会生活・市民生活には、そんな支援が必要だと感じた」ことが語られた。

4-3　Bグループのディスカッションのまとめ
　ディスカッションは以下のようなテーマで構成された。

・家庭内のことが写し鏡になる知的障害の子のしつけ（マナー、人目を気にすること）

・性的な危機と親の保護・代弁
・統合教育によるメリット（情報獲得）と特別支援教育によるメリット（就職）
・恥ずかしいことをしないように監視する役割と危機から守る保護役割、責任をとる役割
・離家:承認（自立心の芽生えと家事等の教育）と反対(知的機能の低さによる困難)
・親亡き後を託す支援者（公私ともに相談に乗ってくれる人）
・婚姻関係:反対（知的障害、子育て能力のなさ）と承認（話す能力は必要）
・子を監視する親から子を手離す親へ（前提としてのしつけ・教育）
・自分の障害を知る意味（支援者に自分を伝える、将来設計）

　「しつけ」や「教育」が子の離家の前提条件になることがグループとしての総意だった。
　家事や育児のスキルや自分のことを話すという能力、自分の障害を理解して相手に的確に助けを求められるなどの能力がある程度育っていることが離家の条件になる。
　ただし、このグループは離家にも結婚にも賛成派と反対派があり、反対派は「知的障害があるのだから無理」というストレートな拒否を示し、賛成派はさまざまなしつけや教育によって「もしかしたら可能かもしれない」という期待や、メディアや先輩たちの経験談から得た「憧れ」を語った。一方で、現段階では性的な危機状態から子どもを守ったり、教師との関係など理不尽なことに立ち向かったり、実際にデートしたりするわが子を監視したりすることが日常であり、先のことを考える余裕がないことも語られた。離家や結婚など将来のことは、学校主催の講演会等で知ることが多く、親がしてきたことを「見守り」という形でしてくれる支援者が必要なのだと感じている。

5　Cグループのディスカッション

表 3-9　Cグループ（卒後男子をもつ母親）のディスカッション

ディスカッション時間	2h53m27s（173 分）
TU 数	1034
リンクされた使用コード	143（b:6 s:0 d:86e:41 pf:5 nd:5)

5-1 リンクされたコード

表 3-10　C グループ　使用コード

b	1	b1 心身機能　b110 知的機能　b1266 確信　b1268 その他（恥ずかしさ）　b1300 活力レベル　b1645 判断
d	1	a1 基礎的学習　a132 情報の獲得　a155 技能の習得　a159 その他（知識の積み重ね）　a161 注意を向ける　a163 思考　a1631 推測する　a1632 仮定を立てる　a175 問題解決　a177 意思決定　a198 その他の（特定のことについての知識と理解をもつこと）
	2	a2300 日課の遂行　a2301 日課の管理　a/p2400 責任の対処　a2401 ストレスの対処　a2402 危機への対処　a250 行動の管理　a2501 要求に応えること　a298 その他（自己評価）
	3	a/p3102 複雑な話し言葉の理解　a325 書き言葉の理解　p330-349 コミュニケーションの表出　a/p330 話すこと　p335 非言語の表現　a/p3350 ジェスチャーによる表出（身体接触）　a/p345 書き言葉によるメッセージの表出　a349 その他（意思表示）　p350 会話　p3550 ディスカッション
	4	a440 細やかな手の使用
	5	a5 セルフケア　a510 身体を洗う　a5203 爪切り　a540 更衣　a5404 適切な衣服の選択　p5508 その他の食事（会食）　a570 健康に注意する　a5700 身体的快適性の維持　a5701 食事や健康の管理　a5702 健康の維持　a57020 服薬や医師の指示に従うこと　a5708 その他の健康に注意すること（病院を選ぶ）　a598 その他（持ち物の管理）　a598 その他（マスターベーション）
	6	a/p6 家庭生活　p6101 住居の賃借　a6200 買い物　a630 調理　a6300 簡単な調理　a6400 洗濯　p660 子育て
	7	p7 対人関係　p7103 批判　p7202 対人関係における寛容さ　p740 公的な関係（職場の人間関係）　p7400 職場の先輩との関係　p7402 職場の同僚との関係　p750 非公式な関係　p7500 友人との関係　p7601 親との関係　p770 親密な関係　p7700 恋愛関係　p7701 婚姻関係　p7702 性的関係　p798 その他の対人関係（悪意のある人との関係）
	8	p8200 学校進学　p8203 学校修了　p825 職業訓練　p845 仕事の獲得維持終了　p8451 仕事の継続　p850 報酬を伴う仕事　p860 基本的な経済取引　p870 経済的自立　p8700 個人の資産　p898 その他の主要な生活領域（契約する）
	9	p920 レクリエーションとレジャー　p9200 遊び　p9201 スポーツ　p9202 芸術と文化　p9205 社交　p9208 その他のレクリエーションとレジャー（行事）（外食）（旅行）（テレビ視聴）　p940 人権 p998 その他のコミュニティライフ・社会生活・市民生活（離家）
e	1	e165 資産 e1650 経済資産　e1651 有形の資産　e198 その他(連絡帳)
	2	e230 自然災害
	3	e3 人的支援　310 家族（母親）（父親）（家族）（兄弟）（パートナー）　e320 友人　e325 仲間（職場の先輩）（地域の人）　e330 権限を持つ人（上司）（後見人）　e340 対人サービス提供者　e360 その他の専門職（教師）（CW）　e398 その他の支援と関係（ネットワーク）（GHの同居人）　e399. 詳細不明の（誰か）
	4	e410 家族の態度　e460 社会的態度　e465 社会的規範・慣行・イデオロギー　e498 その他（支援者）の態度

	5	e5 サービス・制度・政策　e525 住宅供給サービス　e5501 司法制度（成年後見人） e5600 メディアサービス　e570 社会保障サービス・制度・政策　e5700 社会保障サービス e575 一般的な社会的支援サービス・制度・政策　e5750 社会的支援サービス e5752 社会的支援政策　e580 保健サービス　e585 教育と訓練　e5850 教育と訓練のサービス e5853 特別な教育と訓練のサービス　e5900 労働と雇用のサービス　e5901 労働と雇用の政策
pf		（年齢）（経験）（主観）（性別）主観（自立心）
nd		（将来設計）（出産する）（妊娠する）（自分の障害を知る）

【注】下線をつけたコードは、各カテゴリーごとに設定された 8 コード（「その他特定の」）や 9 コード（「その他詳細不明の」）を採用したもの、及び nd コードとしてリンクしたものである。

5-2　ディスカッションの流れ

C グループのディスカッションの流れは、以下のようであった。

(1) 親の役目
<u>1TU 〜 19TU（19TU）</u>

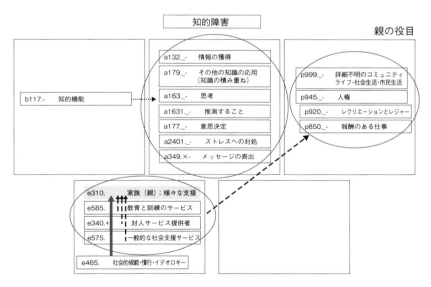

図 3-21　関連図 C1　親の役目

第 3 章　障害のある子を育てた母親のグループディスカッション　103

e310.家族（親）：様々な支援からディスカッションが開始された。e310.家族（親）は、学校時代は学校＝565.教育と訓練のサービスと、卒後の今は事業所等＝e575.一般的な社会的支援サービスとの連携で、p999.詳細不明のコミュニティライフ・社会生活・市民生活も、本人のp940.人権を守ることも主体的にしてきた。それは、子どもの能力上「できないこと＝a132._ －情報の獲得、a179._ － その他の知識の応用（知識の積み重ね）、a163._ －思考、a1631._ －推測すること、a177._ － 意思決定、a2401._ －ストレスへの対処、a349.×－その他のメッセージの表出（SOS）を補うためである。これまで子どものp650.報酬のある仕事もp920.レクリエーションとレジャーも、親の支援によって成立してきた。「親ってそういうもんだっていう……当たり前に。放棄する親もいるけどね。」という言葉から、「親の役目」は「当たり前」というe465.社会的規範・慣行・イデオロギーに依拠していることが示された。ただ、最近は就労支援施設の職員＝e340.＋対人サービス提供者から「親は手をひいて子どもの意思決定を邪魔しないこと」が求められるようになってきた。「これも世の中の変化っていうか。そんな流れだよね」と、e465.社会的規範・慣行・イデオロギーの変化によるものであることが語られた。

（2）意思決定の支援
　<u>20〜61TU/103〜123TU/133〜243TU（計174TU）</u>
　e310.×家族（親）は、どうしても自分の経験から導き出される「安心・安全な道」を選択しがちである。外食のときに、メニューの選択や量などにもつい口をだしてしまうことがあったと語った母親がいた。a5701._ －食事や体調の管理、a2402._ －危機への対処能力が低いと感じたからだが、他の参加者からは「外食くらいは好きにさせれば？」と指摘された。また、洋服のセンスなどの「好み」＝a6408.○－その他の更衣（好みの洋服の選択）の範疇にも口を出してしまう親もいて、反省すべきであると語られた。
　卒後、事業所の職員e340.＋対人サービス提供者からのアドバイスによって、母親が「意思決定」の支援を控えるようになったe310.×家族（親）：

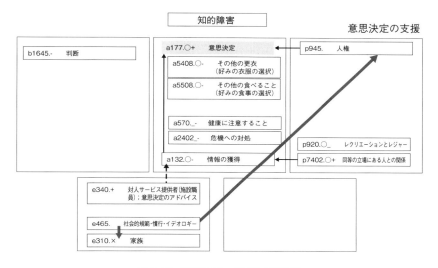

図 3-22　関連図 C2　意志決定の支援

意思決定の支援ところ、子どもが同僚 p7402.〇_同等の立場にいる人との関係の好み等に影響され、学生時代にはありえないような a177.〇_意思決定をするようになった。親の意見より、同僚やきょうだいなど、同年齢の人の意見をより聞くようになってきて、時に不適切な選択（例えば派手すぎる服装 a6408.〇ーその他の更衣（好みの洋服の選択）や、合わない組み合わせのメニュー a6408.〇ーその他の食べること（好みの食事の選択）などについても、親の言うことは聞かず同僚のアドバイスは聞く。おかげで「昔は食べたことのないものは食べなかったのに、かもなべを食べてきたなんて言ったり、外で思いがけない経験もしてくるようになって驚いた」「対等な立場でアドバイスしてくれる人の存在は嬉しい」が、一方、「行けばいいのに……と思うような、例えばアイスショーとか、スキーとか僕は行きませんって言う＝p9208.〇ーその他のレクリエーションとレジャー（選択）のよ。絶対行かないって決めちゃうの」ということも多くなった。e310.×家族（親）としては、少々不満だが、これも「社会がやっぱりこう自分で選択して、させるっていうシステム＝**e465.社会的規範・慣行・イデオロギー**だから、本

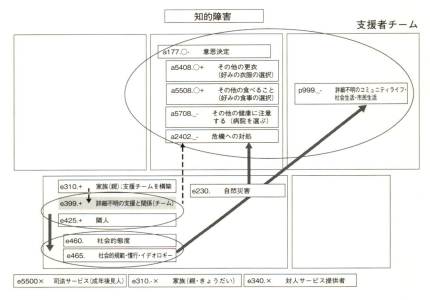

図 3-23　関連図 C3　支援者チーム

人たちも自己主張強くなったよね」と、受容的に語られた。

(3) 支援者チーム
　62～102TU/244～314TU（計112TU）

　a177._ －意思決定とは言っても、そこにはある程度の選択肢を用意するなどの支援が必要で、もし、**e310.×家族（親）**や職員＝**e340.×対人サービス提供者**がいない状態で「普通に自立して暮らしていく＝**p999.詳細不明のコミュニティライフ・社会生活・市民生活**としたら」、重要な**a177._ －意思決定**の支援は誰がするんだろうという不安はある。日常の**a177.○.＋意思決定**は、多少間違った選択はしても何とか自分でできるかもしれないが、**a5708._ －その他の健康に注意する（病院の選択）**や**p898._ －その他の主要な生活領域（住まい方の選択）**などの大きな選択は、独りではできない。**e310.×家族（きょうだい）**には頼みたくないし、**e5500×司法サービス（成年後見人）**のような制度はまだまだ使いにくい。むしろ、地域社会を含めた「一般の目」

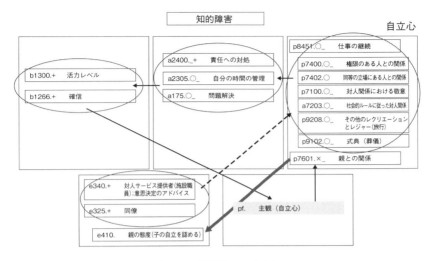

図 3-24　関連図 C4　自立心

を入れたチーム e399. ＋詳細不明の支援と関係（チーム）が望ましいのではないか。「e399. ＋詳細不明の支援と関係（チーム）が e425. ＋隣人と協力してうまく機能すると、地域が活性化し、社会全体＝ e460. 社会的態度、e465. 社会的規範・慣行・イデオロギーが変わるから自分の子もうまく行く」自分の子どもの成長に合わせて世の中を変えていく……のも親の役目かと思って活動している。e230. －自然災害があったときの a2402._ －危機への対処等、あらゆる時に備えて普段からチームのようなものを子どもの周囲に構築する必要がある＝ e310. ×家族（親）：支援チームの構築と感じている。

(4) 自立心

124 ～ 132TU/605 ～ 618TU/790 ～ 846TU/1001 ～ 1034TU（計 110TU）

　学校時代と明らかに違うのは、職場＝ p8451.○_ 仕事の継続の縦社会のなかで、様々な年代や立場の人＝ p7400.○_ 権限のある人との関係、p7402.○_ 同等の立場にある人との関係によって、p7203.○_ 社会的ルールに従った対人関係が身につき、刺激を受け、責任感や自信＝ b1266. ＋

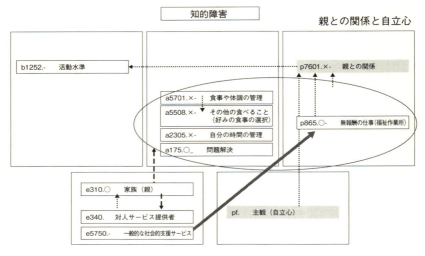

図 3-25　関連図 C5　親との関係と自立心

確信、たくましさ = **b1300. ＋活力レベル**のようなものを身につけた面である。先輩達へのあこがれ = **a7100. 対人関係における敬意**や、働いている = 大人になった自信 = **b1266. ＋確信**などが、本人を成長させ、大人の自覚 = **pf. 主観（自立心）**をもたせるのだと感じる。

　e310. ×家族（親）は、学校時代に比べて、「なるべくかかわらないようにする努力」が必要になる。体調が悪い時の欠勤の連絡 = **a2400. ○. ＋責任への対処**や、土日出勤のシフト = **a2306. ○. ＋自分の時間の管理**、作業着が汚れた時の対処 = **a175. ○. ＋問題解決**など、自分で判断して行動することが求められている。また、**p9208. ○ _ その他のレクリエーションとレジャー（旅行）**なども親が連れていこうとしても「行きませんって言うの。職場の人に誘われる旅行や飲み会のほうが楽しいみたい」、「同僚の **p9102. ○ _ 式典（葬儀）**に行った時にも、1000 円だったけど、自分一人の名前でお香典を包んだりする」など、「息子のほうは、もうどんどん先に進んでいってて、いつの間にか親の手を必要としなくなってる。もう置いて行かれてる感じ」。そうした子ども自身の姿をみて、親が手や口を出してはいけないと思うし、親が意識を変えないといけないと感じている。

親が口出す＝e310.○家族（親）ことについて、子どもが反抗的な態度でp7103.○＿対人関係における批判抗うようになったという母親もいた。「僕は大人だから」といって＝pf.主観（自立心）、「早くして」などと言うと何かを投げつけてきたりp7202.×＿対人関係における行動の制御、わざとゆっくりしたり＝b1252.－活動水準という反抗的態度をとる＝p7601.×＿親との関係。p855.○－　無報酬の仕事（福祉作業所）に勤めており、親がボランティアに行かざるを得ない状況e310.○家族（親）：様々な支援も含めて、親が一日中関わっていることがそうした態度にさせているのかもしれないが、所属してる作業所e5750.一般的な社会的支援サービスは、もともと学校卒業時に作業所がなかったことから、支援学校の教師の善意で始めた小さい作業所で、親のボランティアが必須である。所長＝e340.対人サービス提供者は、親が手伝うことを条件にして開設してくれたので支援をやめるわけにはいかない。今思えば重荷だが、当時は選択肢がなかった。

　e310.○家族（母親）は、その他にも、子どもの頃から、a5701.×－食事や体調の管理、a5508.×－その他の食べること（好みの食事の選択）、スケジュールを決めること＝a2305.×－自分の時間の管理、何かあった時の助け＝a175.×－問題解決などを手伝ってきており、他の母親のように卒後に生活が変わったと感じることはない。

(5) 婚姻関係
　<u>315〜389TU（75TU）</u>
　p7701.○＿婚姻関係については、子どもにb1308．＋その他の情動（性的欲求）がでてきた頃に、考えるようになった。事業所職員＝e340.＋対人サービス提供者に「結婚はぜひさせてください」と言われることも多く、ちょっと前は「結婚は絶対させたくない」と思っていたが、だんだん「結婚もありかな」と思いだしている。p7701.○＿婚姻関係やp7700.○恋愛関係によって心身＝b1.心身機能の退行を防ぐことができるような気がすることもあり、楽しくpf.主観（楽しい）暮らせるならという気がする。

　子どもに彼女ができて「チューした＝p7105.○＿**対人関係における身体的接触**」と嬉しそうにしているのを見て、結婚等への可能性が具体的に見

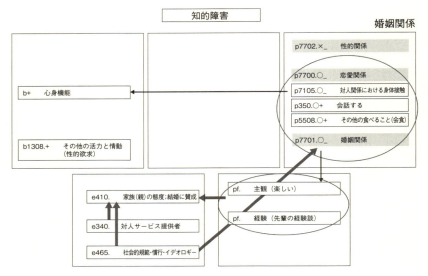

図 3-26　関連図 C6　婚姻関係

えてきたり、結婚して子どもを育てているカップルの話などを聞くようになって、世の中が認めてきたことから「少しは地盤ができてきたかな＝**e465.社会的規範・慣行・イデオロギーと思う**」面があるためだと思う。ただし、「普通の結婚ではなくて、たとえば別々に仕事行って、夜は同じ部屋で一緒に過ごして、**p350.○.＋会話**したり、**p5508.○.＋その他の食べること（会食）**したり、一緒に手つないで寝たり」という結婚生活を想定している。つまり、直接的な性関係**p7702.×性的関係**は親としては想像したくない。

(6) 経済的自立

　　390～474TU/550～559TU（計 95TU）

　p7701.婚姻関係の実現には、**p870.経済的自立**は必須と考えられている。**p8500.報酬のある仕事**と **5700.社会保障制度（年金）**の他、福祉の世界も経済格差があると思うので、子どもが困らないくらいは親として **e165.資産**を残すことを考えている。

　しかし、その **a8700._ －資産の管理**を誰に任せるのか。**p7208._ －その他**

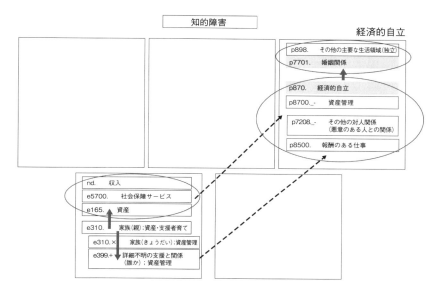

図 3-27　関連図 C7　経済的自立

の対人関係（悪意のある人との関係）にだまし取られる可能性があることすれば、今のところ、その他の支援とともに「親代わり」に安心して任せられる e399.＋詳細不明の支援と関係（誰か）は見当たらない。

　親ではない第三者で、しかも資産が任せられるような信頼関係のある e399.＋詳細不明の支援と関係（誰か）が子どもの周囲にいたらありがたい。「人」がもっとも大きな財産だと思うので、そこは親として積極的に構築していきたい。

(7) かすがい
　<u>475 〜 549TU/560 〜 604TU（計 150TU）</u>
　子どもを独立させる **p898.×その他の主要な生活領域（離家）** という発想とは逆に、子どもに自分の老後の生活に一緒にいてほしい＝ **p660. 他者援助（介護）** という願いもあげられた。「何かを子どもにしてって、例えばお茶碗洗ってとか、そんなこと頼んでるわけじゃないんだけど、経済的に依存する

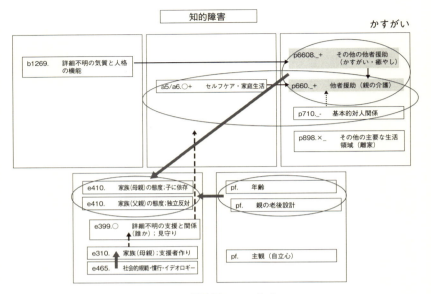

図 3-28　関連図 C8　かすがい

つもりももちろんないし、けど、気持ち的に依存 e410. 家族（親）：子に依存してるんだよね、夫婦だけの生活じゃ間がもたないのよ、『この人がいて初めて成り立ってたんだ、この生活』っていうね……」「あの子のおかげよね、かすがいっていうのかな = p6608. ＋その他の他者援助（かすがい）」特に、父親は子どもの独立に抵抗をみせるという = e410. 家族（父親）：子の独立に反対現状もある。「グループホームに入れる話が出た時にパパがとんっでもないって大反対したの。自分のこともできない = a5/a6 . ×－セルフケア・家庭生活のにまだまだ無理って。でも、そういうことじゃないんだよね。だって、できるよ？って言ったら、でも……って文句言ってた」。そこで初めて、「もしかしたら私も出したくなかった = e410. 家（親）：子に依存のかもと思った」「だからうちなんかは、二人の老後のこともきちっと決めてからじゃないと子ども出せないなと思う。子の自立は親の自立なんだよね」。

　他の母親も p6608. ＋その他の他者援助（かすがい）（癒し）機能があることには強く同意した。「なんか、そこにいるだけでいいっていうか。なん

だろうね。ただ自分の子だからかわいいっていうのとは違う」「ときどき、ぎゅっとさせてっていって呼ぶの、ぬいぐるみ的？それだけでなごむんだよね、○もいい大人の男なんだから嫌かもしれないけど、そこは無視」「あの子がいるとケンカにならない。できないの」「別に特ににこにこしてる子じゃないんだけど、いなくちゃならない空気感？」のように、障害のある子の「存在そのもの」が家庭の中で一定の役割を果たしていることが語られた。

　子どもに依存していることを自覚して、「じゃ、同居して最後は障害のある子どもに面倒みてもらう＝**p660. 他者援助（親の介護）**みたいなことも可能かな」という意見が出た。可能性を話し合うなかで、その場合はセルフケアや家事 **a5/a6．○．＋セルフケア・家庭生活**の能力があるだけでは実現しないのではないか？　という声があがった。「一緒に暮らす親の死に気づかなかった自閉症の先輩の話」から、発達障害や知的障害の人の **p710．×－基本的な対人関係**には限界があることが示された。そうした能力の限界を補うものとして、親に代わる存在として家庭の外から見守りをしてくれる、**e399．＋詳細不明の支援と関係（誰か）**が必要だ。「今、障害者を特別視するのではなく社会に取り込んでいこうとする動き＝**e465. 社会的規範・慣行・イデオロギー**もあって、社会の一人として見てくれる人が必要とされている。それは親じゃない。地域っていうか、社会に働きかけて、今ないものも『作っていく』ということをしていかなくちゃと思う」「自分の子どもに合わせて、周りを変えていくことは必要だし」、もしかしたら、そうした努力によって親子が一緒に最後まで暮らせる可能性が出てくるのかもしれないということが話し合われた。

(8) 自立する子と自立後に残る支援

　<u>619～789TU/847～862TU/990～1000TU（計 198TU）</u>

　「息子の「出たい」という姿勢 **pf. 主観（自立心）**が出てきて、今は夫婦とも覚悟してその時を待ってる」という発言がある。一時期急に親に冷たくなってとてもショックだったが、それが両親の子離れを促進させた。社会に出たと同時にそうなった気がする。このような、「しかたない」という状況・タイミングが子の独立を後押しするのではないか。

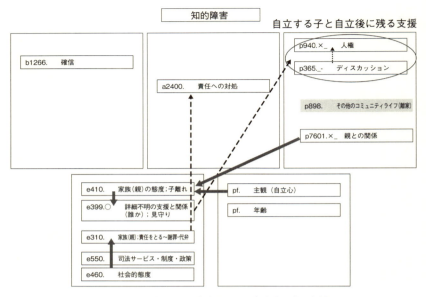

図 3-29　関連図 C9　自立すること自立後に残る支援

　そうなると、学生の頃のような連絡帳はもうないのだし、それでも親が「何でも知っておきたい」という気持ちをもち続けて、子どもの様子を聞きこむようなことをするなら、それはいつまでも独立にならないし、本人の尊厳を守れない＝**p940.×_人権**。

　しかし、例えば何かの犯罪行為に巻き込まれたりしたときには、子どもの **p940.×_人権** を守るためにやっていないならやっていないと代弁する、やってしまったなら謝罪するというようなという行為は親＝**e310.＋家族（親）：責任〜謝罪・代弁** が最も適切である。（障害者の不始末は親の責任という）世間の目＝**e460. 社会的態度** もあるし、何より子ども自身が自分で自分の立場を守れない **p940.×－人権** からである。「とくに **e5450.－市民保護サービス（警察）** なんかはそう。パニックのときに威圧的に『やったでしょ』って言われたら『うん』って言っちゃう」「ちゃんと話せなくて＝**p353. ディスカッション**、すぐにごめんなさいしちゃうから」。「丸投げまでは、まだできないっていうところがつらいところだよね」。

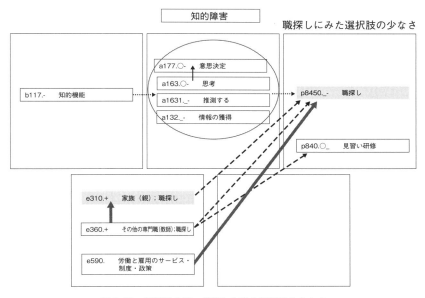

図 3-30 関連図 C10 職探しにみた選択肢の少なさ

(9) 職探しにみた選択肢の少なさ

863 〜 884TU（22TU）

　p8450.＿ −職探しするときには、親 **e310.＋家族（親）：職探し**がかなりの部分を決める支援をしている。まず、職業的に選択肢は広くないので、その中で子どもに合っていそうなところを選定する。学校の教師 **e360.＋その他の専門職（教師）**の評価を参考に、「こういうのがあるよ」と提示し＝**a132.＿ −情報の獲得**、本人に考えさせ＝**a163.○−思考**、最終的には親が判断 **e310.＋家族（親）：職探し**することになる。

　比較して考える＝**a163.○−思考**、**a1631.＿ −推測する**などが苦手なためである。いくつか見つけた中で **p840.○＿ 見習い研修**させ、決めていく。「健常の子に比べたら、親の意向がかかわる面はかなり大きいと思う」。しかし、本人の能力の前に、「選択肢が少なすぎる」ことにも話が及んだ。「選べる選択肢が少ないしね」「努力のしようもないもんね」という会話があり、親たちが社会資源の乏しさに気づいていく過程がみられた。

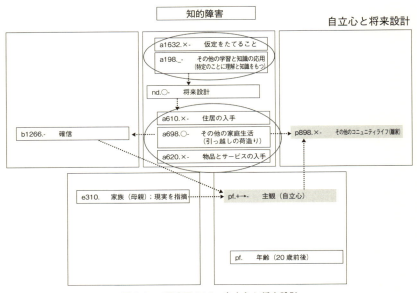

図 3-31　関連図 C11　自立心と将来設計

(10) 自立心と将来設計

899～973TU（75TU）

　母親たちは、これまでの本人たちの様々な言動から、「先のことまで想像できない」＝ **a1631.×－仮定をたてること**、「社会の仕組みがよくわかっていない」＝ **a198.×－その他の学習と知識の応用（社会の仕組みを理解する）** ために、本人が自立のイメージ＝ **nd.－将来設計** をしっかりもてていないと指摘している。多くの子どもが、20 歳前後＝ **nd. 年齢** のある日突然、「マンションのチラシを集めはじめた＝ **a610.○－住居の入手**」「家出するって言い始めて荷物をまとめた＝ **a698. その他の家庭生活（引っ越しの荷造り）**」「電話も買わなくちゃ、新聞もとらなくちゃ＝ **a621.○－物品とサービスの入手**と言い始めた」など、本人が自立のイメージをみせた＝ **b198.＋その他の精神機能（自立心）** 時期があったことがわかる。特徴的なのは、ある時期に盛り上がったその行動が、「いつのまにか荷造りしてた段ボールが片付いてた」「1 カ月で何も言わなくなった」ことである。母親たちはそれを「あき

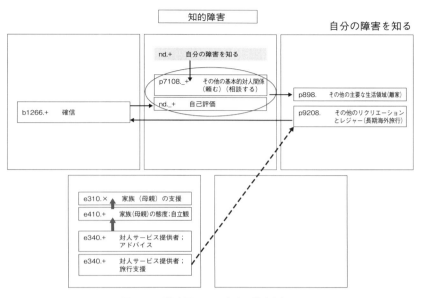

図 3-32 関連図 C11 自分の障害を知る

らめたんだ = b198.－その他の精神機能（自立心）と思った」と話した。

「(母親らから)『マンションって幾らするのか知ってる？』とか『独り暮らしするのはいいけど、ご飯はどうするの？』って言われるうちに、『ああ無理だ』って思ったんだよね」「そうやって、現実についてちょっとつつくと、もうヘタる……みたいな」= e310.家族（母親）：現実を指摘というエピソードがあった。銀行に行けばお金がでてくる、水道はひねれば水がでる、冷蔵庫を開ければ何かある、というのが本人たちの認識 = a198.×－その他の学習と知識の応用（社会の仕組みを理解する）であり、それらが「間違っていた」ことがわかったときに、本人が自信 = b1266.－確信をなくし、自立をあきらめた = b198.－その他の精神機能（自立心）のではないかというのが母親たちの共通した見解であった。「かわいそうな気はするけど、現実だから仕方がない」。

(11) 自分の障害を知る
974 - 990TU（16TU）

第3章 障害のある子を育てた母親のグループディスカッション 117

逆に、実は「なにかができる」や「わかっている」ことよりも、「わかっていない（できない）ということがわかっている」「誰かに頼める」ということのほうが自立には必要な条件であると母親たちは思っている。**nd. 自分の障害を知る**ことが重要である。事業所の主催で長期間の海外旅行＝**p9208. そのほかのレクリエーションとレジャー（旅行）**に行かせた時に、心配なことを列挙してしまったところ、職員＝**e340. 対人サービス提供者**から「自分でできないって言えれば**p7108. その他の基本的対人関係（相談する）**それで大丈夫です」と言われ、はっと気付いた。

自分の障害の理解 **nd. 自分の障害を知る**を含めた自己評価がしっかりでき、卑屈にならずにできないことをできないと言える自信のようなものが、形はどうあれ「独立」の条件になる。

5-3　Cグループのディスカッションのまとめ

ディスカッションは以下のようなテーマで構成された。

・子どもができないことを補い仕事や余暇を組み立てる親の役目
・職場の職員らにアドバイスされて手を引いている意思決定の支援
・理想の地域社会の支援者チーム
・卒後に成長した自立心と親離れ
・性的関係がない結婚生活
・資産管理まで安心して任せられる理想の支援者
・子はかすがい
・離家のタイミングとその後に残る支援（人権擁護のための代弁等）
・就職先選定にかかわる親の支援と選択肢の乏しさ
・自立心に追いつかないさまざまな能力（世の中の仕組みの理解等）
・自分の障害を知ることでできないことを伝えることのできる力の必要

このグループは逐語録の字数がもっとも多く、ディスカッションが非常に活発に行われた。特に卒後職場の職員等に自己決定を徹底してアドバイスされ、「ショックだった」が、徐々にそれを「社会の流れ」と受け止め、親の

支援のあり方を変更していく過程が饒舌に語られた。一方で、グループホームなどに離家させることを認めたくない気持ちがあり、子ども自身が自立心を育て「家出する」と言いだしたときにも賛成できなかった夫婦の姿も語られた。子どもがかすがいになって夫婦関係が成立していることを痛感し、地域社会の支援者チームや全てを任せられる新しいタイプの支援者などがいれば、子どもの近くで子どもに介護されながら暮らす幸せもあるのではないかとディスカッションの中で話し合われた。また、今のところ子どもは、世の中の仕組みがわからないことや、自分の障害を理解したうえで、できないことを相手に的確に伝える等の力がまだ不足しており、離家はそれらの力が育って周囲の環境も整ったところでと、タイミングをはかっているところであると語られた。

6　Dグループのディスカッション

表3-11　Dグループ（卒後女子をもつ母親）のディスカッション

ディスカッション時間	2h06m38s（126分）
ＴＵ数	801
リンクされた使用コード	141（b:15 s:1 d:87 e:30 pf:4 nd:4）

6-1　リンクされたコード

表3-12　Dグループ　使用コード

b	1	b117 知的機能　b 122 全般的な心理社会的機能　b1250 順応性　b1268 その他（恥かしさ） b1301 動機づけ　b152 感情　b163 基礎認知　b164 高次認知機能 b1642 時間管理 b1645 判断
	2	b2650 触覚
	4	b455 体力
	6	b6400 性的刺激期の機能　b660 生殖に関する機能　b6602 出産に関する機能
s	6	s6302 乳房と乳首
d	1	a132 情報の獲得　a163 思考　a1631 推測する　a166 読む　a170 書く　a172 計算する a177 意思決定　a198 その他の学習と知識の応用（特定のことについて理解と知識をもつこと）

第3章　障害のある子を育てた母親のグループディスカッション　119

	2	a230 日課の遂行　a2305 自分の時間の管理　a240 ストレスとその他心理的欲求への対処　a2400 責任の対処 a250 行動の管理
	3	a/p330 話すこと　p3350 非言語メッセージ（抱擁）（キス）　p350 会話　p3508 その他<u>（相談する）</u>　p3600 遠隔通信用具の利用
	4	a470 交通機関や手段の利用
	5	a5202 頭髪の手入れ　a540 更衣　a5501 食べることの適切な　a5701 食事や健康の管理　a5702 服薬　a57020 薬の飲み方　a5708 その他特定の健康に注意すること（避妊）　a571 安全に注意すること
	6	a630 調理　a6300 簡単な調理 a6400 洗濯　a6402 居住部分の掃除　a660 他者援助　p610 住居の入手　p6101 住居の賃貸 p6108 その他の住居の入手（住居探し）　p6200 買い物 p660 他者への援助（子育て）　p6600 他者のセルフケアの援助　<u>p6608 その他（かすがい）</u>　p798 その他の対人関係（悪意のある人との関係）
	7	p7 対人関係　p710 基本的な対人関係　p7103 批判　p7105 対人関係における身体接触　p7203 社会的ルールに従った対人関係　p730 よく知らない人との関係　p7401 支援者との関係　p7402 同等の立場にある人との関係　p7500 友人との関係　p7501 隣人との非公式な関係　p7503 同居人との非公式な関係　p760 家族との関係　p7601 親との関係　p7602 きょうだいとの関係　p770 親密な関係　p7700 恋愛関係　p7701 婚姻関係　p7702 性的関係　<u>p798 その他の対人関係（悪意のある人との関係）</u>　p799 詳細不明の対人関係
	8	p820 学校教育　p8200 学校教育への就学・進学・進級　p8202 学校教育の内容の習得　p8203 学校教育または学校レベルの修了　p8208 その他の学校教育（性教育）　p839 その他の特定の教育（塾）　p840 見習い研修　p845 仕事の獲得　p8451 仕事の継続　p850 報酬を伴う仕事　p855 無報酬の仕事　p870 経済的自立　p8700 個人の資産　p879 その他の経済活動（問い合わせ・申し込み）<u>p898 その他の特定の主要な生活領域（手続き）</u>
	9	P910 コミュニティライフ　p9100 非公式団体　p920 レクリエーションとレジャー　p9200 遊び　p9201 スポーツ　p9202 芸術と文化　p9205 社交　<u>p9208 その他のレクリエーションとレジャー（旅行）（テレビ視聴）（デート）（レクリエーションとレジャーの選択）</u>　p940 人権　<u>p998 その他のコミュニィライフ・社会生活・市民生活（離家）</u>
e	1	e1101 薬　e130 教育用ビデオ　e155 私用の建物の設計・建設用の製品と用具　e165 資産
	3	e310 家族（親）（父親）（母親）（きょうだい）　e315 親族 e325 隣人・仲間 e360 教師　<u>e398 その他の支援と関係（恋人・BF/GF）（ネットワーク）e398 その他（悪意のある人）</u>　e399 詳細不明の（誰か）　e330 権限を持つ人（後見人）（上司）e340 対人サービス提供者　e355 保健の専門職
	4	e410 家族の態度　e460 社会的態度　e465 社会的規範・慣行・イデオロギー
	5	e5600 メディアサービス　e570 社会保障サービス　e5701 社会保障制度　e575 社会的支援サービス・制度・政策　e5750 社会的支援サービス　e580 保健サービス　e5853 特別な教育と訓練のサービス　e5854 特別な教育と訓練の制度
pf		（年齢）（経験）（国籍）<u>主観（自立心）</u>
nd		（将来設計）（出産する）（妊娠する）（自分の障害を知る）

【注】下線をつけたコードは、各カテゴリーごとに設定された8コード（「その他特定の」）や9コード（「その他詳細不明の」）を採用したもの、及びndコードとしてリンクしたものである。

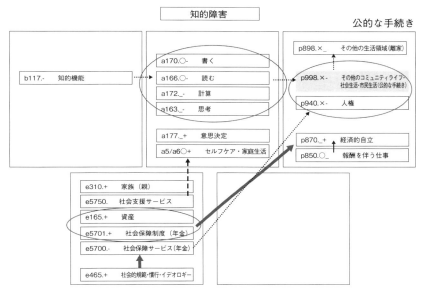

図 3-33　関連図 D1　公的な手続き

6-2　ディスカッションの流れ

D グループのディスカッションの流れは、以下のようであった。

(1) 公的な手続き

<u>1TU 〜 14TU（計 15TU）</u>

　子どもの p898.×_ その他の生活領域（独立）の障壁としてまず挙げられたのは、数年ごとに繰り返さねばならない年金の p998.×-その他のコミュニティライフ・社会生活・市民生活（手続き）という具体的なことであった。

　p898.×_ その他の生活領域（独立）を考えると、仮に、e5701.＋社会保障制度（年金）や p850.○＋報酬を伴う仕事や e165.＋資産などで p870._＋経済的自立できても、家事援助＝ e5750.＋社会的支援サービスを受けることができても、p998.×-その他のコミュニティライフ・社会生活・市民生活（手続き）が独りでできない子どもを独立させるには心もとないという意見があり、異論はでなかった。「普通の子たちには、区役所とかの窓口に行くのなんかそ

んなにないのにかかわらず、なんでこの子たちに限ってこんなにすることあるの？みたいなこと、ちょっと疑問に感じてる」。「健常のお子さんより出来にくいうちの子たちに、そういう書類書いたり＝a170._ －書くこと、読んで理解したり a166._ －読むこと、数字＝a172._ －計算とかずいぶんだなって」。

　年金のp998.×＋その他のコミュニティライフ・社会生活・市民生活（手続き）は、知的障害＝b117.－知的機能のある人が自分でできるような仕組みにはなっていない＝e5700.－社会保障サービス（年金支給サービス）。個人の読み書きの能力＝a170._ －書くこと、a166._ －読むことの問題より、むしろ「サインするのも本人自署って書いてあるのに『お母さんでいいですよ～』とか簡単に言うよね。うちの子だって、汚い字だけどサイン＝a170._ ＋書くことくらいは自分でできるんだけど、誰もが『障害者はサインしないのが当たり前』って思いこんでる＝p465.－社会的規範・慣行・イデオロギー」「書く欄小さすぎて、うちの娘の大胆な筆跡には合わないわけよ」「複雑すぎて独りでできるようには考えられていない e5700.－社会保障サービス（年金支給サービス）の問題」、そのうえ「っていうか、窓口によって違うことを言うから、私でもよくわからない」などと、制度・サービス上で「できなくさせられている＝p940.×－人権」ことに言及している。

（2）離家しない自立

　　15TU ～ 33TU/333 ～ 355TU/362 ～ 379TU（計60TU）

　独立p898.その他の生活領域（独立）のひとつの形として、「自分の居場所があって＝p8.○_ 主要な生活領域、することがあって＝p8.○_ 主要な生活領域、自分の時間がある＝p2305.○_ 自分の時間の管理」という形（離家せずに暮らす＝p898.その他の生活領域（離家しない独立））を最近になって理想とするようになったと語った親がいた。これに同意する意見として、「グループホームなどで暮らしている先輩方に話 pf. 経験（グループホームに入った先輩の話）を聞き、そこは決してゴールではないんだ」と感じたと話す人がいた。

　現代は女性の職業的自立なども含めて生活パターンが多様化しており、「世間にもいろいろな考え方がある＝e465.＋社会的規範・慣行・イデオロ

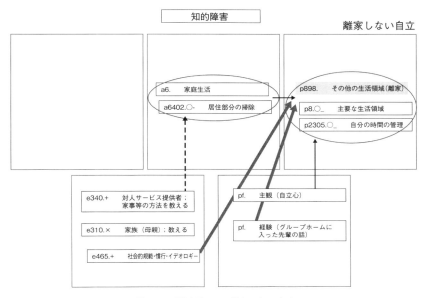

図3-34　関連図D2　離家しない自立

ギーんだなあと思うと、無理に出さなくてもいいかな＝**p898. その他の生活領域（離家しない独立）**という気持ちになっている」という意見もあった。

　子ども自身が「部屋に入るな」と言うb198 その他の精神機能（自立心）ことから、ヘルパーさんe340.＋対人サービス提供者と一緒に掃除するなどして、「家庭内自立＝**p898. その他の生活領域（離家しない独立）**」をさせている事例もあった。同じa6402.○－居住部分の掃除でも、e310.－家族（母親）が教えると「怒られると思うみたい」「委縮するっていうの？『私だって自分でできるのに』って構えるのよ」＝p7601.×親との関係。他人、第三者＝e340.＋対人サービス提供者が入ることでうまくいくことがあるという。

　親が感じている以上に子どもが「親に叱られるかもしれない」と思っていることが多いのではないかという気づきがあり、「今までの療育とか教育とかって上から目線じゃない？　彼女たちが委縮するような環境＝**pf. 経験（親や教師に支配されてきた環境）**できちゃったのかもしれない」。「だんだんもう、親＝**p7601.×_親との関係**の支配下にはいなくなるんでしょうね」

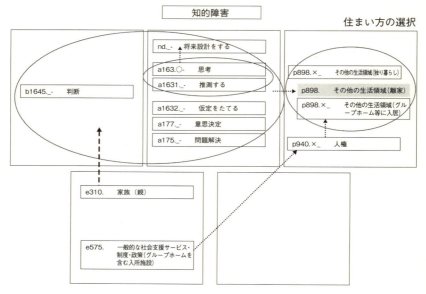

図 3-35　関連図 D3　住まい方の選択

と話し合われた。

(3) 住まい方の選択

　　34TU～80TU/356～361TU（計54TU）

　グループホームやケアホームのような施設に入居する = **p898. その他の生活領域（施設入居）** という独立のパターン = **p898. その他の生活領域（離家する独立）** もあるが、現段階では施設側も行政側 = **e575. 一一般的な社会的支援サービス・制度・政策** も、試行錯誤の段階で十分な支援体制が整っているとは言えない。施設の数そのものも足りていないし、男女が一緒の施設があったり = **p940.×＿人権**、食事なども親元でするような配慮はできない。となると、親が元気なうちに親元での生活レベルを落とすような所に入れるのは忍びない。

　ましてや、全くの独り暮らし **p898.×＿その他の生活領域（独り暮らし）** となると、**a163.＿－思考**、**a1631.＿－推測する**、**a1632.＿－仮定を立てる**ことが難しいため **nd.＿－将来設計**ができないし、「いろいろなことを決めて =

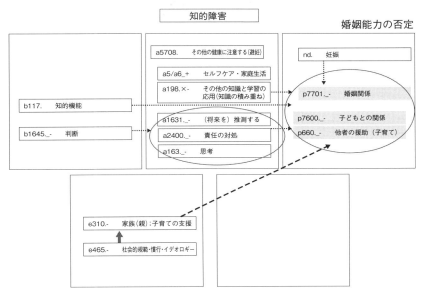

図 3-36　関連図 D4　婚姻能力の否定

a177._ －意思決定、何かあったら自分で a1645._ －判断し、解決すること
＝ a175._ －問題解決のできない娘には難しいと思う。現在は、親がやって
いるそうした支援を施設には任せられない。

(4) 婚姻関係

81 ～ 205TU/234 ～ 269TU（計 161TU）

わが子の p7701. 婚姻関係については、賛成派と反対派に明確に意見が分
かれた。

p7701. 婚姻関係反対派のもっとも強い意見は、p660._ －他者の援助（子
育て）の能力に関するものである。ここで挙げられた p660._ －他者の援助
（子育て）の能力とは、a5/a6 セルフケア・家庭生活の能力だけでなく、長
いスパンで将来を a1631._ －推測する能力、a2400._ －責任への対処能力、
a163_ －思考能力であり、これらの制限がこのグループでは「母性が育って
いない」と表現された。一般的な「母性」という表現とは若干異なり、ここ

でいう母性とは「母になる資格」＝p7600._ －子どもとの関係とも言い換えられるであろう。そして、それは社会から要求されている e465.＋社会的規範・慣行・イデオロギー（と母親が感じている）資格条件である。

　特に、b6601.＋妊娠（に関する機能）したから仕方なく p7701.婚姻関係というパターンが多くなっていることにも不安を感じている。「怖いのは本人の自覚もなく、いつの間にか子どもができちゃったなんてこともあるって聞かされたこと」。b 177.知的機能がそれほど低くない軽度の知的障害の子の中には、ピルなどを自分で飲んで nd.○＋避妊したり、男性がパイプカットする＝a5708.○＋その他の健康に注意する（避妊）ような事例も聞くが、わが子にはそんな b1645._ －判断もできないし、そもそも妊娠の仕組み a198.×－その他の知識と学習の応用（知識の積み重ね）や p660._ －他者の援助（子育て）の a2400._ －責任への対処について理解したり、「ただかわいいだけじゃなく、子どもと一緒に親になる素地＝ここで言う母性」が育っていないので、子育て p7600._ －子どもとの関係や p7701.婚姻関係は、わが子には無理と考えている。しかし、同じ妊娠してから結婚というパターンでも、それが健常のきょうだいのことであれば、「それはむしろおめでた婚よ。健常の子は、たった今母性が無いように見えても、母性が育つイメージがわくもの」という。「とにかく、本人の意思も確認できない＝a177.×－意思決定うちに仕方なく、結局親が孫の面倒＝e310.○家族（親）子育てまでみさせられるのは我慢できない」という発言があった。

　わが子の p7701.○_婚姻関係に積極的な母親たちの主張は、「規制をかけることで、なにかこう、彼女の幸せ pf.＋主観（幸福感）みたいなのを奪わないようにしたいなと思ってるんですけど」という言葉に現れるように、子に干渉することを避けようという意識＝e410.家族（母親）の態度が働いている。「私たちだって、子どもを育てることによって親にさせられてきた」と、母性は p660.他者の援助（子育て）の過程で能力が向上することがあることも主張された。「うちの子にもやっぱり子どもを産んで育てるっていうのを感じてほしいと、それも彼女の人生のひとつだな〜って思う」という。

　ただ、安心して子どもを産んでと言えるのは、「何かのときに精神的にも支えてくれる e399.＋詳細不明の支援と関係（誰か）が用意できたとき」。

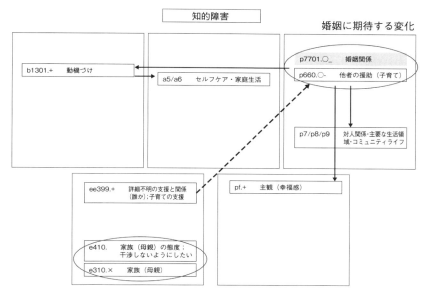

図 3-37　関連図 D5　婚姻に期待する変化

そして、それを用意するのは **e310．＋家族（親）：支援者の構築**の役目のひとつであると考えている。

　p7701．○_婚姻関係も、「結婚することで、もっとちゃんとしなくちゃという意識 **b1301．＋動機づけ**が働いて、成長することもあるんだと思う」「相手がいるってことで、生きてる実感＝**pf．＋主観**のようなものがあるんじゃないかと思う」というように、結婚がさまざまな生活能力や感情を向上させることに期待する意見もあった。

(5) 社会の障害者観の変化とわが子
　<u>206 〜 225TU/270 〜 289TU（40TU）</u>
　p7701．婚姻関係賛成派も反対派も、実際に結婚したり子育てをしているカップルなどについては、否定していない。むしろ「幸せだと思うわよ。周りに助けられて」と、反対派の母親もわが子のコトとは別のこととして、「そういうカップルは応援したい」と言っている。

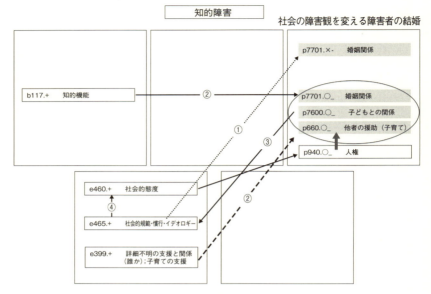

図 3-38　関連図 D6　社会の障害観を変える障害者の結婚

　それは、今に至るまで根強くある「障害というものをリスクとかマイナーなものとしてしか捉えない考え」＝ **e465.＋社会的規範・慣行・イデオロギー**を変えるきっかけになるものだから、というものである。「社会にはどんどんそういう子（子育てする障害者）が保護されるように進んでいってほしいし、進んでいかなくちゃと思ってる」。ただ、今の社会はまだ障害のある人の結婚や子育て等に十分な **e575.－一般的な社会的支援サービス・制度・政策**ができていないと感じている。「共生なんてって言ってても、障害っていうものをリスクとかマイナーなものとしてまずみてきた土壌＝**e465.社会的規範・慣行・イデオロギー**があるんだから」＝①。

　結婚や子育てする障害者が増えていく＝②という事実によって、そうした **e465.＋ 社会的規範・慣行・イデオロギー**が変っていく＝③、そのことによって周囲の人の考え方や接し方＝ **e460.＋社会的態度**もよくなり＝④、そのうち障害者が生きやすくなる＝ **p940.○＿人権**という意見があった。ただし、反対派の親にとって、「それはあくまで知的障害が比較的軽い他の人

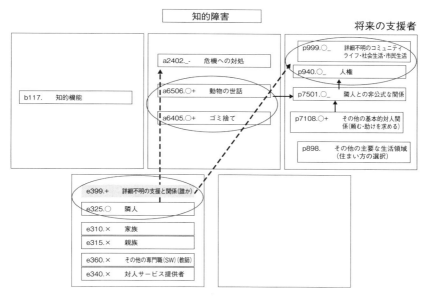

図 3-39　関連図 D7　将来の支援者

の話で、うちの子には p7701. 婚姻関係はない」という。実績があればそれに合わせて制度も変わっていくとは思うが、それまで土壌が十分でないところでは、わが子を冒険させられないというのが親たちの本音であった。

(6) 支援者
226 ～ 233TU/380 ～ 423TU/509 ～ 525TU（計 69TU）

　親たちが期待している e399.＋詳細不明の支援と関係（誰か）は、今の段階では、e340. 対人サービス提供者でも e360. その他の専門職（SW など）でもなく、e310. 家族（きょうだい）や e315. 親族でもない。「今はいないじゃない。ケースワーカー e360.－その他の専門職（SW など）だってちゃんと育ってない」「結局 e310. 家族（親）がやってるわけじゃないもの、素人なのよ」という言葉の中には、e310. 家族（親）が最高の支援者であるという自負もみえ、現存の支援者に対しての期待度は高くない。しかし、求められる支援については「家族や先生のような教えるとか監督するような上か

第 3 章　障害のある子を育てた母親のグループディスカッション　129

ら目線じゃない支援ができる人」という言葉からわかるように、親自身の子どもへの支援についての反省も自覚されていることがわかる。「その人たちが緩やかにチーム組んでくれたら最高」だという。

　地域＝**e325．＋隣人**の重要性も語られた。日頃、犬の散歩＝**a6506．○＋動物の世話**や**a6405．○＋ゴミ捨て**など、近所の仕事を任せていることで、知らないうちに母親よりも知り合いが多かったりすることがあり、「昔から地域・地域って言われたけどピンとこなかったけど、今ようやく地域のつながり＝**7501．○＿隣人**との非公式な関係って大事だなってわかってきた」。危険な行動をしているときには注意してくれる**e325．＋隣人**がいる等、地域が守ってくれる面も感じる。地域とのつながりをもったうえで、**e399．＋詳細不明の支援と関係（誰か）**の支援を受け、**e310．家族（親）**の支援から離れることが、**p898．その他の主要な生活領域（住まい方の選択）**よりも大事なことではないかと語られた。その充実によって、豊かな生活や守られた生活＝**p940．○＿人権**ができる気がする。

　p7501．○＿隣人との非公式な関係が増えることは大切であるが、それはそもそもその子がもっている能力にも左右される。「困ったら人に頼める」「イエス・ノーをはっきり言える」というコミュニケーション能力＝**p7103．○＋その他の基本的対人関係（頼む・助けを求める）**が問われる。それは**b117．知的機能**に比例するものでもなく、むしろ高いがゆえに「恥ずかしくて人には聞けない」という気持ちもでてくることもあるのではないかと語られた。

（7）意思決定

<u>546～592TU/486～508TU/526～545TU（計90TU）</u>

　何かを選ぶこと・決めること＝**a177．＿－意思決定**について、子どもに任せておけないと思う気持ちはある。子どもは20歳＝**pf．年齢**を過ぎ、自立という言葉は知らなくても自分を大人だとは思ってる。「だから『何でもできる』っていうの。『ママは来なくていいわ』とかいうのよ。でも無理なの、うちの子には。だから『そうね、でも今日は一緒に行こうかな』とか言って一緒について行くの。そしたら『そうね』っていうのよ」

　日常で何を選択するかということにもそうした面が現れている。たとえば、

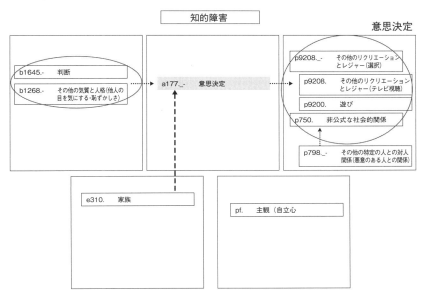

図 3-40 関連図 D8 意思決定

p9208. その他レクリエーションとレジャー（テレビ視聴）では、夕方の子ども番組などを「子どもっぽい」番組だということは承知しているらしいが、実際にはつい真剣に見ていることがある。頭で理解している「大人」と行動に現れる「大人」にギャップがあるのが障害＝**b117.ー知的機能**のゆえである。**e310. 家族（親）**は、そういうわが子をみて、ついテレビを消してしまったり、「そんなの見るのをやめなさい」と注意してしまったりする。それを教育的指導ととるか、過干渉ととるか判断が分かれた。逆に、性的場面があるようなドラマ等、「大人」の番組についても、見せるか否かで親側にある迷いが語られた。

　「やだ〜」などと言いながら観ている子に対して、「性教育にもなるし、いいかな」と見てみないふりをしているという話もあった一方、「見せないほうがいい」という判断でテレビを見せる時間帯を制限している家庭もあった。テレビ番組の選択の他、**p9200. 遊び**（ゲームやシャボン玉などの遊び）の選択や付き合い＝**p750.H 非公式な社会的関係**の選択まで、さまざまな選択に

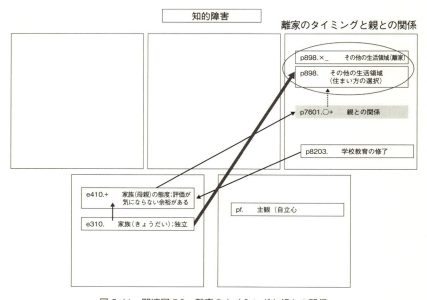

図 3-41　関連図 D9　離家のタイミングと親との関係

ついて、**e310. 家族（親）** の意向が少なからず働いていることが語られた。

(8) 離家のタイミングと親との関係
　　306〜332TU（計 27TU）

　また、**e130. 家族（母親）** として「子どもが学生の頃にはもっと早く親離れしてほしいと思っていた」が、卒後、子どもにグループホーム体験等をさせたときに「おうちが一番。ずっとここにいてあげる」と言われて嬉しかった、「彼女といると楽しいのよ、今」と、子どもとの距離が近くなってきていること＝**p7201. ○＋親との関係** を感じるという話があった。それは、きょうだい等に手がかからなくなり、母親に時間的な余裕が出てきたことで精神的にも余裕がでてきたことや、卒業したこと＝**p8203. 学校教育の修了** により、学校時代には気になっていた「評価」が気にならなくなって、子ども自身を見られるようになってきたことが理由として挙げられた。「親の方が手放せなくなっちゃった」。

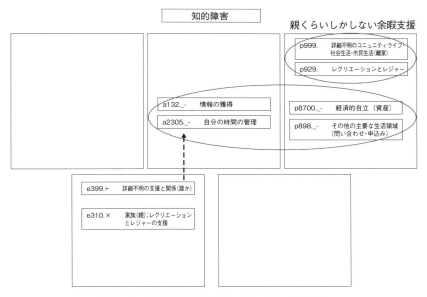

図 3-42　関連図 D10　親くらいしかしない余暇支援

　ただ、いつか手放すなら、タイミングとしてはきょうだい **e130. 家族（きょうだい）** の離家や結婚と同時または少し遅れてという時期がよいのではないか。「お姉ちゃんのように」と憧れでステップアップするというのはこれまでのパターンだし、親としても考えやすい気がしている。その時期に、グループホームなどの **p898.○その他の生活領域（施設等の体験入居）** をさせて、一緒に選びたい。

(9) 親くらいしかしない余暇支援
　　424 〜 485TU（計 62TU）
　親亡きあとの支援者として **e399.＋詳細不明の支援と関係（誰か）** に期待することとして、**p920. レクリエーションとレジャー** のような「してもしなくてもいいこと」についての支援がある。
　現在親元にいる状況では、たまたま経済的＝ **e165.＋資産** にも、親 **e310.＋家族（親）** の意識的にも「できる環境」であればできるが、「できない環

境」の家庭も社会には圧倒的に多くあり、「障害児の環境格差ってものすごいよね」という。土日に退屈しないくらい予定＝**p920.レクリエーションとレジャー（外出）**が入っている子もいれば、一日中**p9208.その他のレクリエーションとレジャー（テレビ視聴）**している子もいる。このグループはみな親が熱心だが、そうではない家庭の子には無料で参加できるイベントの情報さえも届かない＝**a132._ －情報の獲得**。**e310.＋家族（親）；レクリエーションとレジャーの支援**が、**a132._ －情報の獲得**をし、選択したり、手配したり＝**p898.その他の主要な生活領域（問い合わせ・申し込み）**しなくてはならないのが、今の仕組みだからからだ。

　しかし、親から**p898.その他の生活領域（離家）**したときに、日常生活を支援してくれる人＝**e340.対人サービス提供者**がいたとしても、「しなくてもいいこと」にまで配慮してくれるかどうかは疑問である。もしかしたら親元を離れるかもしれないときのために、**e310.＋家族（親）レクリエーションとレジャーの支援**は、これから余暇の支援を少しずつ減らしたり、自分の給料や年金の範囲でできることに変えていかなくてはならないかもしれないという話にもなった。そしてそれは、現段階のこのグループの母親たちにとって、好ましい変化ではない、「仕方なく、そうせざるを得ない」ことであるという語りが中心的だった。

(10) 悪意のある人との関係とセクシャリティ
　　593～763TU（計171TU）

　また、近づいてくる人＝**e345.－よく知らない人**に対しては、「男の人を信用しちゃだめよって言ってるの。彼女の知的レベル＝**b117.－知的機能**では、いい人と悪い人の**b1645.－判断**が分かんない＝**p798.－その他の対人関係（悪意のある人との関係）**って」という。

　最近は、施設の職員からセクハラを受けたという報道＝**e5600.＋メディアサービス**があったので心配だし、ひとまず「男性はだめ」と「刷り込んでいる」＝**e310.＋家族（母親）：アドバイス**という発言もあった。一方で、（**p7701.×_婚姻関係**はしてほしくないものの）男性との**p7700.○_恋愛関係**くらいはいいかもしれないと思う親にとっても、心配なのは「盛り上がりか

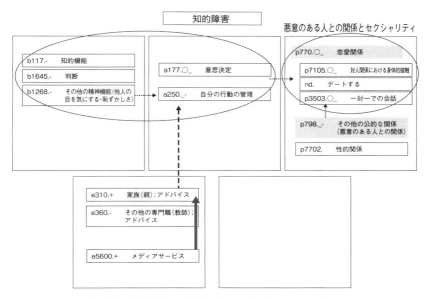

図 3-43　関連図 D11　悪意ある人との関係とセクシャリティ

た」である。「恥ずかしい」や「世間の目を気にする気持ち」＝ b1268.ーその他の精神機能（恥ずかしさ）がないため、公衆の面前で p7702.○ー性的関係に及んでしまったり、a250.×ー自分の行動の管理ができないことが問題である。

「妹なんか、コンビニのまえに座ってたりするんだろうけど、わかんなきゃいいけど。仕方ないし。けど見えちゃうとね」と、健常の妹への対応との違いを指摘した。

一方で、長電話したり＝ p3503.○ ＿ 一対一での会話、「ちょっとデートしてチュー＝ p7105.○ ＿ 対人関係における身体的接触しちゃったり」というくらいの p7700.○ ＿ 恋愛関係をほほえましくみている母親もいた。この母親は、「彼にぎゅって＝ p7105.○ ＿ 対人関係における身体的接触してもらいたいという気持ちはあって当たり前と思う」と言い、「火遊び的な恋とか、片思いでも思い切りはじけるような恋。本当は経験させてやりたいな」と思っていることを語った。

その母親からみれば、e360.×その他の専門職（教師）や多くの支援者は「触ろうとする男性には『嫌』と言いなさい」とは教えるが、本人が触れられるのを嫌じゃない場合はどう教えたらいいかを問うと、皆黙ってしまうという。親としては「こういうデメリットもあるよ」と危険性も教えたうえで、本人の気持ちも尊重したいと考えている。

6-3　Dグループのディスカッションのまとめ
　ディスカッションは以下のようなテーマで構成された。

・書くことなど苦手なことが多いのに煩雑な役所の手続き
・さまざまな自立の形が許容されている社会における、離家しない自立
・できないこと（思考、将来設計等）が多いゆえに難しい一人暮らしと施設入所への不安
・婚姻関係：子育て能力がないことによる反対とモチベーションが向上するとする賛成
・社会の障害者観の変化とわが子
・家族のように「監視」せず「見守り」ができる支援者と見守ってくれる地域の必要
・自立心と親の意思決定支援
・きょうだい等との関連による離家のタイミング
・親にしかできない「してしなくてもいい支援（余暇支援など）」
・性的関係への嫌悪と「いろんな恋愛」からの幸せ感

　このグループは、婚姻関係にしても離家にしても意見がはっきりと分かれた。子育ての能力（「母性」）、先のことを見越した将来設計能力、ヘルパーさん等を采配することのできる力などの不足によって一人暮らしは難しいが、現存する施設では現在親がしている支援（一緒にスポーツジムに行く、興味ありそうなイベントをみつけて申し込む、海外旅行に連れていく等）がほとんどできないだろうと思われるため「かわいそう」な気もする。家族のように考えてくれて、何もかも任せられる素晴らしい支援者か伴侶がいればいいが、そ

れも望めないので、親ができるうちは一緒に楽しみたいという意見が熱心に語られた。

　子どもたちには恋愛も結婚も何でも「普通の人と同じに」経験させたいという母親たちは、経験することで伸びる力があること、何より本人が望んでいることをさせてやりたいという気持ちを語った。両者の意見が一致することはなかったが、現代社会の結婚観・自立観は多様になっており、どんな形でも許されるのではないか、それぞれのあり方が模索されるべきであることには全員がうなずいた。また、年金等の手続きの煩雑さ、役所の案内の不親切さ、社会の悪意のある人や施設内性的虐待のニュースなど、社会の側にある「障害」に気づき、これを変えていかないと子どもたちの生活が向上しないことが指摘された。

7　グループディスカッションの流れを振り返って

　本項では、グループごとにディスカッションの流れを関連図にして示した。
　ディスカッションは、どのグループも同じように、倫理ガイドに始まり、「脱家族」についての2分程度の説明を含む趣旨説明のあと行われた。しかし、本節で示したように、ディスカッションは4グループがそれぞれにまったく違う話題から始まっている。
　どのグループも、調査者が特に促すことをせずともディスカッションが滞りなく進行しており、まさにリアルグループのダイナミクスが見事に現れたディスカッションであった。このことは、ディスカッション終了時に調査者に語られた、以下のような参加者の言葉からもうかがわれる。

> 　自立とか自己決定とか、もう考えなくちゃと思いながらなかなかまとまらなかったから、誘われた時から今日はなんかまとまるかなって思ってたの。みんなの意見聴いて、なにがとは言えないけど、何かがまとまった気がする。
> 　　　　　　　　　　　　　　　　　　　　　　　（Cグループ参加者A発言）

　ディスカッションでは、一人の発言に対して、反対意見や賛成意見だけではなく、時には諫めるような、時には励ますような発言もあり、ディスカッ

ション後の互恵性が確信されるものでもあった。さらに、リンキング作業及び関連図の作成作業の中で、ディスカッションでは、非常に示唆に富む重要な発言が会話に埋没し、聞き逃がされていることも発見された。本項は「話の流れ」を追うことを目的としたため、こうしたディスカッションにつながらなかった一言程度の発言には言及していないが、これを次項以降で紹介する。

8　ディスカッション後の聴きとり

　ディスカッションのグループは、リアルグループであったため、ディスカッション後も、折に触れ、「ディスカッションの続き」のような会話があり、それらの発言はディスカッションの分析に少なからず影響を与えた。また、あくまで補足的な聴きとりとして「ディスカッション直後のリアルグループ内の会話」「ディスカッション後、翌日以降のリアルグループ内の会話」、「電話等によるディスカッション発言の補足的な追加の質問」の聴きとりを行った。それぞれ、録音はとらず、メモを残した。メモに残した会話文をそのまま使用する場合には、本人に承諾を得て分析の参考にし、本文中に活かした。

　また、2015年2月に全員にあてて「質問」を郵送し、19名中16名の回答（うち1名は電話による回答）3名の無回答（うち2名は住所不明で返送）だった。以下はその結果である。これらの回答は、考察の際の参考にした。

［アンケートの結果］
（1）ディスカッション前に「泣きながらでも親不孝を詫びてでも、親の偏愛を蹴っ飛ばさなくてはならないのが我々の宿命である（横塚）」を紹介したことを覚えていますか
　　覚えていた（8）　覚えていない（7）　無回答（1）
　覚えていると回答した方は、そのときにどのように感じたと覚えていますか
・子どもの立場からすればそんな風に思うのかなと感じた
・全ての障害者に該当するのかと疑問に思った。親からの愛情はたとえ偏愛でも見捨てられた子どもよりははるかに幸せだし。その中で自立を訴えて

いくのは個人に認められた当然の権利だと思った。
・親の思いと本人が一人の人間として感じていることがこんなに差があるんだと思った。身体障害の方は自分の考えや思いをそのままきちんと考えて表現できるからこんな表現になるのかなと感じた
・言葉が強くてショックだった
・そんな風に考えられる子であること自体がすごいと思った。うちの子には無理だなとすぐに思った。
・仕方のない考えだと思った。自分も早く親の拘束から逃れたいと思っていたので、それは障害のあるなしではなく当たり前の感情だと思った。ましてや、身体障害者は何もかも指示されてやることが多いと思うので、親の存在は苦しいものだと思う。

（2）この日以前に、そのような考え方を聞いたことはありましたか
　　<u>あった（3）　なかった（13）</u>
　　あったと回答した方は、どんな風に聞いていましたか
・脳性マヒの女性が一人で自活するという新聞記事
・本人の意思を聴かず、生理をとめるような手術をするようなことがあるという記事
・子どもが3～5歳の頃、療育の先生が明るく笑い飛ばすように教えてくださった
・同じころ、近所の身体障害者の方が独り暮らしをしていて、親から無理にさせられていた訓練等がつらくて、親の思いが迷惑だったと話していた。

（3）この日以前に、身体障害者の団体が脱家族の主張をしていることを知っていましたか
　　<u>知っていた（1）　知らなかった（14）　無回答（1）</u>

（4）横塚氏の言葉について、あれから数年たってどう思いますか。お子さんたちも成長されて、その間にいろいろあったと思うので、何か思うところがあれば教えてください。

（以下、筆者要約）
- 知的障害のない人は自分の考えがあるのは当然だが、「親は協力してもらえる存在」として認識し、親は子どもにも人権があることを忘れてはいけないと思う。知的障害のある子の場合は、本人の意思を確認することが難しく、親としてどう距離をとるべきか悩んでしまうが、「本人を手助けできるのは親だけではない」という自覚を持っていることが大事だと思っている。
- 子どもは昨年自分から希望してグループホームに入居した。弟が後押しになる言葉をかけてくれたことがきっかけになったようだ。本人をみているとまだまだ甘いことも多く、しつけが十分ではなかったとも思うが、親の子離れも徐々に必要かと思っている。木の上で見つめることが親の役割だと思っている。
- 独り立ちさせなくてはと思っている。今年中という区切りをつけた。蹴飛ばされたくはないが、そうしてもらわないと困るとも思うので、自立生活アシスタントについてもらって支援してもらっている。
- 年をとればとるほど、親の子離れが困難になっている。親にとっては適切ではないという選択でも本人の意向は大切にしなければと思っている。今は、本人・親・第三者で話しをしながら進めている。障害があってもなくても、親が迷ったり（子離れできずに）悩んだりするのは同じかもしれない。
- 親を蹴飛ばせずに依存している子どもは多いと思う。親は子が自立しようとしている時にはそれを拒んではいけないと思った。
- 就職してから荒れた時期があったが、親の介入によっておさまった。自分の意思が伝えられないということの難しさを知った出来事だった。今でも、見守り支援がなくては難しいと強く感じている。
- パラサイトなどが多い中で、親を「蹴飛ばす」というのは、言葉は悪いけど自立したいと強く思う気持ちで、心強い言葉だと思う。私としては、まず出ていく社会が受け入れてくれるものであることを願いつつ、「泣きながら（ここは大事）」蹴飛ばしてくれる子に育ってほしいと憧れている。
- 蹴飛ばされる準備は相変わらずできていない。ただ、今は障害があるなしにかかわらず、誰もが感じることなのだろうとこの言葉を受け止めている。

・子どもは親を追い越したいと思うものなので誰にでも当てはまる言葉だと思うが、知的障害者にはその気持ちをちゃんと現わすことができないので、反抗という形でもそれが表現のひとつなのだと肝に銘じる必要がある。
・蹴飛ばされたと思う間もなく、いつの間にか独り立ちしていた。自由を満喫しているように見える。親はある程度距離を置くべきなのだろうなと感じている。
・障害のある子の親はある程度、蹴飛ばされているのだと思う。蹴飛ばしていることを自覚していてくれないと親はつらい。逆に親が蹴飛ばしたっていいじゃないかとも思う。
・前には、なるほどと思っていたが、今、自立させる親が周囲に増えてきて、いろいろな例を聞くと、わざわざ「泣きながら」蹴飛ばすなら蹴飛ばすこともないのでは？　と思う。なんだか、無理に自立させようとして親も子もストレスになってる人もいる。
・グループホームに入ってもいろいろなトラブルがある。それでも本人は帰りたいと言わないので自立したかったのだなと思うが、実はそれしかないと思っているだけじゃないか、幸せじゃないのなら他の選択肢もあるのにと思うと、いつ親が口を出すべきなのか迷っている。

第3節　コード関連図にみる母親の障害観

　本節では、前章で示した通り、エクセルデータをコードナンバーの入力された列を優先に並べ替えることで、あるひとつのコード（例えばコードX）がリンクされたTUを4グループ分全て取り出し、さらに、当該コードXにもっとも多くリンクされているコード（例えばコードY）や、特別に特徴的なリンクをしている（コードZ）など、特定のコードとの関連図（「コードXとコードYとの関連図」又は「コードXとコードZとの関連図」）をまとめた。
　最初に**b117. 知的機能**をコードXとし、その後コードXと関連の深かったコードYやコードZを次のコードXとする形で、数珠つなぎにつなげていった。その結果、コードXYZに選択されたコードは、図の通りである。

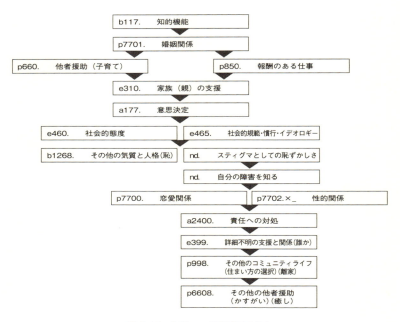

図 3-44　主要コード関連図の流れ

1　b117. 知的機能（⇔ p7701. 婚姻関係）

　本論は「知的障害のある子ども」についてのディスカッションであることから、ほぼすべての TU が **b117. ―知的機能**が低いを前提とした語りなのであるが、リンキング作業は「障害がある」という言葉などで言語化されたものだけを **b117. 知的機能**コードにリンクした。「知的に低い」「知的に重い」「IQ が低い（具体的な数字を含む）」「知能がない」、または「知的に高い」「レベルが高い」「障害が軽い」「軽度」という言葉である。例えば、以下のような語りでは、「35 っていう数字」が **b117. ―知的機能**が低いにリンクされた。

　　うちの子の知的っていうのが 35 なんですよ。35 っていう数字。だからどうっていうことじゃないんだけれども、それだと、どう社会の体制が整ったとしても「冗談じゃない、やめてくれ」っていう感じが本音なの。(D-155) b117.知的機能がリンクされた TU は、以下の数あった。

表 3-13　b117 知的機能を含む TU

	学生男子	学生女子	卒後男子	卒後女子
b117.を含む TU 数	21／549	11／616	8／1034	47／801

　b117. －知的機能が低いの関連図でも、b117. ＋知的機能が高いの関連図でも、参加コード p7701. 婚姻関係が関連付けられている TU が多かった。
　図 3-45 は、b117. －知的機能が低いと p7701. 婚姻関係が使われた TU をまとめた関連図であり、図 3-46 は、逆に b117. ＋知的機能が高いと p7701. 婚姻関係が使われた TU をまとめた関連図である。ただし、b117. ＋知的機能が高いと評価されているのは、他のディスカッション参加者の子どもや、話の中に出てくる人についてであり、自分の子どもについて「知的に高い」と評価した母親はいなかった。
　b117. －知的機能が低いまたは b117. ＋知的機能が高いと p7701. 婚姻関係が関連付けられている 2 つの関連図の違いは、「b117. －知的機能が低いの関連図」では、b117. －知的機能が低いコードと p7701. －＿婚姻関係はさせられないコードが直接結び付き、あいだに他のコードが入っていないが、「b117. ＋知的機能が高い関連図」では、b117. ＋知的機能が低いコード p7701.＿＋婚姻関係の能力があるコードのあいだにさまざまなコードが存在することである。
　「b117. ＋知的機能が高い関連図」では、b117. ＋知的機能が高いコードが、b1645. ＋判断力がある、a177.＿＋意思決定能力がある、a330. ＋＋ 話すことができるなどのコードとつながり、それらが p850. ＋＋報酬を伴う仕事ができる（している）や p660.＿＋他者援助（子育て）ができるという能力の評価につながり、結果として p7701.＿＋婚姻関係の能力があるや p898.＿＋独立する（一人暮らし）につながっている。b117. －知的機能が低いコードが直接 p7701. －＿婚姻関係はさせられないコードにつながっていたことに比較すると、因果関係を明確にした論理的な展開をみせていることがわかる。
　ここで重要なのは、母親たちは b117. －知的機能が低い＝ p7701. －＿婚

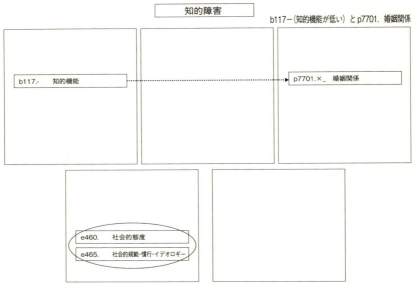

図3-45 主要コード関連図①（b117-（知的機能が低い）と p7701. 婚姻関係）

姻関係はさせられないのときには因果関係をあえて示さず、乱暴に「知的障害なんだから結婚は無理」と結び付けているということである。筆者も含め、その意見に反対の母親たちから「なぜ？」という質問は出ているが、明確な理由を示さないのがこの意見の母親たちの特徴である。

「b117.＋知的機能が高い関連図」をみれば、母親たちが b117.－知的機能が低い＝p7701.－＿婚姻関係はさせられないと考える因果関係も説明できるだろうと思われるため、母親たちは「論理的に説明できなかった」のではないことがわかる。では、なぜ理由を示さないのか。

「説明できなかった」のではなく、「説明したくなかった」のではないかとは考えられないだろうか。母親たちは、マイナスのインペアメント b117. 知的機能と参加コード p7701. 婚姻関係をつなげることに若干の抵抗を覚えており、堂々と因果関係を説明できるほど「正しい主張」ではないと感じているのではないだろうか。自身が b117.－知的機能が低い＝p7701.－＿婚姻関係はさせられないという医学モデル的障害観をもっていることに、母親た

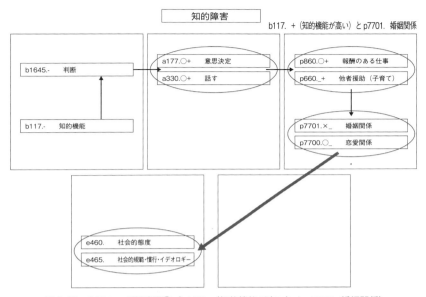

図 3-46　主要コード関連図②（b117+（知的機能が高い）と p7701. 婚姻関係）

ちが倫理的ジレンマを感じているからこそ、その理由を明確に示さなかったのではないだろうかということである。

「背景知の一致」手続きがなければ、もしかしたら違ったのかもしれない。つまり、**b117. －知的機能**が低い = **p7701. －＿婚姻関係**はさせられないという構図が、「背景知の一致」で説明した障害当事者グループから否定される医学モデル的障害観に基づいたものであることを母親たちが察知していた。多くの母親が「この日まで脱家族を知らなかった」と答えているにも関わらず、ほんの数分の脱家族の説明だけで、母親たちに社会モデルの志向性が伝わっていたということでもある。「脱家族」は知らなかったにしても、母親たちの障害観にすでに社会モデルの考え方が浸透していたことを示唆する証拠とは言えないだろうか。それは、**e465. 社会的規範・慣行・イデオロギー**（知的障害者の結婚や自立についての世論）を意識した母親の以下のような語りからも読みとれる。

> 昔はともかく、今はもう、そういう世の中だって思うし、だから、できる人の結婚は、大いに結構なのよ。けど、とにかくうちは知的に（結婚は）だめなの。(B-233)

　世論を意識し、本論の立ち位置を理解しつつも、敢えて乱暴に「知的障害なんだから結婚は無理」という医学モデル的発言をするのは、リアルグループゆえの開放性ともいえるし、その意見が、因果関係を示して意見を戦わせるには分が悪いが、それでも譲れない確固たる意見であるということを示している。
　一方で、知的機能が高い→できることが多い→仕事や子育てができる→結婚できるという流れの語りでは、その結果として **e465. 社会的規範・慣行・イデオロギー**（知的障害者の結婚や自立についての世論）が変化するとしている。以下は、「結婚できる知的に高い子たち」について語った直後の語りである。

> そういうふうになっていって、そういう子たちが増えることによって、社会もまた変って行くもんね。(D-326)

　前述したように、**b117. 知的機能**に言及したTUにおいては、結婚生活を成功させることで世の中の障害観をも変える存在として語られているのは、ディスカッション参加者自身の子どもではなく、あくまでも「知的に高い他人の子ども」である。しかも、そうした存在は、決して自分の子どもの将来の「理想」や「目標」になるわけではなく、あくまでも他人事として語られていることが特徴的である。

2　p7701. 婚姻関係
　（⇔ p850. 報酬を伴う仕事／p660. 他者の援助（子育て））

　p7701. 婚姻関係コードがリンクされたTUは、以下の表のような数であった。

表 3-14　p7701. 婚姻関係を含む TU

	学生男子	学生女子	卒後男子	卒後女子
b117. を含む TU 数	21 ／ 549	11 ／ 616	8 ／ 1034	47 ／ 801

　これらの TU には、男の子どもの場合には **p850. 報酬を伴う仕事**のコード、女の子どもの場合には **p660. 他者の援助（子育て）**のコードが多くリンクされており、社会のジェンダー意識が強く現れた結果となった。意外であったことは、関連コードに **p7700. 恋愛関係**がそれほど多くなかったことである。本ディスカッションで、母親の関心は、婚姻の「前提条件」としての就労や子育て能力のほうに集中しており、自然な流れとしての「恋愛～婚姻」ということにはあまり向いていなかったということがいえるだろう。

　p7701. 婚姻関係については、各グループで活発な意見交換がなされたが、特徴的だったのは、4 グループ中 3 グループ[1]で「子の結婚容認派」と「子の結婚拒否派」が対立し議論し、結果的にどちらも自説を曲げるには至らなかったことである。

　まず、「良いも悪いも、（結婚は）していいのが当たり前だよね。守られるべきコトだと思う（D-82）」という言葉に現れているように、結婚容認派の母親にとって、子どもの結婚は（可能性として）「当然のコト」であり、中にはそもそもそれが議論の俎上に上がることさえ想定していなかった母親がいた。この発言をした母親は、ディスカッション後の個別インタビューで「（母である）自分がうんぬん言うことではなくて、当たり前に本人に保障されるべき人権だと思っていた」と語っており、D-82 で語られた「守られるべきコト」は、**p940. ○人権**にリンキングした。また、**e465. 社会的規範・慣行・イデオロギー**の変化が知的障害者の結婚を後押ししていると感じている母親もいた。「世の中もそんな感じになってきたし、ならさせてもいいかな（C-558）」という言葉に代表されるような「感じ」を社会に対して抱いている母親は少なくなかった。このように、「わが子の結婚容認派」の主張は、「知的障害者の結婚は、保障されるべき人権である」もしくは「世の中が認めている」という前提があるため、「なぜ結婚していいか」ではなく、「結婚するとどのようなメリットがあるか」を力説することになる。

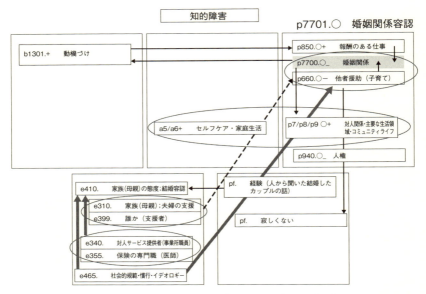

図3-47　主要コード関連図　③（p7701.婚姻関係容認）

　子育ての能力だって最初からはないよ。けど、かわいいって思って一生懸命育てるから育てる方も育つのかなって思うよ。家族のためにって働く気にもなるんだしね。(D-206/207)

　好きな人と一緒に暮らせるって、それはすごい幸せの土台だと思う。モチベーションがあがるよね。それはできたらあの子にも経験してもらいたい。(D-267)

　一方、わが子の結婚に反対する拒否派は、1で述べたような**b117.ー知的機能**を直接の理由として**p7701.婚姻関係**を反対するもののほか、**p7701.婚姻関係**をもつには**p660.他者援助**と**p850.報酬のある仕事**の能力が必要だと考えている意見が多かった。

やっぱりどういう子でも結婚するっていうのは、ふつうの人でもそうですけど、やっぱりできるっていう条件、線があると思うのね。(D-90)

　結婚って、日常のいろいろ決めるのだって、考えるのだって、将来のことを考えて子どもの教育するのだって、それは難しいことなの。責任もとれないでしょ、経済的にお給料なきゃ無理でしょ。(A-415)

　これらの TU には、a177._ －意思決定 a163._ －思考 a1631._ －推測する a2400._ －責任の対処 p850.×_ 報酬のある仕事のコードがリンクされている。これらの活動制限や参加制約が、婚姻関係を難しくするという流れで語られているのである。特に、**p660 ._ －他者援助**については、「自分のこともろくにできないのに」と子育てだけでなく、パートナーへの援助も「できない」＝能力が低いことが **p7701.×－婚姻関係**を認められない理由としてどのグループでも語られた。

　普通に人生歩んでいくと、病気とかで死ななかったら私たちと同じように老いていくじゃない。どっちかがどっちかの面倒みていくことになると、そういう責任だってでてくるじゃない。それだけの能力ないもん。自分だけでも大変なんだから。(A-398)

　この **p660 ._ －他者援助**のコードは、子育てのコードとしてもリンクされるが、D 卒後女子グループでは、それが「母性」と称して語られた。

　母性が育ってないの。かわいがるとか、ご飯食べさすとかそんなことじゃないじゃない、子育てって。将来どうしようとか、もっとほかにもいろいろ考えてあげなくちゃいけないことがたくさんあるでしょ、そういうのだよね。(D-103)

　障害者が子どもを育てるなんて、普通の人は考えてもないよ。恋愛してるってだけで「ええ？できるの？」って驚かれるし、面と向かっては言わない

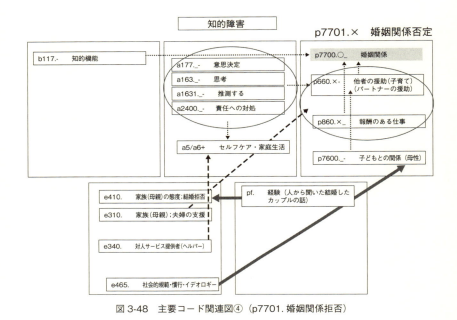

図 3-48 主要コード関連図④ (p7701. 婚姻関係拒否)

けど、賛成じゃないよね。(B-233)

　こうした意見に対し、わが子の結婚容認派からは、「(結婚には) やってもらえるっていうメリットもある」や「逆に結婚することで少しはできるようになってくる面はあると思う」という結婚の利点を挙げる意見や、「できないこともあるけど、私よりずっとかわいがって子どもを育てそう」という **p660 ._＋他者援助**の能力を高く評価する意見、「わたしだって独りで完全にやりこなしてはいないのだから、やればなんとかなる」という意見が出たが、拒否派から出た「でも、結局は独りで完全にやりこなすのは無理ってことだよね」などの「できないことがある」ということには、婚姻関係容認派も含め否定する者はなかった。

　ただ、やはり、「子ができないことがある」ことが婚姻関係の拒否に結びつくか否かの差は大きい。両派の主張を描いた関連図がそのことを示している。わが子の結婚拒否派の関連図は、活動コードなどから **p7701.×－婚**

姻関係にマイナスの矢印が集結し、終点となっているが、結婚容認派の関連図は、**p7701.○－婚姻関係**が出発点となって、活動コードにプラスの矢印がでている。結婚容認派のこの矢印は、従来の医学モデルの発想ではなく、「参加」から始まる可能性がさまざまに語られている点で、社会との関わりが本人の活動レベルのディスアビリティも変化させるという認識であり、社会モデルを示しているといえるだろう。

3　p660. 他者援助（子育て）／p850. 報酬を伴う仕事
（⇔ e330. 家族（母親）の支援）

p7701. 婚姻関係のベースとなる **p660. 他者援助（子育て）** や **p850. 報酬のある仕事** に対し、母親たちは「将来自分たちの負担になる」ことを心配している。母親たちは、子どもの将来について「先輩たちの話」や講演会、メディアを通しての情報から推測しているが、これらの情報から母親たちは「もし子どもが結婚することになれば、子育てや経済的負担は自分たち親の負担になる」と考えている。

> 嫌なのは、「できちゃった婚」。なんかしかたないからずるずる結婚することになって、最初は親も反対してるから式なんかもグループホームの職員さんが主体でやったんだって。でも、子育ての段になったら、結局親。みてられないでしょ、「じゃ、うちに住みなさい」ってなって、結局うちですき焼き食べさすみたいな……。(D-250〜253)

> 福祉は、ご飯作ったり掃除したりはしてくれるよ。子育てだってある程度はね。でもさ、生まれた子になにをしてあげたらいいかとか、将来はどうするとか、先を見越して決めていってあげるとかそういうサポートってできないもの。それ全部私たちの仕事になるでしょ。ありえない。(B-233)

メディアからの情報としては、どのグループでもテレビドラマの話題は多く聴かれた。2000年前後、いくつかのテレビドラマで障害者が扱われた時期があった。『光とともに…（日本テレビ 2004）』『たったひとつのたか

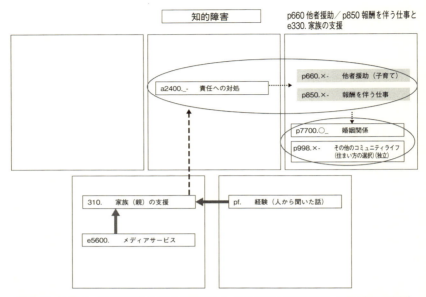

図 3-49　主要コード関連図⑤（p660 他者援助／p850 報酬を伴う仕事と e330. 家族の支援）

らもの（日本テレビ 2004）』『ピュア（フジテレビ 1996）』『だいすき！（TBS 2008）』が例として挙がった。特に、妊娠〜子育てを扱った『だいすき！（TBS 2008）』は、実話をドラマ化したものとして知られたが、「あれみてみんなできると思われたら困る」「あんなにうまくいくはずがない」という声があったと同時に、「いいな〜と思って憧れた」「あそこまで支援してあげられるなら、あの子にもできるかもってちょっと思った」という声もあった。ただし、親としては全面的に支援する「覚悟」が必要であることがその場の全員の意見として語られ、**p7701. 婚姻関係**はそのこと自体よりも、**p660. 他者援助（子育て）**や **p850. 報酬のある仕事**の不足に対する **e330. 家族の支援**のほうに不安があって阻害されることがわかった。

　また、女の子どもの親と男の子どもの親双方のディスカッションで、以下のような「障害者の結婚の常識」が聴かれた。

　　　結婚したら、基本は嫁にくるわけだから、男のほうの負担になるわけで、

うちは二人の障害者の面倒をみることになる。（A-411）

　　結婚させて、よろしくってあちらの親御さんにみてもらえるならそれでもいいのかと思うけど、責任はあっちでとってもらっても、いろんな負担はそうもいかないよね。（B-250）

　結婚することによって、夫婦の「保護者」が男の子どものほうの親になる……という「常識」である。これについて、ディスカッションではさほど反対意見もなかった。むしろ、筆者が「それって、当たり前のことなの？」と質問したことに対して、「誰かが責任とらないと、保護者にならないと、でしょ。施設の施設長さん？　っていう話もあるかもしれないけど。」と、「保護者」「責任」という言葉が語られた。

　　障害がある場合には、絶対にこう、（親と子の責任が）別々って考えられないよね。（C-552）

　　何かあると「親はなにしてる？」って言われるものね。（01）

　　いつごろまで責任とるんだろう？　だから、責任とらないといけないことには手がだせないわけよ。20歳になったって、保護者は保護者だよ。言い方は違ってくるかもだけど。（B-169／170）

　「責任」をとるならば、その範囲はわが子一人分にしたい。夫婦二人分の責任は負えない。ましてや、子どもの子ども、すなわち孫の責任までは到底負えない。責任をとるなら、その範囲はこちらが決める、勝手にできちゃった婚をされるのは不本意であるというのが大方の母親の主張である。

　　職員さんは「結婚も、子育てもあり」っておっしゃるけど、じゃ、あなたいつまでうちの子の面倒みるつもり？　って言いたい。結局なにかとうちがしなくちゃいけないっていうか、してあげたくなっちゃうでしょ。（D-190）

第3章　障害のある子を育てた母親のグループディスカッション

できちゃえば、孫はかわいいと思うよ、きっと。けど、いつまでかわいがってあげられるかわかんないんだよ。学費だってなんだって、あの子たちの収入でならぎりぎりのこともしてあげられないよ？　無理だよね。(B-24／243)

　母親たちがディスカッションで語った「保護者」の「責任」とは、法的な責任[2]を指さない。むしろ、問題にされたのは自覚されている「してあげたくなっちゃう」母親自身の親性であり、その範囲が拡大することであった。

4　e310. 家族（母親）[3] の支援

　本論のディスカッションは障害のある子の母親グループによるものであるため、すべてのコードでもっとも多くリンキングされたのが、**e310. 家族（母親）の支援**であった。ここでは他のコードとの関係ではなく、**e310. 家族（母親）の支援**について整理する。

表 3-15　e310. 家族（母親）を含む TU

	学生男子	学生女子	卒後男子	卒後女子
b117. を含む TU 数	21／549	11／616	8／1034	47／801

　ディスカッションでは、母親が過去から将来にわたって障害のあるわが子に行っている支援の数々が語られた。誰が何を行うかは情報として重要であると考え、本論では e310 に関しては、**e310. 家族（母親）；買い物の支援**のように、（　）内に「誰が」、；のあとに支援の内容を記し、二つの情報を付加してリンキングした。母親がした支援の内容を ICF の分類に関連付けて分類すると、表のように整理できる。

　このうち 1）活動と参加の支援と、2）活動と参加の能力向上のための教育の支援については、卒後のグループだけでなく、学生のグループでも「そろそろこっちが手をひかないと」や「それはやりすぎ」などのやり取りがあり、グループディスカッションのダイナミクスの中で、全体として親からの

表 3-16　母親の支援内容

1）活動と参加の支援
　　情報の獲得　意思決定　スケジュール管理　食事や健康の管理　ストレスや責任への対処　子育ての支援　対人関係の支援　進路就職先の選択　レクリエーションとレジャーの選択　人生設計　経済支援　急な変化への対応　監視　保護（性被害から・犯罪から・いじめから）　謝罪　事務手続き・契約情報の獲得　保証人

1）活動と参加の能力向上ための教育
　　セルフケア　家事　性教育　マナー　障害告知

3）精神的支援
　　相談相手　話し相手　見守り　ストレス緩和

4）環境・社会への働きかけ
　　支援者との連携・連絡　支援者のネットワーク作り　GHや作業所の設立・運営　地域への働きかけ　社会啓発　代弁・抗議・人権擁護　情報収集・勉強会への出席

支援を削減していく方向が示された。特に、友人関係や恋愛関係を「監視」するという表現は、しなくてはいられない気持ちの一方で、「本当はしてはならない支援」であることが自覚されていることが言語化されたものであり、**e310.家族（母親）の支援**が子どもにとってマイナスに働くこともあるということが、どのグループでも語られた。ただし、1) 2) の支援を解除するには「もうしなくてもいいというくらいに十分手を尽くした」ことが前提になっており、ある程度子どもの能力を育てたうえで手をひくことができると考えている母親が多かった。

　3) の中では、「見守り」という言葉が頻繁に使われた。「見守り」は、1) にある「監視」「保護」と表現されている行為と似ている。しかし、「監視」の場合は **b1268.その他の気質と人格（恥ずかしさ）** と強くリンクされており、「本人が（生活機能のマイナスによって）恥ずかしいことをしてしまわないかどうか」が主な監視対象であるのに対し、「保護」は **p798.悪意のある人との関係**や **p940.人権**、**e460.社会的態度**、**e465.社会的規範・慣行・イデオロギー**と強くリンクしており、「（社会の偏見・差別によって）人権が侵されないか、危険にさらされないか」が対象である。対して「見守り」の場合は「本人が精神的に安心できるように、存在する」ことが肝要になる点が異なる。「保護」機能もある程度は含まれるが、「監視」機能は含まれない。

　実は母親の支援として語られたのは、「見守り」よりも「監視」や「保護」

のほうが多かった。「見守り」は、母親が支援者に求める支援として語られることが多いコードだった。母親たちは、自分たちの行為を「監視」と自嘲気味に呼ぶのに対し、職場の職員や地域のサポーターが行う似た行為を「見守り」と表現した。そこには、その行為に含まれる「障害観」が現れているようだった。つまり、「人前での恥ずかしい行為」を母親自身が代理して「恥ずかしい」と感じてしまい、その行動に「つい」介入してしまうようなときには「監視」と呼ぶが、職員やサポーターのように職業的にかかわる人は、恥ずかしさを代理する感情が（無いとは言えないが）おそらく圧倒的に少なく、冷静に「見守る」ことができると考えられているのである。ダーリング（Darling 1983）のいう専門家と親の機能の差[4]がここに現れているといえる。しかも、母親の言説には、自分は監視するが、支援者すなわち他人は監視するべきではないという意思も感じられた。

　4）については、中山（2010: 74）が「わが国の知的障害者の『脱家族化介助化』が母親たちの社会活動を中心に展開されており、知的障害者が『家族との同居からの自立』を成し遂げられるか否かも『母親たちの取り組みに依存している』」ことを指摘している。

　本ディスカッションにおいては、1人の母親がわが子が働く作業所の設立から運営まで携わっていた。また、2人の母親がグループホームの設立に何らかの形でかかわっており、別の3人の母親が地域での障害者自立生活支援にボランティアとしてかかわっていた。さらに、すべての母親が地域等で行われる学習会や講演会などに足を運び、障害福祉サービス・制度について学習した経験があると答えた。そもそも障害児者支援には「（制度やサービスが）無いなら（親が）作ればいい」という、前例に基づく慣習がある。本ディスカッションでも、以下のような語りがあった。

　　「じゃ、グループホームに入れなさい」っていうから「ないんです」って言ったら、「探しなさい」って。その次には「作ればいい」って。そんな簡単にはね……。(C-143)

　簡単ではない施設立ち上げだが、実際には多くの親たちがこれまで自分た

ちの手で施設等を作り上げてきた歴史がある。「脱家族化介助化が母親たちの社会活動を中心に展開してきた」という中山（2010: 74）が指摘するところである。「切羽詰まった」状況の中で、親たちが行動せざるを得なかった時代があったし、親たちは確かに「障害児の親としてのアイデンティティ」で主体的に活動に邁進することがあり、それが慣習化して現在に至っているのだ。

中には以下の語りのように、親がわが子が所属する作業所のボランティアとしてかかわることなどに疲弊していることを訴える声もあった。

> 結構しんどい仕事なのよ、子どもができないことは親がやるんだから。注文が多いときなんか、あの子たちのペースじゃ間に合わないし、どうしてもお母さん方に手伝ってもらわないと困るんですって。(C-130～132)

上記の語りに対して、「そんな20年30年続けられないんだから、どっかでたちきらないと」と他の母親が指摘したように、「いつまで」「どこまで」という面では、親に依存した体制をどこかで断ち切る必要があることも指摘されるようになってきている。ただ、親が担うことで省力化される面も示唆されており、これもまた、現在に至るまで政策的に利用されている親のパワーである。それは例えば、以下のような語りに示される。

> 作っていくことが必要な部分もあると思うよ。全部が全部じゃないよ、特に公的なところって、やっぱりある程度生活しながらこうじゃない？　とかこれだとしんどいとかって一緒になって作っていかないと変らないし、待ってられないよね、うちの子に間に合わないからさ。(C-316)

この語りは、「うちの子に間に合うように」というエネルギーが、「福祉の人って窓口変わるし、親じゃないからさ、『変ったばかりなんで』とか、スイマセン的な人も結構いるじゃない」という「福祉の人」にはない瞬発力となって、親の側にあることを示している。母親は、まず「うちの子のために」行動する。それがどんなに大きな「事業」であっても、あくまでもわが子の生活に直接つながる社会的活動であれば、歩くことができないわが子

のために車イスを用意するのと同じ、わが子が通う学校にエレベーターをつけるよう要請するのと似た行為であり、全国どこにでもスロープなりエレベーターなりの合理的配慮がなされるべきと運動をするのとは違う「個人モデル」と言える。

「うちの子に間に合うように」という個人モデル的働きかけには、わが子の周囲に人的ネットワークを構築すること、すなわち味方を増やすことや、わが子のための施設等を立ち上げたり運営したり（図中①）する働きかけがある。これらは、客観的には「社会的活動」にみえるが、母親のモチベーションとしては明らかに「うちの子のために」というミクロな視点での社会への働きかけである。

対して、社会モデル的働きかけには、制度・サービス・政策への批判、選挙投票などへの間接的働きかけ等という、ほとんどの母親が経験していることと、特定の母親に限られるが、自治体や国の制度や法律に働きかけるものがある。例えばディスカッションに参加した母親の中には、わが子より年上の障害者の自立生活を支えるサポーターになっている母親がいたほか、ヘルパー資格をとってわが子とはまったく別の障害種別の方々の支援をしている母親もいた。さらに、自らが政治活動に参加して市議になった母親や、社会福祉協議会を通して地域の障害者の相談役になった母親が、ディスカッション中またはその前後に「知り合いの話」として語られた。いずれの例も、わが子の障害と向き合ったことが影響している活動だが、わが子の生活に直接結びつく行為ではない。

本論のディスカッションでは、Dグループの一枚目の関連図は、事務手続き書類の多さや本人がサインできないような書式の問題点などが語られている。実際には役所に対して具体的な行動に移したとは言っていないし、「社会への働きかけ」として自覚もされていないが、これも制度・サービス・政策への批判という意味では、「社会モデルの働きかけ」のひとつである。また、施設を作る運動にかかわった経験（図中②）を語った母親もいたが、わが子のための施設ではなく「いつの間にか子どもたちにとって理想的な施設を増やす運動にかかわっていた」という認識であり、実際にその子どもはまったく別の作業所に通っている。

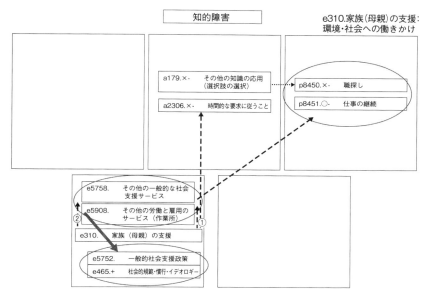

図3-50　主要コード関連図⑥（e310.家族（母親）の支援：環境・社会への働きかけ）

　つまり、障害のある子の母親の「社会を変える」働きかけには、そもそものベクトルが異なる二つの戦略があるのだ。「わが子を通して問題意識をもった社会への働きかけ」、「わが子本人に直接関係する環境への働きかけ」の二つである。関連図中の①と②は、同じ施設立ち上げ等の活動ではあるが、その後に向かうところが異なる。実際に働きかけるところがマクロレベルの社会であるか、ミクロレベルの社会であるかは問わないところが、母親の障害観のストレングスである。その境界は、「障害者もしくは社会的弱者全体のため」に動くのか、「わが子のため」に動くのかの相違であり、あくまでも母親の主観によるマクロとミクロの境界が重要なところである。

　ただし、時間的な経過によって母親のモチベーションが変わり、同じ活動が個人モデル的働きかけから社会モデル的働きかけに転化することもある。本ディスカッションでも、地域のリーダーに刺激されつつ、わが子よりも年齢の高い障害者のためにボランティアで自立生活のサポートをしている母親は、現在行っているさまざまな活動を「うちの子のための」と「地域の活動」と

第3章　障害のある子を育てた母親のグループディスカッション　159

呼んで、分けて語っていた。

　また、こうした個人モデルの働きかけも、そのことによってじわじわと社会を変えようとする戦略が、まったく意識されていないわけではない。わが子が「きちんとした社会生活」を送ること、すなわち「障害者の代表として」既成事実を積み上げることが社会を少しずつ変えていくということを、経験（これまでの障害者たちの生き方を知ることを含む）から学んでいるからである。

5　e310. 家族の支援（⇔ a177. 意思決定）

　e310. 家族（母親）の支援の中で、もっとも多かったのが a177. 意思決定の支援である。

　「意思決定場面」には、家庭内の意思決定（たとえば a5401. 食事や体調の管理（食事のメニュー決定）、a5404. 衣服の選択、a9208. その他のレクリエーション（テレビ視聴）などの意思決定）と、家庭外の意思決定（p845. 仕事の獲得、p998. その他のコミュニティライフ・社会生活・市民生（住まい方の選択）、p7701. 婚姻関係、p839. お稽古ごと、p850. 報酬を伴う仕事、p870. 経済的自立））があった．家庭内の意思決定においては、本人にもその能力があると母親が認めており、実際に自分で意思決定していることが多いことが語られた。

　しかし、同じ a5401. 食事や体調の管理（食事のメニュー決定）や a5404. 衣服の選択でも、外出と絡むと a177. ×－意思決定能力がないというコードとともに語られることが多くなり、親がその意思決定を代行していることがわかった。「大きすぎるハンバーグを注文しようとする」「柄物のパンツと柄物のシャツを組み合わせる」などが、a177._ －意思決定能力がないと母親が判断する例である。このために「つい口を出してしまう」と過干渉を自覚しつつ告白する親があり、同時に子ども自身が反抗的な態度でそれを拒否するようになった姿も語られている。この発言に対しては、ディスカッションの流れの中で、他の親から「やりすぎでしょう」「もう少しひかえてもいいね」などの発言もあり、自らの過干渉を告白した親がそれらの意見を「わかっているけど」と笑いながら受け止めるなどのやりとりが見られた。自らを過干渉と認める親も含め、a177. ×．＋意思決定能力があるのにさせていないと母親自身が自らを批評することもあった。

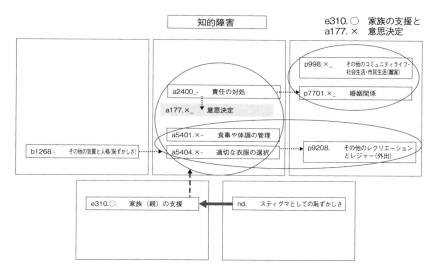

図3-51 主要コード関連図⑦ (e310.○家族の支援と a177.×意思決定)

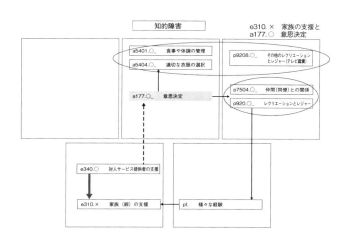

図3-52 主要コード関連図⑧ (e310.×家族の支援と a177.○意思決定)

第3章 障害のある子を育てた母親のグループディスカッション 161

また、C（卒後男子の母親）グループでは、子どもたちが職場の支援者等との関わりの中で日常の **a177.○_意思決定** をしている姿を見ることで、自らの過干渉に気がついたことも語られた。親以外の支援者がかかわることで、意思決定の主体が子ども自身に移譲される過程が、学校卒業後に「突然」現れることは、母親たちにとって衝撃的であったことが、その語りの饒舌さによって示された。

　　余暇支援が結構あって、一回アイスショー観に行くのがあったのね。絶対いいじゃない、めったに行けないんだし。それなのに、「僕は行きません。お仕事します」って。さっさと「不参加」にまるして、出してあって。うちにはぴらっていう半ぴら、持って帰って来ただけ。(C-113)

　このように、「学校時代では考えられない」ような意思決定の機会があり、当時母親たちが戸惑った姿が語られた。初めてのスキー旅行で「上級者コース」を選んでしまった息子についても語られた。「私だったら、絶対かんじきコースにするのに」と母親は息子を説得しようとしたが、息子は夏のリフトに乗ったことがあるというイメージだけで「リフトは簡単」と思ったのか上級者コースで行くと譲らない。職場の支援者は、「じゃそうしましょう」と彼の意思を尊重した。結局一度はリフトで登って下までスキーでおりてくることができたのだという。「やってみたからできた」という経験の中で、この母親は「親はつい安全を選ぶけれど、それが子どもの世界を狭くしている」ことに気がついたのだという。こうした **a177.○_意思決定** の代行については、「いざ自分たちが急にいなくなったりしたら、それはそれで誰かが代わってやってくれるんだよね。そのほうが○の意思を確認してくれたりして、案外そのほうが○にはいいのかもって思うけどね」と言いつつ、一方で「でも、親が生きてて元気なうちに人任せにはできないよね」に代表されるディスカッションがどのグループにもみられた。すなわち、そこには、わが子本人にとってどちらがよりよいか最善の判断をしたいという親性と、親として「世間」にどう見られるかという意味での保護者役割による義務感の両面があり、その葛藤は確かに存在する。前者は「ケアする権利」だろう

が、後者は「ケアすることを強要されない権利」につながるものである。立岩（1995: 233）は、親の役割について、以下のように述べている。

> 親が自らの選択で子をもつ以上、子に対する親の義務の全面的な解除はできないという考え方はありうる。しかし、少なくても成人後、家族の下で家族に面倒をみてもらって暮さねばならない理由はない。子の障害によって必要になることを親がしなくてはならない理由はない。このことはぜひともはっきりさせておかないといけない。

立岩が言うところの「必要になることを親がしなくてはならない理由はない」ということは、「ケアすることを強要されない権利」である。これを制度的にも、**e465. 社会的規範・慣行・イデオロギー**としても「はっきりさせておく」ことが、残る「ケアする権利」と「ケアされることを強要されない権利」をはっきり対峙させることの前提条件である。

6　a177. 意思決定
（⇔ p465. 社会的規範・慣行・イデオロギー／p460. 社会的態度）

表 3-17　a177. 意志決定を含む TU

	学生男子	学生女子	卒後男子	卒後女子
a177. を含む TU 数	21 ／ 549	4 ／ 616	97 ／ 1034	17 ／ 801

本来、**a177. 意思決定**の前には、**a179. その他の知識の応用（選択肢の選定）**という作業があり、実は **a177. 意思決定**よりも重要な要素であることがディスカッション中で繰り返し語られた。特に、**p845. 仕事の獲得**や **p998. その他のコミュニティライフ・社会生活・市民生活（住まい方の選択）**など大きな意思決定については、年齢にかかわらずどのグループでも「親がある程度のラインを決定するべき」と、**e330. 家族の支援**として一致して語られた。その理由として親たちが語ったのは、「きょうだいは黙ってても勝手に情報を得てくるけど、この子たちは黙ってたら何も知らないままなんだから」「自分で探そうとしない」というものであり、母親からみたこれらの

語りは、a132.×ー情報の獲得ができないとしてリンキングされた。つまり、親たちの語りの中の「ある程度のライン」とは、a132.×ー情報の獲得ができない本人に代わってa177.意思決定するための準備としてのa179.その他知識の応用（選択肢の選定）作業のことを指している。

　母親たちは、それは母親の仕事と位置付けており、つまり、障害のある子が自分の仕事の決定において参加するのは、用意された選択肢を「選ぶ」最終段階に限られていると言ってもよい。

　　　最後は自分で決めたよ。「どっちの作業所にするの？」って。でも、それも、先生と私とかが相談して見に行って、「じゃ、ここかここ」って決めて実習行かせて、それでどっちかって決めたんであって、最初から全部、将来のことまで考えて選ぶなんてできないよね。(D-311～313)

　　　もしここが嫌になったら同じ系列で行けるねとか、グループホームやショートステイがあるとか。ただこの仕事が楽しいという、お金がいくらもらえるって、それだけで決められるものじゃないよね、仕事って。(C-879/880)

　知的障害者本人のa177.意思決定を支援する親たちは、情報を集め、子どもにあった選択肢をいくつか絞るa179.その他知識の応用（選択肢の選定）から始める。そのことについては、以下のようなやりとりがあった。

　　　「最初から選ぶのは基本無理。どういう基準で選んでいいのか考えてないし、大体次に何を選ぶべきかもわかってないし」
　　　「本人には『こっちの作業所とこっちで、どっちが好きだった？』くらいかな」
　　　「っていうか、そもそも世界が狭いもんね」
　　　「選べる選択肢が少ないしね」
　　　「そうだよ。どんな職業にだってなれるっていう普通の子たちと違うしね」
　　　「どんな学校にも行けるわけじゃないしね」
　　　「努力のしようもないんだよね」
　　　「そういえばね。夢みたいなのが、ね」(C-878～884)

このやりとりは、本人のインペアメントの結果として **a179. その他知識の応用（選択肢の選定）** ができないという前に、障害者を狭い世界に閉じ込めてしまっている社会のありようが **a179. その他知識の応用（選択肢の選定）** も **a117. 意思決定** もできなくさせているのではないかという示唆に、母親たちが無自覚に辿りついていく過程を示している。

　それは、例えば障害者雇用政策に言及するような、個別の制度政策に対する社会批判的な語りとは言えないものだ5)が、**e465. 社会的規範・慣行・イデオロギー** として環境因子にリンクした。

　こうした、強く自覚されていない社会への不満は、親の社会モデル的視角を発見する上で重要である。これらは、親が子どもの代わりに実際の意思決定を行っているからこその発言だからである。親は実際に自分が意思決定する立場に立って初めて、選択肢が少なすぎることを痛感しているのであって、それは子の代弁という「社会との仲介者」としての親役割を示すものである。

　ここで改めて問われたのは、「狭い世界に閉じ込めたのは誰か」である。新藤（2013: 188）は「知的障害者の生活世界は、家族という私的領域に閉じ込められ、唯一の社会参加が、親や支援者が作り上げた疑似的な就労を行う障害福祉サービス事業所のみであった」と述べ、親が主体的に子どもを自らの領域に閉じ込めていることを示唆している。しかし、少なくとも、本ディスカッションにおいて母親たちが語った、「選択肢が少ないしね」という語りは、明らかに「社会」へ向けられた不満であり、意思決定を代行した母親たち自身が、障害者には選択肢が少なすぎるという社会環境の不足に気づいたことを示している。

　さらに、**e460. 社会的態度** と **e465. 社会的規範・慣行・イデオロギー** によって「親であれば当然代行するだろう」と期待されていることへの圧力を感じさせる **a117. 意思決定** 支援も語られた。

　　就労の時の契約書には、伝染性の病気のときには出勤させませんって親がサインするよね。行くか行かないか、決めるのは親。(C-14)

　　罪犯しちゃうような障害者を独りで外に出したら、それは親というか保護

者というかの責任ってなるじゃない。(B-180)

などの語りである。つまり、e465. 社会的規範・慣行・イデオロギーは、重要な意思決定の主体は障害者本人ではなく、親に代表される「保護者」の役割であると考えている。そこには、意思決定の所在はイコール責任の所在であるという e460. 社会的態度／e465 社会的規範・慣行・イデオロギーがあり、それが親にも内在化していることで、共通認識になって親への圧力となっていることを示したものである。

このように、e460. 社会的態度／e465 社会的規範・慣行・イデオロギーと母親の a117. 意思決定支援は強く結び付いており、それが母親自身の意思だけによるものではないことは明らかである。それは、ICF の a117. 意思決定コードが現状では下位コードをもたない単一コードであることにも現れている。ここまでに述べたように a117. 意思決定には事前に用意されるべき選択肢があり、選択肢を取捨選択するという過程が必要である。また次の語りからも明らかであるように、a117. 意思決定の事後にも「決定したことを表明する[6]」ことが重要である。少なくてもそれらの過程が確認されて初めて、意思決定の保障が確認されるのであって、コードの貧しさはそのまま現段階において a117. 意思決定が十分に議論されてきていないことを示すものである。

　　どうしたいって説得するっていうか、なんでその仕事？　とか、なんでそうしたいの？　って聞いてもよくわからない答えだから、どっちでもいいの？　と思うんだけど、じつはそうじゃなくて。でも「なんで」っていう理由が結局はっきりしないから、一度あの人が決めたことでも結構簡単に「こっちでもいいんじゃない？」とか、いやよかれとおもってだよ。変えるなんてこともあるわけなんだよね。(C-872〜874)

すなわち、知的障害のある人の意思決定の権利を守るのは、相当に複雑な過程を辿らなくてはならない。日常的にその作業を繰り返している母親たちがまず、その複雑な過程と構造に気づき、その支援を社会的に分有することを始めなければ、守られるべきものも守られない。このように複雑な問題に

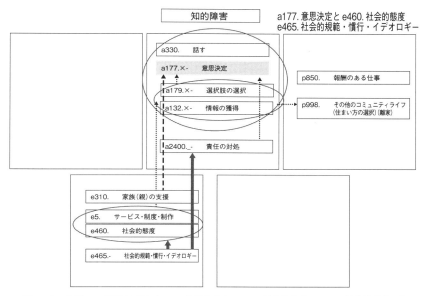

図 3-53　主要コード関連図⑨（a177 意思決定と e460.社会的態度 /e465.社会的規範…）

こそ、ICF のようなツールが有効であろうし、またコードを改定する過程において議論されることもまた、社会の障害観の再定義という重要な意義をもつのだろう。

7　e460.社会的態度／e465 社会的規範・慣行・イデオロギー [7)]
（⇔ b1268.恥かしさ／ nd. スティグマとしての恥かしさ）

表 3-18　e460 社会的態度 /e465 社会的規範…を含む TU

	学生男子	学生女子	卒後男子	卒後女子
e460. を含む TU 数	4 ／ 549	7 ／ 616	5 ／ 1034	11 ／ 801
e465. を含む TU 数	9 ／ 549	29 ／ 616	31 ／ 1034	19 ／ 801

グッドリー（Goodley 2004 = 2010: 208）が、障害の社会モデルの主要な目標は、自立を不可能にしている社会政治的・文化的慣行を理解し、変革することであると述べているように、**e460.社会的態度、e465.社会的規範・慣行・**

イデオロギーのコードは、社会モデルからみて重要である。本ディスカッションでは e460. 社会的態度、e465. 社会的規範・慣行・イデオロギーコードは、表に示したように決して多くはないが、どのグループでも現れている。

本論では、例えば、「(仲間みんなでショッピングモールで座りこんでゲームすることが) それって周りから目立つでしょ」というときの「周り」や「(障害のある人を) 結婚させるべきっていう説はよくある」の「説」も、e465. 社会的規範・慣行・イデオロギーにリンクした。それによって、「世間が許さないよね」というときの「世間」のような、親たちに e465. 社会的規範・慣行・イデオロギーとして明確に認識されているものだけではなく、潜在的な e465. 社会的規範・慣行・イデオロギーもリンクすることになった。

e460. 社会的態度と e465. 社会的規範・慣行・イデオロギーがリンクされた TU では、「恥ずかしい」という言葉が多く使われていた。この「恥ずかしいと感じる気持ち」は、「何について恥ずかしいと感じているか」を示すコードを分析することによって、二つのコードに分けてリンクした。まず、下記のような行動を「恥ずかしい」と感じるかどうかがある。

　　a250. 自分の行動の管理 =（机の上に足を乗せたり、公共の場で大声をだすことなど）「行儀が悪いこと」を恥ずかしいと感じるか
　　a5404. 適切な衣服の選択 = センスの悪い服の組み合わせを、恥ずかしいと感じるか
　　a598. その他のセルフケア（マスターベーション）= 人前で行うことを恥ずかしいと感じるか
　　p7204. 社会的距離の維持 = 他人に対して接近し過ぎることを恥ずかしいと感じるか
　　p730. よく知らない人との関係 = 知らない人に声をかけることを恥ずかしいと感じるか
　　p7700. 恋愛関係 = 人前で異性と抱擁をすることを恥ずかしいと感じるか
　　a9208. その他のレクリエーションとレジャー（テレビ視聴）= 子ども番組を見ていることなどを恥ずかしいと感じるか

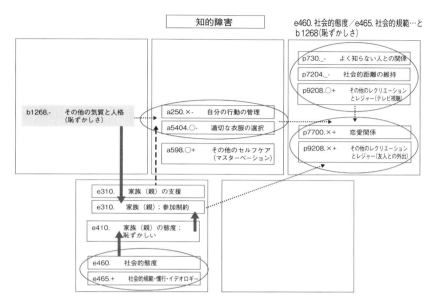

図 3-54　主要コード関連図⑩（e460. 社会的態度／e465. 社会的規範…と b1268（恥ずかしさ））

　これらの「恥ずかしい」は、**b1268. その他の気質と人格の機能（恥かしさ）** にリンクした。このコードは、以下の語りにあるように、「感じない」ことが問題＝インペアメントとなる。

　　　うちの子は恥ずかしいというのがよくわからないの。これは、あなたは恥
　　　ずかしいと思わなくても、他の人から見たら恥ずかしいことなんだよという
　　　のが。だから結果的にだめなことなのよっていちいち説明しないと。(A-375)

　主に **p7700. 恋愛関係** や **e345. よく知らない人との関係** 等の対人関係において、**b1268. その他の気質と人格の機能（恥ずかしさ）** を感じないために、公衆の面前で「不適切な行為（人前で抱き合う、見つめあうなど）」をしてしまうことなどを、「視る」側は不快に思うだろうという語りである。「他の人」＝ **e465. 社会的規範・慣行・イデオロギー** からみたら、「恥ずかしい」ことなのに、それを感じないことがインペアメントとして認識されていると

いうことであり、「視られる」立場にたって発見した、「視る」側のe460. 社会的態度とe465. 社会的規範・慣行・イデオロギーである。

　障害のある子ども自身が感じない（と思われる）b1268. その他の気質と人格の機能（恥ずかしさ）を母親たちが代理して感じているもので、実際には「世間」が何を言ったというような具体的「事実」としてのe460. 社会的態度は語られていないにもかかわらず、以下のように、母親の感じている「恥ずかしさ」は相当に強い。

　　想像しただけで、ホントに顔がかあっと赤くなる、背筋がさあっと寒くなるような感じ、ぞっとする。そのくらい恥ずかしい。(B-156)

　母親自身に内在化しているe465. 社会的規範・慣行・イデオロギーの側から子どもを見ることで、母親自身が「恥ずかしさ」を代理的に感じているという構造であり、母親は「視る」と「視られる」の双方の立場を同時に経験している。こうした構造は、母親に特徴的で、障害のある子の周囲にいても専門家には見られない感情である。「専門家の対応は情緒中立的であるのに対して、親は感情的である（Darling 1083: 148）」と言われ、またそれはジェンダー差としての女親の特徴である（Kittay 1999（=2010: 373））とも言われていることの根本がここにあるようである。

　また、Bグループで語られた「お行儀」についての恥ずかしさも、同じb1268. その他の気質と人格の機能（恥ずかしさ）のマイナスとしてリンクしたが、それは「家の中でのことが丸見えになるから」恥ずかしいというものであり、b1268. その他の気質と人格の機能（恥ずかしさ）の能力が低いために外でも同じように行動してしまう子どもについての語りであった。

　もうひとつの「恥ずかしさ」は、「障害」や「障害者」についてのe465. 社会的規範・慣行・イデオロギーで、障害を世間がどのように捉えているかということとの関係で捉えられる。こちらは、「恥ずかしい」と感じることがスティグマとして捉えられる点で、前述の「恥ずかしいと感じないことがインペアメント」であるb1268. その他の気質と人格の機能（恥ずかしさ）とは異なる「恥ずかしさ」である。これをnd. スティグマとしての恥ずかし

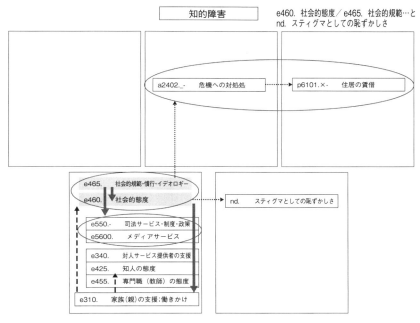

図 3-55　主要コードの関連図⑪
（e460. 社会的態度／e465. 社会的規範…と nd. スティグマとしての恥ずかしさ）

さとした。

> あんなことしたら障害もってるからってことになっちゃうと思って、だめよっていうんだけど、何がだめなのかわかってないよね。（D-661）

nd. スティグマとしての恥ずかしさは、**e465. 社会的規範・慣行・イデオロギー**によって形成される。たとえば、「障害のある人＝何もできない人」という障害観がそれである。

> 障害者がアパート借りようとすると火事になるからやだとか。どっかで一人でいると「親は何してる？」って言われたりね。（A-99）

第 3 章　障害のある子を育てた母親のグループディスカッション　171

> 障害者の言うことはわからないって裁判官だって誰だって思ってるよね、裁判とかで後見人つけないとっていうのはそういうことでしょ。ちゃんと訊けばポツポツ答えるんだよって知ってる人は知ってんだよ。(C-990～992)

母親たちは、「障害者は火の扱いがきちんとできないから住居の賃貸はできない」「障害者は自分で自分のことを語れない」というディスアビリティが、本人のインペアメントによるのではなく、**e465. 社会的規範・慣行・イデオロギー**によって構築されていることに気づいている。こうした**e465. 社会的規範・慣行・イデオロギー**は、まず「差別されている」という感覚を母親たちにもたらしている（= **nd. スティグマとしての恥ずかしさ**）が、それだけではなく、母親たちはそれを「変えていくことのできる対象」としても語っている。

> 社会の人たちに変わってもらわないと、うちの息子は幸せになれないぞっていう気持ちなんだよね。(C-577)

> 分かってもらえるように、なるべく多くの人に知ってもらって、それで周りを変えていくってことだよね。社会全体が変わるから自分の子どももうまくいくって気持ちで動いてる。(D-280／281)

親たちが変えていこうとする対象は、**e340. 対人サービス提供者の支援**や**e455. その他の専門職（教師）の態度**、**e425. 知人の態度**のように、身近な環境因子なのだが、その先には、そうした人々のもつスティグマ = **e465. 社会的規範・慣行・イデオロギー**があり、それが**e550. 司法サービス・制度・政策**や**e5700. 社会保障サービス**などのサービス・制度・政策にまで影響を及ぼすことが示唆されているのである。また、実際に**e465. 社会的規範・慣行・イデオロギー**が変ってきていることを感じているという発言もあった。

> 社会、今の世間で、障害者だからっていうのがだんだんなくなってきている部分もあったりする。特別視されないっていうか、むしろ厳しくもなってるけど、何でも「普通」にするように。(C-251)

母親たちは、**e465. 社会的規範・慣行・イデオロギー**が反映した **e460. 社会的態度**に敏感である。テレビドラマでの障害者の扱い方＝ **e5600. メディアサービス**、知人らの話の考えなどから、**e460. 社会的態度**の変化をみて、「だったら結婚させてもいいのかなって考え始めてる」のように母親自身の考えもそれによって変化する可能性も語られている。要田（1999: 106）は、「世間」を超える生き方は、（障害の）肯定的アイデンティティ確立であると言っているが、本論のディスカッションでは積極的にそれを主張する語りはきかれなかった。むしろ、母親たちは、世間のスティグマに怒りを感じながらもそれを内面化してしまい、一方で世間の肯定的障害観を確認してはそれを後追いしているようでもあった。

8　nd. スティグマとしての恥ずかしさ（⇔ nd. 自分の障害を知る）

表 3-18　e460 社会的態度 /e465 社会的規範…を含む TU

	学生男子	学生女子	卒後男子	卒後女子
nd. スティグマを含む TU 数	5／549	0／616	1／1034	3／801

nd. スティグマとしての恥ずかしさは、親がそれを感じる場合と子ども自身が感じる場合とがある。本人が感じる **nd. スティグマとしての恥ずかしさ**が含まれる TU の全てに、**nd. 自分の障害を知る**のコードが含まれており、両コードには強い関連があることがわかる。

　　普通級の子に言われて「僕は障害があるの？」」って、急に意識しだしたの。なんか、馬鹿にされたらしかったけど、聴けなかったのね、私は。(A-198／199)

　　知り合いに「障害が」って説明していたら、ものすごく怒って。なんかぶんぶん。そのときに、この人「障害」って知ってるんだって思った。(A-225／226)

しかし、一方で、**nd. 自分の障害を知る**コードが含まれた TU には **p850. 報酬のある仕事**、**p840. 見習い研修**、**p8450. 職探し**などの仕事と雇用、

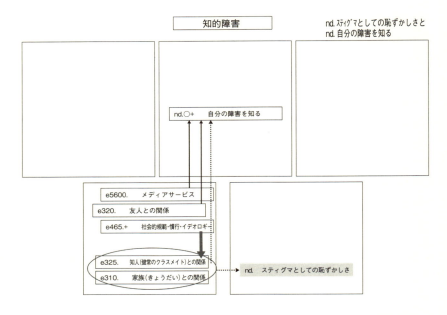

図 3-56　主要コード関連図⑫（nd. スティグマとしての恥ずかしさと nd. 自分の障害を知る）

p820. 学校教育、7500. 友人との関係などの様々なコードがリンクされており、それが必ずしも **nd. スティグマとしての恥ずかしさ**につながっていない。

> テレビで障害のことやってると、ものすごく真剣に見てたり、かと思うと、障害らしい失敗の場面で大笑いしてる。あと、よそで知らない障害のある人に会うとそばに寄って行ったりね。(言葉が出ていないので)、「障害」って言葉はいえないけど、自分の障害を理解しているようにみえる。(A-164〜166)

すなわち、**nd. スティグマとしての恥ずかしさと nd. 自分の障害を知る**が結び付いているか否か、その差は **nd. 自分の障害を知る**契機によるものと分析できる。**nd 自分の障害を知る**のが、健常のクラスメイトやきょうだいの言葉などによる「外部からの指摘」によるものであるときに **nd. スティグマとしての恥ずかしさ**につながり、テレビドラマなどのメディアや、障害をもつ友

人たちとの関わりの中で「ぼんやりと」「自然に」、「自分の特性」が意識されるときには、nd. スティグマとしての恥ずかしさにつながらないといえる。

　星加（2007: 217）は、インペアメントの一形態として「スティグマとしてのインペアメント」を指摘し、ICFが示すような「純粋な生物・心理学的インペアメントなどありえない」と主張している。「純粋な生物・心理学的特性」を、自己の特性として捉えるか、スティグマとして「恥ずかしい」と捉えるかによって、インペアメントがインペアメントとして成立するか否かが変わるともいえるのである。

9　nd. 自分の障害を知る（⇔ p7. 対人関係）

　ディスカッションの中で母親たちが「子どもに教えるべきこと」として挙げていたのが nd. コード「自分の障害を知る」である。学校の教師や職場の支援者など、または障害関係の講演会などで「子どもが自分の障害を理解することが大事と言われた」という母親が複数あった。母親は、子どもが **nd. 自分の障害を知る**ことによって、どうなることを期待しているのだろう。

> できることとできないことをちゃんと知るって大事だよね。できてると思って黙ってないで相談するとか、できないことを知って現実をみるとか。(B-600)

　「家出する」と言いだして、荷物を詰めたという話の中でも、**nd. 自分の障害を知る**が語られた。段ボールに詰めた荷物は、母親を含めた家族の「ご飯はどうするの？」「お金あるの？」「マンションってお金たくさんないと買えないんだよ」などの言葉で、徐々にあきらめて、「いつの間にか荷物は片付けてた」。母親はこれを「自分の障害を知った」と表現した。

　nd. 自分の障害を知るのコードは、特にどのコードに多くリンクされているという特徴はないが、友人関係、知りあい関係、よく知らない人との関係、悪意のある人との関係、社会的態度、恋愛関係等、活動と参加の7章、対人関係のコードとのリンクが多い。ひとつは、前項で示したように、「障害のある友人を通して自分の障害を特性として理解する」や「障害のないクラスメートなどから馬鹿にされるなどの経験を通して障害をスティグマとして理

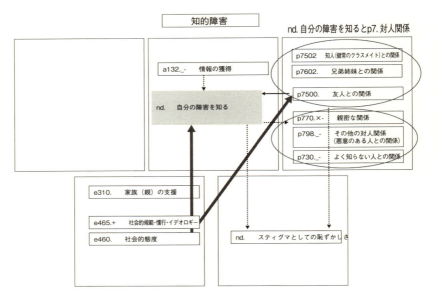

図3-57 主要コード関連図⑬(nd. 自分の障害を知るとp7. 対人関係)

解する」という、**nd. 自分の障害を知る**契機としての対人関係のコードである。もうひとつが、母親たちが、子どもが自分の障害を知らないためにおきる不都合を示すコードである。

> その辺歩いてるとアンケートとか、配ってるティッシュにヘンな広告があったりするでしょ。いろいろあるよね、それを自分で判断しないで相談しなさいっていうんだけどね。その辺が自分の障害がわかってないっていうか。(A-227)

> とにかく男の人はだめって言ってるの。危ないのよって。ちょっとするとすぐに声かけられるのよ、うちの子。障害あって簡単にみえるんじゃない?
> うちの子も騙されやすいとかって、自分のことがわかってないの。だから、もう全部だめ。男の人は全部だめって言ってるの。(D-688〜691)

特に「騙されやすい」知的障害者の身の安全を守るという意味で、p7 対人関係上 **nd. 自分の障害を知る**ことが重要と語られ、「相談しなさい」「男の人はだめ」のように、「騙されやすい人」として認識させることで **p779. その他の対人関係（悪意のある人との関係）**などへの対処方法を教えることが、**nd. 自分の障害を知る**の教育方法として語られている。
　なかでも、**p7700. 恋愛関係**と **p7702. 性的関係**では、nd. 自分の障害を知っていることが必要条件として語られた。

> 「デートする」って言うよ。たぶん、一緒にどっかいくとか、それも公園とか？　そんなもんだと思うけど、それでも一応言うわけ。それだけで帰ってくるんだよって。何かあったら責任とるのはこっちだからね。責任とれないでしょって。お金ちゃんと稼いで、何でもしてあげられる人だけなの、そういうことしていいのは。責任取れる人なのって。障害あるってことの意味がわかってないから。できないでしょ？って言ったら「うん」とは言ってたけど。(A-523 〜 525)

　母親にとって **nd. 自分の障害を知る**は、主にわが子が「限界を知る」ということである。これを C グループの母親が「親は安心安全を考えてしまって、狭く狭くしてしまう」と表現した。これは、他の母親たちにも共感され、「母親らしさ」でもあると確認されたが、その母親らしさは、自覚的に反省されたことでもあった。例として、本人が、母親ができるはずがないと思っていたスキーを「できる」と選んだことで、結果的にスキーが経験できたというエピソードがあった。

> 私の考えてた心配って、結局なに？　ってこと。何を心配して止めてたんだろう？　ってことだよね。(C-112)

　母親が「知るべき」と思っていた「障害」の正体が何なのか、子どもたちの自立によって、母親たちはそれが「分からなくなった」と言うのだが、それはすなわち気づき始めているということでもあるだろう。「子どもが知るべ

き」と思っていた「障害」を再定義しなくてはならなくなった。それが母親にとっての nd. 障害を知るコードの意味であり、そこから見える結論はおそらく、「子どもの知るべき障害」と「母親から見える障害」は異なるということである。子どもが nd. 自分の障害を知るもしくは「自分を知る」のは、「限界を知る」ためではなく、「可能性を広げる」ためでなくてはならないはずである。

10　p7700. 恋愛関係／p7702. 性的関係（⇔ a2400. 責任の対処）

表 3-20　p7700. 恋愛関係／p7702. 性的関係を含む TU

	学生男子	学生女子	卒後男子	卒後女子
p7700. を含む TU 数	35／549	4／616	7／1034	70／801
p7702. を含む TU 数	2／549	25／616	15／1034	8／801

　nd. 自分の障害を知っていることは、母親にとって p7700. 恋愛関係と p7702. 性的関係の第一条件だった。これらのコードは、p7701. 婚姻関係と併せて p770. 親密な関係の下位コードであるが、この３つのコードについては、学生グループと卒後グループに明らかな差が現れた。つまり、学生グループの傾向として、性的関係が恋愛関係と結び付いて情緒的に語られ、「恋愛や性的関係はいいけど、結婚はダメ」という意見があったのに対し、卒後グループでは、性的関係を婚姻関係と結び付けて社会的な解釈をしており、「結婚はしかたなくても（社会的責任がとれないから）性的関係はダメ」というまったく逆の意見がみられた。

　p7702. 性的関係を否定する意見としては、学生グループから、b6400. 性的刺激期の機能や悪意のある人との関係の「最悪の結果」での「事故」として nd. 妊娠を想定する「心配」があった。これまでにニュースになったり、噂で聞いた施設内の性的虐待についての心配が多かった。卒後グループは、p850. 報酬を伴う仕事や p870. 経済的自給を前提にした p998. その他のコミュニティライフ・社会生活・市民生活（離家）の中に p7701. 婚姻関係を位置付け、その結果として p7702. 性的関係を捉えていた。p7702. 性的関係は、妊娠を経て p660. 他者援助（子育て）に結び付き、その能力の低さが「母性がない」と表現される a2400. ―責任の対処能力の低さとして捉え

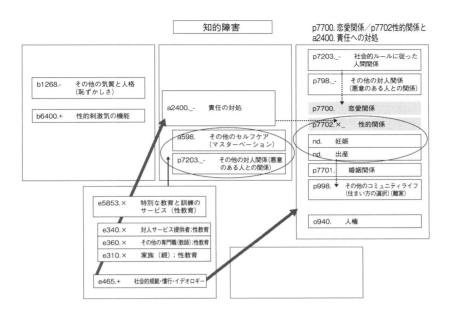

図3-57 主要コード関連図⑭（p7700.恋愛関係／p7702性的関係とa2400.責任への対処）

られ（本節2）、心配された。

　ボニー（Bonnie 2004=2010: 216）は、親が心配するような障害のある子どもの性的な被害は、性的に責任を持てるような教育を社会から授けられてこなかったこと、つまりセクシャリティについて話し合ったことがないということや「性的に安全にいる」ための教育も受けてこなかったためであるとし、障害者が学校やセンターにおいて適切な性的関係についての教育や性教育をうけられるように制度化すべきであると主張している。本ディスカッションにおいても、学校教育における **e5853.特別な教育と訓練のサービス（性教育）** の不足は相当量語られた。

　　先生にお願いしたら、「家庭教育の範囲」って、「お父さんはどうですか」
　　って言われた。（健常の）きょうだいにも教えないのに、どうやって教えたら
　　いいのかまったく見当もつかないよ。で、なんでわたしって感じ（A-523/524）

第3章　障害のある子を育てた母親のグループディスカッション　179

「本来、ノーマルな状況だとしても親が教えることじゃないし」、「きょうだいだって、(親と)確認しあったりすることではない」という意味で、性の問題は、親という視座からみたときにはもっとも捉えにくく、且つもっとも支援の方向が示されていないテーマであると語られた。なにより、このテーマは、生物学的な **b6. 尿路・性・生殖の機能** の問題だけではなく、**b1268. (恥ずかしさ)** や **d7203. 社会的ルールに従った対人関係** にもつながるマスターベーションなどの「人前での行為」の問題や、**nd. 妊娠** や **nd. 出産** につながる問題、「愛する」という主観が絡む領域であることなど、**p7702. 性的関係**[9]だけではなく、範囲が広く、質の異なる問題が絡み合ってくる複雑なテーマでもあり、リンキング作業も困難であった。

　問題なのは、ICF には、**b6. 尿路・性・生殖の機能** くらいしか使用できるコードがなく、このテーマに関して ICF は明らかに医学モデルに偏っていると考えられたことである。特に、妊娠と出産に関しては、**b6601. 妊娠に関する機能**、**b6602. 出産に関する機能** という心身機能だけで語りきれない、「意思をもって継続する **nd. 妊娠**」、「社会的に祝福される **nd. 出産**」「活動と参加コードとしての **nd. 性交**」など、社会的文脈を含んだ表現が可能なコードが必須である。また、マスターベーションに関しても、本論では **a598. その他のセルフケア (マスターベーション)** としてリンクしたが、それがセルフケアという意味だけで捉えて良いものかどうか疑問の残るところでもあった。こうした問題を抱えながら、すべてを包括的に **e5853. 特別な教育と訓練のサービス (性教育)** や **e575. 一般的な社会的支援サービス** として「教えてもらう」ことは実質的に不可能であることも、母親たちは認識していた。

　　何もかも相談できる人って難しいよね。恋愛の相談には乗れても、具体的
　　なセックスの話になったら困る立場の人だっているでしょ。(-393)

　e5853. 特別な教育と訓練のサービス (性教育) の不足は、確かに母親がもつ子ども **p7702. 性的関係** への不安をかき立てており、「こればかりは親にはなかなかできない」と語られている。「性教育」の内容としてディスカッションでは、性的な行為への拒否について教える危機への対処が中心的に

語られたが、一方で、下記のような語りもあった。

> 「抱きつかれたら拒否しなさい」っていうのは教えてくれても、「じゃ抱きつかれたいときはどう教えたらいいですか」って聞いちゃった。(D-759)

> キスくらいいいんだけど、誰の前でも思ったら即っていう子が困るって聞くよね。(B-154)

障害のある人を性的な存在として認めない **e465. 社会的規範・慣行・イデオロギー**が依然としてあり、性的関係を拒否することは教えても、性に積極的になることについては、推奨されていないのが現状である。

> 好きな人にぎゅっとされたり、愛されてるな〜って感じるような行為があったりすることは、ホントに素敵だと思う。それが女の子に生まれたのにないとしたらかわいそうって思う。可能なら、そういう経験はさせたいなって思うんだけどね。(D-667〜669)

> 夕方、そういうテレビをじーっと見てるのをみると、なんだかせつない気持ちになるよ。そんなこと自由にしていいよ〜って言ってあげたい気持ちになる。(B-78)

性的関係があるかないかにかかわらず、誰かを愛したいと思う気持ち、すなわち恋する気持ちが人のQOLを向上するだろうことは明白であり、それが保障されていないとすれば、ノーマルとは言えない。母親たちの語りから見えることは、母親たちが阻止しようとしているのは恋愛でも結婚でもなく、もっといえば性的関係でもない。その後にある子育てでさえ、「責任」の所在によっては受け入れられるように感じられた。母親たちが憂えるのは、ひとつには性的な被害・加害（合意のない性的関係）であり、それは同世代と同等の性教育の充実が解決の鍵になるだろうことは先行研究からも確認できる。しかし、もうひとつの不安、すなわち「結果的な責任」のすべてを負わ

なくてはならないという社会的圧力に対する不安は、現段階での福祉サービスの射程に含まれていない、言語化されていない、実態のみえない曖昧な不安であって、前者に比較して実は格段に重いものである。

11　a2400. 責任への対処（⇔ e399. 詳細不明の支援と関係（誰か））

　母親たちが負わなければならないものとして感じている「責任」の正体は何か。親たちは「責任がとれない」「親には責任がある」と口にするが、その中身は？　と問われると、「経済的な」や「子育て」などの言葉のあと、一様に「それだけじゃない」という言葉が続く。

> 　ちゃんと稼いで家族を食べさして……となると、責任とれないでしょ。生活保護とかで大丈夫とも言うけど。それだけじゃないんだよね。何食べるとかお金をどう使うとか、自己決定？　それだけでもないよね。(A-520〜522)

> 　何か犯罪にしても、裁判とかでやってないのに「やったでしょ」って言われて「やった」って言っちゃうってね。そういうのから守っていかないと、どこでどうなるか、自分でしたこともしないことも、強く言われると自信なくなっちゃうんだよね。そういう子に責任とれるのかっていうと、まず犯罪にかかわらないように保護しないと。それだけじゃないんだけどね。(C-855／856)

> 　先のことを見通す力っていうのか。それだけでもないけど、ずっと先まで見越して行動できるっていうの、母性ってそういう責任だと思う。(D-91)

　社会構築主義的にみれば言語化されていないために定義できないような「責任」の所在は明確にしようがない。「親亡き後問題」でもよく語られる「誰にあとを託すのか、託したい中身は何なのか」が、「責任」の中身なのではとも考えられたが、これも曖昧な議論になった。

> 　財産ってほどじゃないけど、もしあるとしたらそういうのはお兄ちゃんが管理してくれないと難しいね。後見人制度もあるけど、いろいろ問題もある

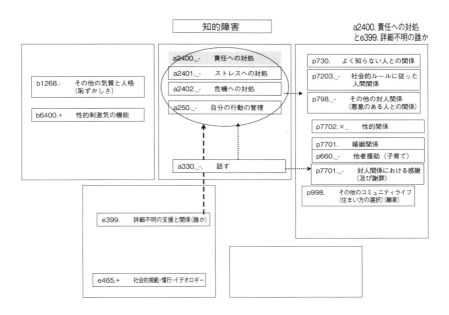

図 3-59 　主要コード関連図⑮（a2400. 責任への対処と e399. 詳細不明の誰か）

し、簡単じゃないから。（C-456）

　何かあったら、親が出て行って謝るっていうのは、いくつになっても同じなんじゃない？　犯罪では、健常者の親もときどきあるよね。そういう意味では同じだけど、痴漢とかお店のもの壊しちゃったとかニュースにならないような。そういうことは聞くよね。（C-991 〜 993）

「何かあったら」の実例として、公衆電話から警察を呼んでしまった例や、通信販売で要らないものを買ってしまった例などが語られ、「『自分で出しなさい』っておこずかい全部使わせたらやらなくなった」「自分で謝らせるのも大事」などの「責任をとらせる」方法は話し合われた。また、通学途中で**e345. よく知らない人**にリンゴをもらったことでお世話になっていることを知り、通学に付き添って相手に感謝の意を伝えたなどの話がでた。

第 3 章　障害のある子を育てた母親のグループディスカッション　183

感謝または謝罪の意を伝えるなど、「いくつになっても子どもの責任は保護者にある」ということについては、全員が一致しており、この点においては「たとえ施設に入所しても同じ」もしくは「施設に入所しても責任をとってやりたい」という願いも語られた。そして、そのような「責任」を「親亡き後に託す人」として、母親たちが語ったのは「理想の誰か」であった。

> きょうだいにずっと一緒にいてとはいえないでしょ。遠くに行っても時々連絡してやってねくらい。だと、近くの支援者ってなると、早めにグループホームに入れていい人見つけないといけないかなと思う。家族みたいにそばにいて、叱ったりもできて、ちゃんと責任とって面倒見てくれるひと。(A-470〜472)

> チームがいいと思う。誰かって言っても一人じゃなくて。一人は受ける方だって大変だから。ゆるやかに、あの子の周りに円があるみたいに。親みたいだけど親じゃない。きょうだいみたいな歳で。福祉とかの公的なものではないのがいいけど、ね。(B-76／77)

> お金じゃない。今は、お金か職業でしかないけど、そうじゃない。家族みたいに一緒にいてくれて、家族と同じに気持ちのある関係がいいよね。お金で解決はできない関係じゃないと難しいと思う。(D-230〜233)

　本論ではこれを、**e399. 詳細不明の支援と関係（誰か）**とした。職業なのか、関係性で規定されるものなのか、もしくは、それぞれの事情によって異なる「誰か」なのか。その**e399. 詳細不明の支援と関係（誰か）**が「責任をとってくれる」ことが可能なのか。母親たちによって、半ば「夢物語」として語られたこれらが実現する可能性はあるのだろうか。

12　e399. 詳細不明の支援と関係（誰か）
　　（⇔ p998. その他のコミュニティライフ（住まい方の選択）（離家）

表 3-21　e.3 支援と関係のコードを含む TU

	学生男子	学生女子	卒後男子	卒後女子
e325. を含む TU 数	10／549	11／414	19／1034	4／801
e340. を含む TU 数	3／549	10／414	33／1034	18／801
e345. を含む TU 数	13／549	0／414	0／1034	5／801
e355. を含む TU 数	4／549	1／414	0／1034	5／801
e360. を含む TU 数	30／549	47／414	10／1034	17／801
e399. を含む TU 数	19／549	53／414	47／1034	18／801

　障害のある子どもの支援者として挙げられたのは、e310. 家族以外では、e325. コミュニティの成員、e340. 対人サービス提供者（事業所や作業所の職員）（ヘルパー）、e345. よく知らない人、e355. 保健の専門職、e360. その他の専門職（教師）（ソーシャルワーカー）、e399. 詳細不明の支援と関係（誰か）であった。

　中でも、もっとも多かったのは e399. 詳細不明の支援と関係（誰か）である。中根（2002: 140）は、知的障害者と親の関係を論じる中で、「依存せざるを得ない存在が『じりつ』するためには、頼れるべき存在があって初めて『じりつ』への可能性を模索することができる」と述べているが、本ディスカッションで語られた、もっとも「頼れる存在」は、e399. 詳細不明の支援と関係（誰か）であった。

　このコードは、将来の子どもの生活に「こんな人がいたらいいな」という、（母親にとっての）理想の人的環境因子である。しかし、その e399. 詳細不明の支援と関係（誰か）は、現存の e コードにはない。しかも、e398. その他の支援と関係で特定できるような、現存の職業や関係でもない。むしろ、現存の e コードをひとつひとつ精査した結果、新たに創出せざるをえないコードである。現存するどの職業でも、関係でもない、新しい理想の「誰か」なのである。

　　どんなことができるのかどんな人が出てくれるかわからないけど、すごく
　　必要だと思う、親以外の誰か。(C-395)

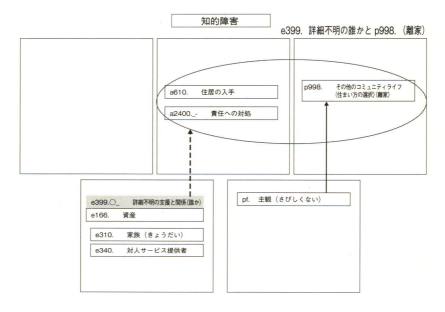

図 3-60　主要コード関連図⑯（e399. 詳細不明の誰かと p998.（離家））

という語りは、このコードを端的に表現している。**e399. 詳細不明の支援と関係（誰か）**には、さまざまな要件がある。

　　親の立場が分かってて、第三者の人で、信頼関係ができている誰かが入る
　のが一番いいのかな。そういう人が一緒に住んでくれるところが理想 (C-389)

　　社会の目って言うんですかね、常識的で、障害福祉とかのほうからじゃな
　いほうからその人を見るような目も必要で (C-86)

「親の立場」とは何を指すのか。おそらくそれは、ダーリン（Darling 1983: 148）の言う「感情的で個別的で機能拡散的」な対応のことを指すだろう。キティ（Kittay 1999（＝野中 2010: 373））は、「専門家は中立性と普遍性を当然とする立場で、これが親の、子どもの福祉を個別的に捉える考えと対

立する」と言っているが、ディスカッションにおいて母親たちが、特定の専門職名を指名しなかったのには、そのような感情があるだろうと推測できる。「社会の目」「障害福祉の方からじゃなく」というのもあえて専門職ではない視点を求めていることを示す言葉であると考えられる。

理想的な支援者という **e399.（誰か）** が現存しないことは、親たちが語る「自立」を阻む要因でもある。本論のディスカッションでは、母親たちが「自立する」という言葉を、さまざまな文脈で使用しているが、ICFには「自立」というコードはない[10]。そこで、それぞれの意図するところを読みとり、適切なコードがあればリンキングし、なかったものは末尾8（その他特定の……）や9（詳細不明の）コードを使って分類し、あえて「自立」というコードはつくらなかった。「自立」そのものが、あらゆる活動や参加の可能性を含んだ包括的な語であるためである。

「自立」がディスカッションの中でどのように使われたか、またそれをどのコードに分類したかを整理したのが次の表である。

表3-22 「自立」の言葉が使われたTUとリンクされたコード

TU	コード
「お姉ちゃんが結婚して出ていくときに、○も自立って今思ってる（D-321）」 「手離すことだけが自立って今思ってない（D-17）」	p998. その他のコミュニティライフ・社会生活・市民生活（離家）
「年金つかってもなんでも、ひとまずそういう意味では自立してほしいよね（C-445）」	p870. 経済的自給
「洗濯のし方とか、いろいろ教えながら。それが彼女の自立への一歩かなと思ってるの（D-274）」	a5. セルフケア　e6. 家庭生活
「自分で決めればOKっていう、そういう自立もあるんじゃない（D-210）」 「人のヘルプを得ながらもここで暮らしていくって認識できたとき、自立なのかな（D-25）」	a177. 意思決定
「（前はなんでも言ってくれたのに）急に何も言わなくなって、そこまでできたらもう何もできないし、自立ですよね」（C-523）	p7601. 親との関係
「私ら夫婦がいなくなったら、自立するしかないでしょ（C-801）」	p999. 詳細不明のコミュニティライフ・社会生活・市民生活
「自立自立って、障害をもった子にでてくるでしょう、すごく自立という言葉が（A-12）」	e465. 社会的規範・慣行・イデオロギー

このように、ディスカッションでは様々な意味で「自立」という語が使われている。先行研究においても、「自立」概念を説明する文章はさまざまであるが、立岩（2006: 34-57）は以下のように説明している。

> つまりその人たちにとって「自立」って、家出して、施設からも逃げてきて、とにかく暮らすっていうもので、施設ではない、親がかりではない、というふうに、消極的に規定されるもので、それが重要なところだったと思っています。

立岩が自立の概念を語るときに「重要なところだった」としているのが、「家（や施設）を出る」という行為だったということである。ひとまず「親（や介護者）と同じ家に住まない」ということが、「自立」の要だという定義である。本ディスカッションでは、これを p998. その他のコミュニティライフ・社会生活・市民生活（離家）としてリンキングした。本論で p998. その他のコミュニティライフ・社会生活・市民生活（離家）をリンクしたのは、以下の数の TU であった。

表 3-23　p998（離家）を含む TU 数

	学生男子	学生女子	卒後男子	卒後女子
p998.（離家）を含む TU 数	37／549	38／616	36／1034	51／801

「離家」の先としてディスカッションで挙げられたのは、圧倒的にグループホームであった。2人の母親が、子どもの特性として他者とのコミュニケーションを好まないために、独り暮らしが理想と述べたが、殆どの母親がグループホームを離家の先としてイメージしていることが語られた。

> 出て行くにしたって、出て行くグループホームそのものがない場合もあるしね、そのグループホームが合わなかったらいったんうちに帰ってこなくちゃいけないし。(A-129)

このように、離家の先はグループホームというのは、母親たちにとって前提として語られていたといってよいが、果たしてそれを選択するのは本来だれであるかということになると、ICFにもそれを示すコードが必要となる。
　ICFには、**d610. 住居の入手**というコードはあるが、グループホームに入居する、独り暮らしを始める等、「誰とどのように住むかを選択する」を記述できるコードがない。このことは、前提として施設入居はしない、さらに18になれば当たり前に親世帯から独立するという欧米の文化に基づいているのだろうが、少なくてもわが国の障害者の現状を整理するためには不足であると言えるだろう。
　それは、母親たちが理想としている自立生活が、**e399. 詳細不明の支援と関係（誰か）** によって実現するものであること、すなわち **e399. 詳細不明の支援と関係（誰か）** がいないことによって実現しないものであることが本論から導き出されるからでもある。グループホームは、住居でもあるがそこには同居人や世話人がセットになってくる。離家の先に、住居の選択だけでなく、暮らし方の選択があるのであって、そのひとつの選択肢として母親たちがしきりに挙げる **e399. 詳細不明の支援と関係（誰か）** との暮らしがあるかもしれない。少なくても、親たちはそう希望をもっている。

13　p998. その他のコミュニティライフ（住まい方の選択）（離家）
　　　（⇔ p 6608. その他の他者援助（かすがい））
　p998. その他のコミュニティライフ・社会生活・市民生活（離家）と深い関係にあるのが、**p6608. その他の他者援助（かすがい）** である。本論では、この二つのコードは相反する関係にあり、母親が子の **p6608.（かすがい）（癒し）** 機能を強く意識していれば、**p998.（離家）** には消極的であり、**p6608.（かすがい）（癒し）** 機能が働かなくなったときに **p998.（離家）** が起きるという例も語られた。

> 　実際ね、割りと早めにグループホームに入っちゃってる子は、親子の関係とかがあまり良くないとか、お父さんが子どもに興味ないとか、そういう意味で、その子があいだにいてもあんまりっていううちは早く出してるよね。(D-434)

今楽しいのよ、あの子といて。お仕事から帰ってくるとお茶するのね、いろんなおしゃべりしながら。今なの。学校時代ってもっと忙しくて、たぶん私もね、お姉ちゃんだっていろいろ大変だったしね、PTA とかおつき合いとかも。それに、学校の連絡帳とかで何かあるとピリピリして叱っちゃったりさ。今だから楽しいのよ、やっとなの。（D-312 〜 315）

　小さいときはもっと早く出そうと思ってた。なのに今になると出せないの。現実って違うね、それを知った。いざとなるとね。（C-555）

p6608. かすがい機能がリンクされたのは、以下の TU 数であった。

表 3-24　p6608.（かすがい）（癒し）を含む TU 数

	学生男子	学生女子	卒後男子	卒後女子
p6608.（かすがい）（癒し）を含む TU 数	0／549	6／616	39／1034	9／801

　離家をさせたくない母親たちの語りはどのグループにもあった。それは、インペアメントによって「子どもに支援が必要な状態だから」という理由によるものではなく、全例において積極的な囲い込みであり、母親たちはそのことを十分自覚していた。

　これって本人が自立するとか出せるとか出せないとかの問題じゃなくて、私たち夫婦の問題だと思った。ずっと前には頭では（そうであってはいけないと）分かっていたのに、現実になったら、あの子がいて（夫と）3 人の生活がなりたってるってことがわかったの。（C-407 〜 409）

　癒しっていうか……。そうだなあ、じゃあの子がいなくて大人 3 人（父・母・祖母）で今の生活していたかっていうと、どうなのかなという気がする。家族にとってあの子の存在が必要なんだよね。（B-479）

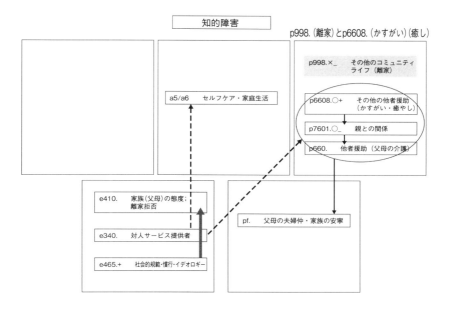

図 3-61　主要コード関連図⑰（p998.（離家）と p6608.（かすがい）（癒し））

　本論では、これを「家族や他人の学習、コミュニケーション、セルフケア、移動を、家の内外で援助したり、安寧を気遣ったり、それに他人の注意を向けること」と定義づけられている **p660. 他者への援助** のコードにリンクし、**p6608. ○＋その他の他者援助（かすがい）** とした。母親が **p6608. 他者援助（かすがい）** 機能を認識している結果、子どものほうが「出ていかない」ことを宣言し、明らかに子どもの側が役割を意識している発言があった例も語られた。

　　「ずっと一緒にいてあげる」って。「あら、そう」って。うん、超嬉しいわよ。(D-241)

　超高齢社会にあって、「子どもと暮らしたい」という高齢者は多い。先行研究で挙げたモリス（Morris 1993）の主張にあったように、援助を受けて

第 3 章　障害のある子を育てた母親のグループディスカッション　　191

p660. 他者援助をするという暮らし方も、障害者の暮らしのオルタナティブとしてあってよいだろう。本論では、ひとまず p998. その他のコミュニティライフ（離家）を生活機能としてコード化したため、e410. 家族（父母）の態度：離家拒否は子どもの「離家」にマイナスに働くとして図式化したが、離家する自立だけを目標にするのではなく、あらゆる形態の暮らし方が選択肢としてあることも再考されるべきだろう。それは、単に、介助を家族に返すという意味での家族扶養主義回帰という文脈だけではなく、家族機能の根幹である情緒的支え合いを社会的に支える仕組み作りが求められる、新しい介護の在り方ともなるのではないだろうか。

　この機能は、障害があることでプラスとなる、現存のICFにはない「プラスの生活機能」である。そこで、「離家させない」というマイナスの機能だけではなく、離れて暮らしながらもかすがいになったり、癒されるというプラスの機能としても語られた。

　　　グループホームに入ってるけど、パパは毎日その子の職場に行っておしゃべりしてくるんだっていう人知ってる。その子は、それがパパの生きがいだって知ってて、で、「ほらパパもう帰りな。また来ていいよ」とか言うらしいよ。(B465／466)

　この機能は、「もしあの子がいなかったら、きょうだいは勝手に出て行って、家族はもっと殺伐としてたと思う。あの子がいるとホワンとするっていうか……ね」「もしあの子がいなくなったら、ペット飼うかな？　うーん、でもペットじゃ代わりにはならないよね」と言われるように、癒しの効果を主とする機能であり、最首 (1998: 234) が「自他未分離の者が発している信頼素みたいなもの」「それにふれると疲れがとれるみたいな、ゆったりできるような何か」と表現しているものである。それは、かつて最首が運営委員長を務めた地域作業所カプカプ[12]に「働きのオルタナティブ（鈴木 2005）」として今も活かされている。

　　　おいしいものをこさえるとか、心地よい服を仕立てるとか、こころを揺さ

ぶる絵を描くとか、魂が共振するような歌を歌うとか、うれしくてたまらなくなってしまうような挨拶をするとか、つられて笑ってしまうような愉快な空気をあふれさせるとかいうふうに、生きていることの豊かさを全身で表現することが、周りの人たちの生を豊かに彩っていく。その人の特性が即ち排除される要因とはならず、むしろ他者に生きる力をみなぎらせるがごとき「かけがえのなさ」となるような、ひるがえって、他者が在ることを感謝せずにいられなくなるような、そんな働くカタチは絵空事でしかないのだろうか。（鈴木 2005）

　　カプカプには、独特の労働（接客）様式（スタイル）がある。
　　「カプカプの"売り"の一つは、喫茶コーナーの接客スタイルにある。お客様に『お元気ですか』と声をかける人や、『旅のかた、ごゆっくりどうぞ』と水を出す人、絵を描いたり裁縫をしたりしながら仲間とのおしゃべりをする人もいる。」
　　また、「横になってその雰囲気を楽しんでいるだけ」というのも、カプカプでは「他者に対するかけがえのない遣り取りの相手として、そこに居るという存在自体が働き」という労働様式（スタイル）とされる。（後藤 2013）

　知的障害者イコール癒しの機能をもつと考えるのはいかにも早計だが、「のんびりしていて穏やか」というだけが「癒し」なのでなく、鈴木（2005）や後藤（2013）が紹介するように、「働く」にはさまざまなスタイルがあってよく、「居るだけ」なのか「働いている」のかは、本人の意識でもなく、ただそれを受け取る人の意識によって変化するものである。
　もっといえば、それは「語られる」ことによって構築される。つまり、**p6608. 他者援助（かすがい）（癒し）**というコードも、それが母親たちによって語られたことによって、はじめてそこにプラスの能力としての意味が立ち現れたのである。

14　主要コード関連図のまとめ

　本ディスカッションでは、**b117. 知的障害**は、主に **p7701. 婚姻関係**に結

び付くものとして語られた。「**b117. 知的障害**があるから**p7701. 婚姻関係**はありえない」というように、2つのコードが直接結びついた言説と、「**b117. 知的障害**がなければ〜ができるから結婚できる（のに）」という、わが子と「知的障害のない（または軽い）他の人」を比較することで、知的障害と婚姻関係の関連が語られた。

　p7701. 婚姻関係は、男の子どもの場合には**p850. 報酬を伴う仕事**のコード、女の子どもの場合には**p660. 他者の援助（子育て）**と多くリンクされていた。これらの生活機能の能力の有無が結婚できるか否かを決定づける要因とされている。これに対して、結婚推奨派の母親の主張は、逆にまず結婚することによってさまざまな能力が向上することを強調したもので、「できる・できない（＝能力）」が重視されている点では同じだが、社会参加が出発点となっている考え方は社会モデル的である。

　p660. 他者援助（子育て）や**p850. 報酬を伴う仕事**の能力の不足は、それを補う支援者としての**e310. 家族（母親）**との関連が強かった。ほとんどの親が、孫の世話や心配、経済的支援を親が担わなければならなくなると感じており、社会的制度サービスへの信頼は厚くないことを語っていた。

　e310. 家族（母親）コードは、全コード中でもっとも多くリンクされた。母親は「活動と参加の支援」「活動と参加の能力向上のための支援」「精神的支援」「環境の整備」「保護者としての役割」を担っており、特に**a177. 意思決定**への支援が多く、熱心に語られた。就職先や住まい方などの大きな意思決定は、親の支援が欠かせないが、日常の意思決定については「過干渉」を意識した言説もあった。

　ただし、**a177. 意思決定**ではその前に選択肢の提示という前段階がある。これについて、母親たちが「そもそも選択肢が少ない」ことを問題としており、このことは無自覚なものの、障害者を囲む社会的環境の薄さを指摘するものであり、**e465. 社会的規範・慣行・イデオロギー**への言及と捉えた。

　e465. 社会的規範・慣行・イデオロギーは、**e460. 社会的態度**と共にリンクされることが多かった。それには、「視られる」立場にたって発見できる、「視る」側の**e465. 社会的規範・慣行・イデオロギー・e460. 社会的態度**、「障害」や「障害者」についての**e465. 社会的規範・慣行・イデオロギー**・

e460. 社会的態度、親たちが変えていく対象としての e465. 社会的規範・慣行・イデオロギー・e460. 社会的態度がある。視る側に立つか、視られる側にいるか、「親当事者」としての立場の揺れがここに顕著に現れた。視られる側に立ったとき、親たちは「恥ずかしさ」を代理して感じてしまい、先回りして子どもを恥ずかしくないように囲い込む傾向がある。このことは、母親自身が実は「何を恥ずかしいと感じるべきか」という視る側の視角＝e465. 社会的規範・慣行・イデオロギーを強く持ち合わせているということを示している。

　「恥」は、本論では２つのコードに分けてリンクした。**b1268. 恥ずかしさ**と **nd. スティグマとしての恥ずかしさ**である。前者は恥ずかしいと感じるべきところを感じないことをインペアメントとみなすコードであり、後者は恥ずかしいと感じること自体がスティグマとしてみなされるコードである。**nd. スティグマとしての恥ずかしさ**には、**nd. 自分の障害を知る**が必ずリンクされていた。が、外部からの指摘によって **nd. 自分の障害を知る**とき、本人たちが **nd. スティグマとしての恥ずかしさ**を感じることが指摘されているものの、テレビドラマなどのメディアや障害をもつ仲間たちとの関わりの中で自然に **nd. 自分の障害を知る**ときには、**nd. スティグマとしての恥ずかしさ**を感じていないということもわかった．

　nd. 自分の障害を知るは、**p7. 支援と関係**のコードと多くリンクしていた。さまざまな人的環境因子がリンクされたが、自分の障害を知らせる存在としての人的環境因子と自分の障害を知ることで生活機能が向上すると考えられているもの **p779. 悪意のある人との関係**があり、それは **p7700. 恋愛関係**や **p7702. 性的関係**とも多くリンクされていた。主に、**nd. 自分の障害を知る**ことによって、恋愛の危険を知ること、恥ずかしいことが何かを知ることでデートの際の行動が抑制されるなどの文脈である。**p7700. 恋愛関係**は、**p7702. 性的関係**と強く関連していた。これら **p7701. 婚姻関係**を含む **p770. 親密な関係**では、学生グループと卒後グループで傾向が分かれた。学生グループは、「恋愛や性関係はいいけど、結婚はだめ」、卒後グループは「結婚はいいけど、性的関係はだめ」という傾向である。

　ただ、どちらにも **a2400. 責任の対処**能力が問われている意味では同じで

ある。その「責任」の中身については、誰も言語化できず、ただ母親たちのあいだに共通してある曖昧で強い不安としてしか語られなかったが、このことが脱家族が糾弾してきた「親の囲い込み」の源泉になっているかもしれず、さらに深く追求すべきテーマであっただろう。

　p7702.性的関係は、性教育の問題も含めて親として扱いにくいテーマでもあり、同時に心配の種としては重いテーマでもある。それだけに、性教育や性に関する相談などの支援を誰かに安心して任せたいという母親の要望は大きかった。しかし、その誰かは現存する支援者ではない。積極的にそれを引き受ける支援者がいないこともその一因だが、母親にとって完全に任せきれることでもない。すなわち「口を出したい」分野でもあるからである。それは、妊娠〜出産〜子育てとつながる行為だからである。そこで、この「誰か」は e399.詳細不明の支援者（誰か）となった。このコードは、母親たちの想像の産物である。

　あらゆる支援について、「誰か」の存在が理想として語られた。それは、「親の目」と「社会の目」をもった「第三者」の「専門職ではない存在」である。その存在こそが、子の p998.その他のコミュニティライフ・社会生活・市民生活（離家）（住まい方の選択）を支援できる存在である。

　p998.その他のコミュニティライフ・社会生活・市民生活（住まい方の選択）では、グループホームという選択肢が圧倒的に多かったが、その選択の前に「子どもと離れたくない」という親の側の子離れ問題もあった。p998.その他のコミュニティライフ・社会生活・市民生活（離家）を拒む親の言説では、p6608.他者援助（かすがい）（癒し）という能力の高さが語られた。障害のある子どもには p6608.他者援助（かすがい）という重要な役割があり、すでに夫婦の間には無くてはならない存在になってしまっていること、また「自分から出ていく」などの p998.（離家）の契機に欠けるのを理由として、「あえて出て行かないようにしている」というものである。p6608.他者援助（癒し）能力の高さは、ディスカッション後の聞き取りや質問調査で、保育所や老人ホーム、病院で働いている子どもたちが報告されていることからも推測できる。能力を職業の選択に活かしている好例であり、「てきぱきできること」が少なくても、「そばにいてくれるだけでいい」という他者援

助の能力は着目されてきており、こうした能力・特性をどう活かすことができるかもこれからの障害観を左右する鍵となるだろうと考えられる。

第4節　ICFコードリンキング過程及び関連図からの知見

1　新コードにみるオリジナリティ

　ディスカッションデータには、既存のICFコードにはなかったnd.コードや、末尾8の「その他特定の〜」コード、末尾9の「詳細不明の〜」コードなど、新規コードが多くリンクされた[13]。主要コード関連図による分析でも、全16コードのうちnd.コードは2（**nd.スティグマとしての恥ずかしさ**）、末尾8「その他特定の〜」コードが3（**b1268.その他の気質と人格の機能（恥）、p998.その他のコミュニティライフ（住まい方の選択））（離家）、p6608.その他特定の他者援助（かすがい）（癒し）**）、末尾9「詳細不明の〜」コードが1（**e399.詳細不明の支援と関係（誰か）**）、既存のコードをさらに詳細に分類する必要があると感じて（　）をつけて示したものが2（**p660.他者援助（子育て）、e310.家族（母親）の支援**）あり、実に主要コードの半数が新コードである。

　本論では、同じ行為であっても、母親の捉え方や行為の目的によって違うコードにリンクすることがあった。たとえば、テレビニュースや天気予報を視るようなテレビ視聴は**a132.情報の獲得**に、ドラマやバラエティを視るのは**p9208.その他特定のレクリエーションとレジャー（テレビ視聴）**にリンクした。栄養摂取のための外食は**a550.食べること**だが、友人との外食であれば**p9205.社交**に、家族で「たまにはレストランで食事でも」といったときの外食やグループホームなどの「お楽しみ」の外食などは、**p9208.その他特定のレクリエーションとレジャー（外食）**とした。このように分類した結果、末尾8の「その他特定の」コードにリンクする語りや、nd.コードが多くなったのである。

　全体として、新コードは表のように50コードあったが、どれもディスカッションで語られた母親の障害観を形成する個別性の強いコードと言える。「知的障害のある子の母親」が注目しているコードの大半が新コードであるということは、母親の障害観が普遍化された一般的な障害観ではなく、新し

表 3-25　新コード一覧

分類	コード名
nd.	nd. スティグマとしての恥ずかしさ
	nd. 「やんちゃ」する
	nd. 自分の障害を知る
	nd. 出産
	nd. 妊娠
末尾 8	b1268. その他特定の気質と人格の機能（恥かしさ）「
	a298. その他特定の一般的課題と要求（将来設計）（自己評価）
	p5408. その他特定の更衣（好みの洋服の選択）
	p5508. その他特定の食べること（好みの食事の選択）（会食する）
	a5708. その他特定の健康に注意する（病院の選択）
	a598. その他特定のセルフケア（持ち物の準備や管理）（性的欲求への対処）（マスターベーション）
	p6108. その他特定の住居の入手（住居探し）
	p6608. その他特定の他者援助（かすがい・癒し）
	p698. その他特定の家庭生活（留守番）
	p7108. その他特定の、基本的対人関係（うそをつく・ごまかす）（相談する）
	p7208. その他特定の対人関係（悪意のある人との関係）
	p7408. その他特定の公的な関係（支援者との関係）
	p8208. その他特定の学校教育（性教育）
	p898. その他特定の主要な生活領域（役所での手続き：入籍、年金）
	p9208. その他特定のレクリエーションとレジャー（旅行）（テレビ視聴）（外食）（行事）
	p998. その他特定のコミュニティライフ（住まい方の選択）（離家）
	e198. その他特定の製品と用具（連絡帳）
	e298. そのほか特定の自然環境と人間がもたらした環境変化（例：夏の他人の服装、店内の雰囲気）
	e398. その他の支援と関係（恋人）（悪意のある人）（GH などの同居人）（ネットワーク）
末尾 9	a159. その他特定の、および詳細不明の基礎的学習（特定の物事の理解（例：時間や時計の読み方））
	a179. その他特定の知識の応用（社会の仕組みについての理解（例：結婚とは何か））
	a349. その他特定の、および詳細不明のメッセージの表出（SOS）（意思表明）
	e399. 詳細不明の支援と関係（誰か）
詳細	p660. 他者援助（子育て）（老親介護）
	e310. 家族（父親）（母親）（きょうだい）（パートナー）の支援
	e360. その他の専門職（教員）（裁判官）（ソーシャルワーカー）
	e410. 家族（母親）の態度；障害観

い障害観を形成しつつあることを示していると言えるのではないだろうか。
　なかでも特徴的なコードは、次の５つに分類できる。これらのコードは、表中で太字に表示した。
　①社会的には「できる」ことが推奨されないことであるにもかかわらず、ディスカッションでは、母親たちが「できない」ことを障害として認識し、健常者との差異のひとつとして挙げている点で、他のコードとは異なる性格をもつコードである。p7108. その他特定の、基本的対人関係（うそをつく）（ごまかす）nd.「やんちゃ」するがある。ディスカッションでは「やんちゃもできない」ことが、わが子の「障害」のひとつとして語られており、知的障害のある子を育てた母親にこそ発見しうる「障害」を示すコードと言える。
　p7108. その他特定の、基本的対人関係（うそをつく）（ごまかす）は、nd.「やんちゃ」したときにそれをごまかすこと・嘘をつくことが、親に心配させないための方便であり、「それができれば障害じゃないよね」というように、「能力」として語られた。ただし、例えば「コンビニ前にたむろする」や「ポルノ雑誌を買う・読む」「煙草を吸う」[14] などのやんちゃを「親に隠れてすることができない」のは、本人の能力だけの結果ではなく、本人にプライバシーが無いということができなくさせているというからくりを、母親たちはディスカッションを通じて確認した。「やんちゃできない」わが子の状況を、ノーマルな「青春」が保障されないこととして認識し、それを不憫に感じつつも、母親自身がその機会を奪う一助をしてしまっていることに気づいたのである。
　② p6608. その他特定の他者援助（かすがい）（癒し）である。なによりこのコードが注目されるべきは、これ以外のさまざまな活動制限や参加制約が「障害」として語られる中で、p6608. 他者援助（かすがい）（癒し）だけが唯一、インペアメントがあることによるプラスとして語られていることである[15]。既述したように、p6608. 他者援助（癒し）機能は、父親と母親にとっては p6608. 他者援助（かすがい）であり、子が離家しない自立を希求する理由にもなっているが、家族にとってだけではなく、その機能は人の個性のひとつとしても注目されてきている。
　③社会的なセクシャリティに関するコードである。本論では、nd. 妊娠、

nd. 出産が新設された。出生前診断や堕胎、さらにアシュリー事件[16]に象徴される医学の介入など、女性の妊娠・出産については、生物学的な分野だけで語れない政治的・社会的問題が非常に多く含まれており、ICFの心身機能 b660. 生殖の機能のみで語ることは到底不可能である。

④「恥」のふたつのコード、nd. スティグマとしての恥ずかしさと b1268. その他特定の気質と人格の機能（恥かしさ）である。これについては、前項でも詳細に分析したが、nd. 自分の障害を知ると深く関連しており、またそこから e410. 家族（母親）の態度（障害観）とも強く結び付いている。

⑤ p7208. その他特定の対人関係（悪意のある人との関係）である。ICFの人的環境因子は、3章が支援と関係、4章が態度であり、そこには職業や立場による分類がなされている。当然どのような職業的関わりの人でも、「悪意のある人」になる可能性はあるが、環境因子には阻害・促進の評価が可能であるので、それで示すことができ、環境因子に「悪意のある人」というコードは必要ない。しかし、そうした人に対応する障害者本人の能力としての「悪意のある人」へのかかわり方は、非常に重要である。活動と参加コードの7章対人関係に、d730. よく知らない人との関係と同じように、特別な対人関係のコードとしての「悪意のある人との関係」が必要だろうと考えられる。

このように、ICFコードのリンキングによって、新コードが多数作られたことには二つの意味がある。ひとつは、ICFのコードそのものに不足を感じてしまう[17]という面で、そのことは注12で述べたように、今後のICFの発展的改定作業が解決していくことであろう。もうひとつは、末尾8や末尾9のコードの活用である。既述してきたように、末尾8や末尾9のコードは障害の個別性を保障する上で重要である。人の生活機能は多様である。国も文化も異なる全ての人の生活機能を普遍的なものとしてコード化するのは、不可能である。よって、普遍的な意味でまだ新設が必要なコードはあるのだろうが、それよりも、その時々のテーマによって、どのコードの定義でも十分には現わせない生活機能があれば、それを末尾8や9で示すことでその人のためのオーダーメイドのICFコードを作ることができるシステムに

は、非常に大きな意義があると考えられ、今後の ICF の活用には末尾 8 や 9 のコードの積極的な活用を推奨したい。

2 「適切」の再定義

ICF には「適切 appropriately」という言葉が頻繁に使われている。まず、**d5501. 食べることの適切な遂行**、**d5404. 適切な衣服の選択**、**d53001. 排尿の適切な遂行**など、コードそのものにあるし、コードの定義にも使われている。**d2500. 新規なものを受け入れること**の定義は、「新規のものや状況に関して適切な受容的な態度で行動や感情表現を管理すること」であるし、**d7105. 対人関係における身体的接触**の定義は、「状況に見合った社会的に適切な方法で、人々と身体的接触したり、それに対応したりすること」である。

これらのコードに関しては、たとえば、B グループでディスカッションされた、特別支援学校の教師に「食べ方のマナー＝**d5501. 食べることの適切な遂行**ができていない」と注意されたというエピソードがあった。いわゆる「三角食べ」の指導、箸の持ち方、茶碗をもって食べるのができていないのを「家庭のしつけ」と指摘され謝ったという話だったのだが、ディスカッション参加者からはいっせいに、「うるさい先生だね」「どこまでしつけできてたら OK なの？」「全部できてる子がどこにいる？」という反発が聞かれた。

それはつまり、「適切とはなにか」を問う疑問である。「適切」とは、その国の同世代の人の文化的な生活が基準になり、その基準において「社会的に許容される」という意味であると説明されることが多いが、実は厳密に捉えようとすると捉えにくくなる曖昧な言葉でもある。何よりもまず、この「社会的許容」が社会的に作られたものだからである。例えば、母親の「適切」が社会のそれと「ずれていく」ことも、ディスカッションで指摘されている。

> （一人っ子だから）そうすると、今が当たり前になってしまって食べ方もあの子をみて汚いとも思わないし、これまずいよねってそれも感じなくなってしまっている、感覚が一般社会に出た時とずれてしまっているんだけれど。
> (B-41)

そこで、本論ではリンキングにあたって、社会の「適切」にはよらず、母親の「適切」を基準にして子どもの評価を記述した。すなわち、母親が望む姿に達していないという語りはマイナス、逆に母親が「それでいいと思っている」なら、社会の「適切」からはずれているとしてもプラスで評価した。

「適切」という言葉を使っていないコードにもICFの規定する「適切」は表現されている。例えば、**d7700.恋愛関係**の定義は「情緒的、身体的愛情に基づいてつくり保つ関係で、長期の親密な関係へと至る可能性のあるもの」である。すなわち、ここでは、長期の親密な関係に至る可能性が「正しい恋愛」の条件のように示されており、多種多様な恋愛のパターンが想定されていない。ディスカッションでは母親たちから「火遊びのような恋や実らない片思いも経験してほしい」という声も聴かれたが、ICFの**d7700.恋愛関係**の定義に従うと、「火遊びのような恋」も「実らない片思い」も「恋愛」ではないことになる。本来「恋」とは本人にとってどうあるものなのか、母親にとって障害のある子の恋とはどんな意味をもつのか、「正しい恋愛」だけが目指されるべきではないとすれば恋愛の定義をどのように規定するべきかを含めて考えることになった。

本論においては、どんな種類の恋も、母親が「恋」とカテゴライズしたものは**d7700.恋愛関係**にリンクしたが、母親たちが語る「子の恋」に期待するのは「ときめく気持ち」や「よく思われたいと思う気持ち」であり、母親たちは、このように「恋」を語っている。

> ケンカして泣いたり、何時間も電話したり。会って話せばいいのにそれが簡単にはできない子たちだから。そういうの見てると、「同じ」だなあって思って安心する。(D-666)

何時間も電話が切れない、いつまでもつながっていたいと思ってしまう「恋愛感情」をかつて自分が経験した恋と同じ、または健常の子どもと同じだと思うことが「安心」材料なのであって、母親にとってはずせない「恋愛」の定義はそこにある。母親にとって適切な恋愛とは、「長期の親密な関係を作る可能性がある」かどうかよりも、子どもの「心が揺さぶられるかど

うか」である。このように感情が絡んだ生活機能は、定義が難しい。

ところで、一般にはセットで語られることが多い「恋と結婚」だが、本論では d7700. 恋愛関係と d7701. 婚姻関係のコードは強く結びつかなかった。母親たちは、d7702. 性的関係やその結果としての nd. 妊娠、出産、そして d660. 他者援助（子育て）という一連のコードを介して d7700. 恋愛関係と d7701. 婚姻関係が結び付くのを恐れていると分析できた。

「妊娠したから結婚しましょうって、なし崩しになるのが一番いや」という母親の発言が、端的にそれを示している。つまり d770. 親密な関係の３コードは、本論のディスカッションにおいて、母親の障害観を非常に強く反映しているコードであった。これらのコードに対する母親たちの意見は、それぞれに意志強固であり、意見の対立があってディスカッションされたことがあっても、それによって意見が揺らぐことはなかった。

3　関連図から得た知見

3-1　関連図中の矢印が示す個人モデルと社会モデル

ICF 関連図は、ディスカッションの流れを示すものと、本論において主要なコード間の関連を示すものとの二種類を作成した。ただし、関連図はあくまでも可視化の手段であって、関連図そのものが母親の障害観を示すものではない。

しかし、すべての関連図を縮小して一覧に並べて比較すると、関連図には大きくふたつの傾向がみえる。縦横の関連矢印が目立つ図と斜めの矢印が目立つ図である。縦横の矢印が目立つ図は学生のＡ・Ｂグループに多く、斜めの矢印が目立つ図は卒後のＣ・Ｄグループに多い。矢印はその種類（支援 ▬▶ ・因果関係 ⟶ ／‥‥▶ ・影響 ⟹ ）によってだけでなく、向かう方向によっても意味がある。

３つの生活機能の枠内で左から右に引かれている横矢印は、「個人モデル」である。これは、ICIDH の図のようなインペアメントからハンディキャップに流れる一方向の矢印であり、障害はインペアメントによって構築されるという還元論を示す。また、環境因子から心身機能や活動に向かって引かれた支援の縦矢印は、障害への対処として、「障害を治す」「問題点を矯正す

る」という考え方で、「個人モデル」の矢印である。

　一方、環境因子から、参加や他の環境因子に向かってひかれた支援の矢印は、「社会モデル」の矢印であることが多い。とくに、e5. **サービス・制度・政策**から参加に向かった支援の矢印は、「社会モデル」の対処の典型的なものである。さらに、e5. **サービス・制度・政策**から引かれたプラスかマイナスの因果関係の矢印は、心身機能・活動・参加のどこに向かうものも、「社会モデル」である。

　また、環境因子のe460. **社会的態度**、e465. **社会的規範・慣行・イデオロギー**、参加因子のd940. **人権**、nd. **スティグマとしての恥ずかしさ**と結ばれた矢印も、縦横・斜め、またどちらの方向に矢印が向かっていようとも、どれも、「社会モデル」の矢印である。これらのコードは、社会モデルが障害の源泉として規定した「社会」を示すものであり、これらのコードから引かれた矢印は「社会が構築する障害」を示し、このコードに向かって引かれた矢印は「社会を変えることで障害に対処する」行動を示すものである。

　さらに、参加から左方向に引かれる横矢印は、参加が阻害されることで障害が構築されることを、もしくは参加が促進されることで障害が改善される事を示す意味で、「社会モデル」の矢印である。

　個人モデルを示す関連図と社会モデルを示す関連図を示すと、「強い医学モデルを含む個人モデル」は、心身機能の低下から活動制限を通じ、または直接参加制約にマイナスの線が流れ、対処としては環境因子が心身機能や活動に支援を行うことによって「個人の行動変容」を促すものであり、「社会モデル」は、社会的環境因子が参加を制約しており、これに対処する方法として社会的環境因子の変容が求められるものである。これらふたつのモデルは、次のように簡略図化できる。

3-2　個人モデルの矢印だけの関連図

　個人モデルの矢印だけで構成されている関連図は、「離家とその要因」「親密な関係と知的機能」「親などの支援」「その他（自分の障害を知る）」の4つに分類することができた。

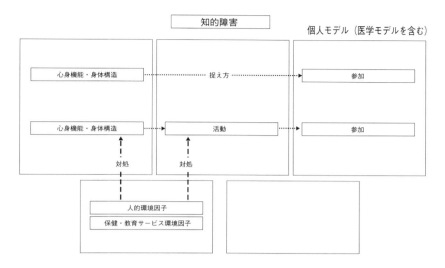

図 3-62　個人モデルを示す関連図

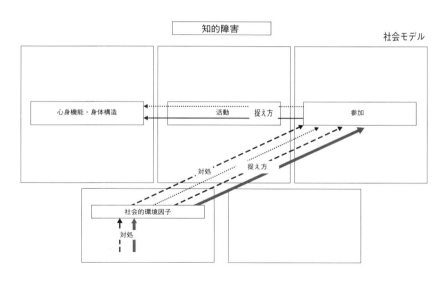

図 3-63　社会モデルを示す関連図

表 3-26　個人モデルだけが可視化された関連図一覧

離家とその要因
　　関連図 A3（離家と住まい方の決定）
　　関連図 B6（手離さない理由）
　　関連図 B10（子を手離す親として）

親密な関係と知的機能
　　関連図 A8（婚姻関係）
　　関連図 B8（婚姻関係（拒否））
　　関連図 B9（婚姻関係（肯定））
　　関連図 D11（悪意のある人との関係とセクシャリティ）
　　主要コード関連図①（b117 知的機能 - と p7701 婚姻関係）

親などの支援
　　関連図 B1（家庭のしつけ）
　　関連図 B3（学校教育）
　　関連図 B5（離家の支援）
　　関連図 D8（意思決定と親）
　　関連図 D10（親だけしかしない余暇支援）
　　主要コード関連図⑤（p660 他者援助 /p850 報酬を伴う仕事と e310 家族の支援）
　　主要コード関連図⑦（e310 〇家族の支援と a177 ×意思決定）
　　主要コード関連図⑧（e310 ×家族の支援と a177 〇意思決定）
　　主要コード関連図⑮（a2400 責任への対処と e399 詳細不明の誰か）
　　主要コード関連図⑯（e399 詳細不明の誰かと p998 離家）

その他：自分の障害を知る
　　関連図 B11（自分の障害を知る）

　心身機能から直接参加コードに矢印がひかれている強い医学モデルを示す関連図は、3 関連図（B6・B8・①）であり、**b117．－知的機能**から、それぞれ **p7701．婚姻関係**、**p660．他者援助**、**p998．（離家）** にマイナスの矢印が引かれたものだった。「知的障害があるから～ができない」と断定的な発言になっているのは、知的障害のある子を育てた母親ならではの特徴的なものと言えるだろう。

　その他の関連図では、**b117．－知的機能**が出発点になっているもののほか、心身機能では **b1268．－（恥ずかしさ）** ＝「恥ずかしいということを感じることができない」が出発点になっているものが多く、活動レベルでは **a132．情報の獲得、a2400 責任への対処、a177．意思決定**等がリンクされている。一般に「知的障害」という障害についてイメージするときに「できないこと」として挙げられるだろう、「記憶する」「思考する」「計算する」などの

表 3-27　社会モデルだけが可視化された関連図一覧

支援
関連図 A9（きょうだいなどに望むこと）
関連図 C2（意思決定の支援）
関連図 C3（支援者チーム）
関連図 C4（自立心）
関連図 C7（経済的自立）
関連図 C12（自分の障害を知る）
関連図 D9（離家のタイミングと親との関係）
社会的環境の影響
主要コード関連図⑨（a177 意思決定と e460 社会的態度 e465 社会的規範…）
主要コード関連図⑪
（e460 社会的態度 /e465 社会的規範…と nd スティグマとしての恥ずかしさ）
主要コード関連図⑫（nd スティグマとしての恥ずかしさと nd 自分の障害を知る
婚姻関係
関連図 C6（婚姻関係）
主要コード関連図③（p7701 婚姻関係　容認）

心身機能や活動のマイナスではなく、より「参加」に近い社会的な生活機能がインペアメントとして捉えられていることを示しており、星加（2007）のいう「スティグマのインペアメント」という概念がそこに立ち現れているといえる。

3-3　社会モデルの矢印だけの関連図

　対して、社会モデルの矢印だけで、その他の矢印に特に強い個人モデルがない関連図は、社会モデルを可視化した関連図とした。「支援」と「社会的環境の影響」「婚姻関係」に分類できた。

　社会モデルの関連図では、**e460. 社会的態度、e465. 社会的規範・慣行・イデオロギー**が鍵となる生活機能である。本論では既述したように、これらのコードは特に慎重に発見してリンキングした。グループとしては、特に C グループに多く見られ、卒後の職場などからのアドバイスなどが新しい **e465. 社会的規範・慣行・イデオロギー**を示すものとして母親たちの目に新鮮にまた強烈に映ったことが語られた。全グループの殆どの母親が、ディスカッションに参加する前には「脱家族」にも「社会モデル」にも触れたことがなかったが、母親や子どもたちを囲む環境には、社会モデルの考えが徐々

表 3-28　社会モデルの気づきが可視化された共存の関連図一覧

e460 社会的態度／e465 社会的規範…が親に影響している
　　関連図 A1（離家への母親の考え）
　　関連図 B4（母親の行動監視）
　　関連図 C1（親の役目）
　　関連図 C8（かすがい）
　　関連図 C9（自立する子と自立後に残る支援）
　　関連図 D4（婚姻能力の否定）
　　主要コード関連図⑩
　　（e460(社会的態度)／e465 社会的規範…と b1268（恥ずかしさ））
　　　　主要コード関連図⑰ p998（離家）と p6608 他者（かすがい）（癒し）

e460 社会的態度／e465 社会的規範…が他の生活機能や環境因子に影響している
　　関連図 A7（やんちゃする）
　　主要コード関連図②（b177 ＋知的機能と p7701 婚姻関係）
　　主要コード関連図④（p7701 婚姻関係拒否）

に浸透してきており、それが母親たちの障害観に影響を及ぼしているということである。また、女子よりも男子の方がより強い自立心を表明しており、そのこともまた、母親たちの障害観やわが子の自立への考え方を大きく転換させることにつながっている。このように、強い社会モデルは、障害のある子の子育ての中で自然に生まれる考えとは言えず、むしろ周囲の影響によって強められるものであるといえるだろう。

　その一つとして、本論のディスカッションの中でも、「語りあう」ことによって社会モデルが示されていく過程が示された。本人の **a177. 意思決定**能力が **e465. 社会的規範・慣行・イデオロギー** によって形成されていることに気づいていく過程（主要コード関連図⑨）、本人が **nd. 自分の障害を知る** ことによって母親自身が自分自身の障害観に気づいた過程（関連図 C12）などである。社会モデルの視点に立つには他者との語り合いや気づき合いが重要であることが示されたものである。

3-4　個人モデルの矢印と社会モデルの矢印が混在した関連図

　多くの関連図は、個人モデルの矢印と社会モデルの矢印が混在した。これらの関連図は、個人モデルが強い中で社会モデルの気づきが示されたものと、両モデルがそれぞれに強く共存するパターンがあった。

表 3-29 社会モデルと個人モデルの共存が可視化された関連図一覧

障害の捉え方：個人モデルと対処：社会モデルの共存（交差）

関連図 B2（性的な危機への対処）
  関連図 B7（親亡き後の支援者）
  関連図 D1（公的な手続き）

障害の捉え方：社会モデルと対処：個人モデルの共存（交差）
関連図 A2（離家への父親の考え）   関連図 D6（社会の障害観を変える障害者の結婚）
障害の捉え方に個人モデルと社会モデルが共存（協調）

関連図 A5（悪意のある人との関係）
  関連図 A6（セクシャリティ）
  関連図 C5（親との関係と自立心）
  関連図 C10（職探しに見た選択肢の少なさ）
  関連図 C11（自立心と将来設計）
  関連図 D3（住まい方の選択）
  主要コード関連図⑭（p 7700 恋愛関係／p 7702. 性的関係と a2400 責任への対処）

ひとつのコードに二つのモデルが強く共存（交差）

関連図 A4（自分の障害を知る）
  主要コード関連図⑥（e310 家族（母親）の支援；環境・社会への働きかけ）
  主要コード関連図⑬（nd. 自分の障害を知ると p7 対人関係）

　まず、目立ったのは、**e460. 社会的態度**または **e465. 社会的規範・慣行・イデオロギー**から、支援者（家族・他）に影響の矢印がひかれ、その他に社会モデルの矢印がない関連図である。個人モデルが強いものの、社会モデルの気づきが示された関連図である。**e310. 家族（親）**に向かって矢印がひかれた関連図と、その他のものに分類した。

　これらの関連図は、インペアメントから参加に引かれた強い個人モデルの矢印があり、そこに「最近世の中も変ってきたよね」のような「世の中」の障害観の変化への気づきが加わったものである。世の中の変化を受けて、母親が「だったら～させてもいいかな」と本人の生活の幅を変えるといった語りが示されたものが多い。これらの図から、母親の障害観は、決して先進的なものではなく、むしろ **e460. 社会的態度**や **e465. 社会的規範・慣行・イデオロギー**を敏感に察知して微調整していくような面があることが示唆された。

　さらに社会モデルの矢印の影響が強くなっているのが、社会モデルと個人モデルが双方強く独立して、共存する関連図である。**e460. 社会的態度／e465. 社会的規範・慣行・イデオロギー**を含む社会的環境因子が、単に支援

者の考えに影響を及ぼしているだけでなく、直接生活機能に影響することを示す社会モデル、社会的環境因子に他の生活機能が影響を及ぼすことを示す社会モデル、参加が活動や心身機能に影響を及ぼしていることを示す社会モデルが、個人モデルと共存するものである。

個人モデルと社会モデルの共存には、「個人モデルの捉え方（心身機能や活動が参加を阻害している）をしていると考えているのだが、その対処には社会モデルの対処をする（社会的環境因子の変容を求める）パターン」と、逆に「障害を社会モデルで捉え（社会的規範などが障害を作っている）ているが、対処には個人モデルで対処する（個人の行動変容や努力を求める）パターン」、「捉え方や対処に両方のモデルが使われるパターンすなわち、二つのモデルの要素が障害を作るまたは二つのモデルの対処方法で対処するパターン」、「ひとつのコードに二つのモデルが強く共存するパターン」の4つのパターンがあった。

協調のパターンは、関連図を作成するときの語りの切り取り方によって生じやすく、また内容としてそれほど特異なものがなかったが、その他の交差のパターンは、語りの切り取り方の影響があるとしてもなお、特徴的なものが散見できた。

D1（公的な手続き）は、個人モデルの捉え方に社会モデルの対処の交差である。母親たちは、子どもの能力によって年金手続きが一人ではできないことを支援する立場で語っている。現状は、母親自身が書類にサインするなどの代理をしているのだが、「欄がおおきければ書けるのに」「なんでわざわざそういうことが苦手なこの子たちにこの書類？　用意する側への対処が求められている。ディスカッション後にもこれと関連して、特別支援学校では就職の際のサインの練習等が行われていることが話題になった。学校文化の中では、個人モデルの対処が多いことを示すものだが、母親たちはそれが現実的ではないことに気づいている。

D6（社会の障害観を変える障害者の結婚）では、障害のある子の結婚を阻害するのは「障害者は結婚できるはずがないという社会の思い込み」であることがまず語られた。「結婚なんかできる土壌じゃない」という言葉があり、その土壌を変えるのは「できる障害者」が「できる」ことを示すことだとい

うのである。しかし、土壌を変えるのはあくまでわが子以外の「できる障害者」であり、わが子の結婚は土壌が変わったことを前提にしか考えられないという語りの展開である。「うちの子」とそれ以外の交差、個別と普遍の交差とも呼べるし、社会モデルで捉えた障害を「できる障害者」個人の努力によって変えていこうとする意味では捉え方と対処の交差とも言えるだろう。

　主要コード⑥（e310 家族（母親）の支援：環境・社会への働きかけ）は、作業所等の立ち上げにかかわる母親の支援についての関連図だが、同じ支援でも母親の認識によってその結果が「うちの子」の生活機能の変容に向かう個人モデルと、「うちの子」には直接響かない、社会の変容に向かう社会モデルがあるという意味で、二つのモデルがまったく異なる方向を向いて同じコード上で交差するパターン（普遍と個別の交差）である。社会的に見れば同じ行動であっても、子ども個人の生活機能の変容を目指すものと、社会全体の変容を目指すものは、違うモデルになる。

　同じことは異なる立場のあいだにありうる。つまり、本論で挙げられた事例で、卒後に子どもの作業所を立ち上げた元教員のことが語られたが、母親とその教員はともに作業所の立ち上げに尽力したものの、見ている先にあるものは異なっていた。教員が見ていたのは、「障害者の未来」だったし、母親の見ていたのは「わが子の将来」である。わが子が卒業時には簡単には見つからなかった作業所を作ることは母親にとって、直接子どもにかかわる個人モデルの対処だった。子どもがさらに成長して自立心をもち、母親と一緒に働くことを拒否し始めた時、母親は次の居場所を探し始めた。

　このように、個人モデルと社会モデルは、母親の中でさまざまに共存し、状況によって使い分けられるものである。それは障害のある子の母親だけのモデルの使い方ではないが、その使い分け方に特徴的なものが見られることは確かである。それは、母親が立つその場所が社会の変容を強く希求せざるを得ない視座だからである。

注
1）Cグループでは、明確な結婚拒否派はいなかった。
2）知的障害の成人者に対する保護者とは、「知的障害者福祉法」第15条の1第1項によれ

ば、「配偶者、親権を行う者、後見人その他の者で、知的障害者を現に保護するもの」をいう。

なお、「精神保健及び精神障害者福祉に関する法律」（その定義には知的障害も含まれる）によれば、保護者の義務は①治療を受けさせる義務と②財産上の利益を保護する義務であり、「自傷他害防止上の監督義務」は法改正（1999）によって廃止された。

3) e310.は家族の支援と関係であり、母親以外の家族もリンクされている

	学生男子	学生女子	卒後男子	卒後女子
父親	23/249	1/249	22/414	38/318
きょうだい	26/249	29/249	12414	10/318
家族	6/249	2/249	6/414	3/318
パートナー	5/249	10/249	0/414	0/318

4) 第1章第1節既出：ダーリング（Darling 1983: 143）によれば、専門家の価値観は、目標志向的・情緒的中立・普遍性・機能限定という特質をもち、親の価値観は還元主義的・感情的・個別性・機能拡散という特質をもつ。

5) 教育・雇用・地域生活などすべての分野において障害のある人が利用することのできる社会資源という、社会的環境因子の量的不足として扱った。

6) これは、既存のコードでは、**a330.話す**にリンクするしかなかったが、活動としての**a330.話す**ではない、参加コードとして「意思を表明する」というコードが**a177.意思決定**の下位コードまたは近接コードとして必要と考えられた。

7) ICFの e460. と e465. の定義は広範囲である。**e460.社会的態度**：「ある文化的、社会的な背景をもつ集団に属していたり、もっと細分化された文化的なその他の社会的なつながりのあるグループに属する人々が、社会的、政治的、経済的な問題に関してもつ、全般的なあるいは特定の意見や信念で、グループまたは個々の行動や行為に影響を及ぼすもの」**e465.社会的規範・慣行・イデオロギー**：「習慣、慣行、規則、価値観や規範的信念に関する抽象的な体系（例：イデオロギー、規範的世界観、道徳哲学）であり、社会的な背景の中で生じ、社会的にも個人的にも、慣行や行動に影響を及ぼしたり、それらを創り出したりするもの。例えば、道徳、宗教的行動、礼儀作法に関する社会的規範。宗教上の教義と、それによる規範や慣行。儀式または社会的集会を統制する規範」という定義である。他コードと比較すると、相当に広義であり、これらのコードを実用的に使用するなら詳細コードの設定が必要であると思われる。さらに、社会モデルの捉え方を可視化する研究には、詳細な下位コードに加えて e460. と e465. を含む章を環境因子のなかで独立させることも必要ではないだろうか。

8) 「恥ずかしい」と感じることを、精神機能に分類すべきか活動参加に分類すべきかについても迷いがあった。**b126.気質と人格の機能**の定義は「種々の状況に対してその人特有の手法で反応するような、個々人のもつ生来の素質に関する全般的精神機能である。他人と区別するような一連の精神的な特徴をもつこと」とある。一方で**d710.基本的な対人関係**の定義は「状況に見合った社会的に適切な方法で、人々と対人関係をもつこと。例えば、適切な思いやりや敬意を示すこと。他人の気持ちに適切に対応すること」である。定義のみを読む限り、対人関係コードにリンクすべきかと考えたが、**d710.**の下位

コードは、**d7100. 敬意や思いやり**、**d7101. 感謝**、**d 7102. 寛容さ**のように主体的に「行う」活動であるのに対して、「恥ずかしさ」は「感じる」ものであり、**b126.** の下位コードである **b1260. 外向性**や **b1261. 協調性**などに近いと考え、結果的に「恥ずかしさ」はｂコードに分類されるように考えられた。

　また、何よりも、本論では母親の主観による定義解釈を行っている。母親たちが「うちの子は恥ずかしいということがわからないの」と語る際には、それが障害による仕方のないこと＝インペアメントであるかのように語られていることからも、心身機能ｂコードにリンクするのが適当であると考えた。

9）**d7702. 性的関係**の定義は、「配偶者やその他のパートナーと性的な関係を構築し、維持すること」である。
10）ICF のコードでは、**d940. 人権**の定義に「…自己決定や自律の権利…」という表現があり、ジリツが使用されているのは、この箇所のみである。ただし、ICF-CY の序論（WHO 2007（=2009））には 3 か所「自立」の語がある。1 か所は国連・児童の権利に関する条約の条文の中で使われた「自立」であるが、もう 1 か所は「家庭関係における子ども」をテーマに書かれた文章の中にある。「発達は、子どもが、あらゆる活動を他人に依存している乳児期から、身体的、心理的、社会的に成熟し自立する青年期まで、連続的に進む動的な過程である（: 6）」この文章からは、ICF-CY においては、自立は依存状態から発達した成熟した状態を指すと読みとれよう。また、もう 1 か所は、環境について論じた文章の中に有り、「児童の環境の変化は、彼らの能力と自立性の向上に関連している（: 8）」とある。ICF-CY において、自立とは児童がその発達によって到達する目標的な状態と規定されているといえよう。
11）ICF では、活動と参加の 9 章が「コミュニティライフ・社会生活・市民生活」である。その定義は「家族外での組織化された社会生活、コミュニティライフ、社会生活や市民生活の種々の分野に従事すのに必要な行為や課題を扱う」とされている。包括的用語としての「自立」はこの章にカテゴライズされるが、具体的な活動や参加状況を示す用語とも言えず、**p999. 詳細不明のコミュニティライフ・社会生活・市民生活**として扱った。
12）1997 年に横浜市旭区の「ひかりが丘団地内商店街」で誕生した地域作業所。2002 年には、緑区竹山団地中央商店街に 2 号店、2010 年に都筑区川和町に 3 号店をオープンした。喫茶スペースが地域住民のための憩いの場になっている他、アート作品やレトルト食品や菓子などさまざまな「お仕事」をメンバーの個性に合わせて創出するスタイルがカプカプらしさである。
13）このことは ICF の有用性を疑うものではない。ICF は発展途上にあり、プラットフォーム上で、コードの更新を常に行っている。「障害とは何か」という命題は変化する。人類の歴史上、これまでも変化してきたし、今もなお刻々と変化している。それを更新しながら、障害とは何かを問い続け、またそこから人間とは何か、安寧とは何かを議論し続けることは ICF が本来目指すところなのではないだろうか。ただし、非常に限定された範囲でのわずかな研究知見ではあるものの、本研究においても「標準」の規定のされ方、プラスの評価点の導入など、ICF が抱える課題も発見された。発展途上にある ICF を使用することで知見を積み重ねていくことが、今後の研究課題として残される。
14）本論では話題にならなかったが、飲酒や喫煙も既存のコードにはない。アルコールについては、**d57022. 薬物やアルコールの濫用のリスクを回避すること**というコードで「健

康を害するもの」として扱われており、嗜好品としての飲酒喫煙には触れていない。
15) ICFは、「分類の視野を拡大して、マイナス面だけでなくプラス面も記述できるようにした（WHO 2001(=2002: 3)）」とされながら、評価点には「標準」とそれ以下のマイナスしか用意されていない。プラスの評価が記述できる仕組みとコードが再考されるべきである。
16) 2004年、アメリカの6歳になる重症重複障害の女の子に、両親の希望により以下のような医療介入が行われた事件である。①ホルモンの大量投与によって最終身長を制限する　②子宮摘出で生理と生理痛を取り除く　③初期乳房芽の摘出で乳房の生育を制限する（児玉 2011）
17) 上述した nd.「やんちゃ」するのほかの nd. コード（スティグマとしての恥ずかしさ、自分の障害（もしくは特性）を知る、出産、妊娠）、又末尾 8 や 9 の中でも上述した基本的対人関係（うそをつく）（ごまかす）のほか、a298.（将来設計）、p6108.（住居探し）、p698. 留守番、p7208.（悪意のある人との関係）、p9208.（旅行）、p998.（住まい方の選択）、a349.（SOS を出す）（相談する）などは、ある程度普遍的であり、新設されると使いやすいコードだと考えられた。また、e310. 家族は父親・母親・きょうだいのような下位コードは新設すべきであると考えられた。

第4章
考察と結論

　本論は、日本の脱家族論に端を発した親当事者研究である。障害児の親としての当事者像を主体的に確立することをノーマライゼーションの文脈で希求し、親の障害観は障害のある子の自立を阻むものなのか、脱家族が糾弾してきた親の障害観に焦点をあてて捉えなおす試みであった。
　先行研究において、親の障害観は子の成長とともに変遷し、「医学モデルと社会モデルの交差（Landsman 2005）」や「個人モデルにも社会モデルにも還元することのできない視座（中根 2006）」など特有の視点をもった、「差別する社会との仲介者（Landsman 2005）」になりうるとする指摘はあり、ここに脱家族にまつわる親の違和感を解消する契機があるのではないかと考えられた。そこで本論では、筆者も含むリアルグループでのディスカッションで「子どもの自立」についての語りあいを ICF コードのリンキングによって整理分析した。
　ICF は、医学モデルと社会モデルの統合を謳った分類であるが、社会モデルからは分類という性質そのものの可否を問うものや、医学モデルへの偏向が指摘されるなど批判が絶えない。これらの批判を踏まえ、本論では ICF に不足しているといわれる社会モデルの視点をもって ICF を使用し、積極的にコードを拡大していくルールに従って分析を行った。
　本章は、3章で示した結果をもとに考察を行い、本論の結論を示すものである。
　ここで、第2章1節で示した研究の問いを確認する。問いは3つあり、「知的障害者の母親の障害観は、『障害』をいかに捉えているか」「知的障害者の母親の『母としてのノーマルな願いと』と『子のノーマルな自立生活』は相反するものか」「障害を社会的に構築されたディスアビリティとして規定す

る社会モデルと、障害を生物学的なインペアメントに起因するものとして規定する個人モデルの共存は可能なのか。可能ならばICFはそれを示すことができるのか」であった。

第1節　知的障害のある子をもつ母親の障害観

1　「再定義した適切」の社会化

　前章で示したように、母親たちはディスカッションの中で「適切とはなにか？」という問いを繰り返すことになった。それは、母親たちが日常の中で行っている作業でもあり、しかし「障害のある子の母親」になる前には行っていなかった作業でもある。障害児の母親という当事者性が、「障害」を生みだす「適切」に対峙することをさせているのである。

　「適切の再定義」とは、フェザーストーン（Featherstone 1980: 41）が「障害に慣れそれが日常化すると障害に対する意識は鈍る」ともいうように、「意識が鈍る」ことだとも換言できる。しかし、これに対してキティ（Kittay 1999=2010: 370）は「障害を視る目が鈍るのは、母として私が経験しなければならなかった社会化の一部であり、私がわが子を社会化するのに必須のことだった」と言っている。つまり、「適切」を再定義し、障害のあるわが子に慣れることは、母親の「社会化」の第一歩だというのである。

　「適切を再定義」した母親は、自分がみているように社会にも子どもをみてほしいと願う（Kittay 1999=2010）。そのためには、「再定義した適切」を社会に認めさせることが第2ステップになる。

　好井（2002: 112）は、温泉銭湯で両腕が極端に短い子どもと出会ったときの体験を語っている。その瞬間、好井は「ドキッとした。私は彼を見つめ、すぐにまた目を閉じた」。その後、さりげなく周囲を観察すると、少年の周りには「何とも言えない戸惑いがただよっている」。ただ、当の少年はごく自然に風呂に入り、そのおとうさんもごく自然に風呂を楽しんでいたという。そのうちに、銭湯の中に「戸惑い」がなくなり、それがその銭湯の日常になる。「少年のおとうさん」は、まさしく「再定義した適切」で社会に対峙し、社会の「適切」まで再定義させたのである。好井はこれを、他者と出

会い、他者とともに日常的な自然さを創り上げる「処方箋的知識」と呼んでその重要性を示唆している。

　本論でも、全てのディスカッションで「地域にだしていくこと」の重要性が語られた。「まず一緒にすごさないとわからないから」「犬の散歩任せるようにしたら、案外勝手に味方作ってるよね」のように、母親たちはある程度意識的にそれを行っている。そうして、子ども自身が作った味方は、地域に彼女がいることを自然なこと、すなわち「適切」と判断し、「適切の社会化」が進展するのである。「差別する社会との仲介者としての母親の障害観」の価値は、ここにこそある。

　しかし一方で、仲介者としての母親の障害観は第1・第2ステップのあとに、もう一段階のステップを踏む。わが子と他者のあいだを調停し、受容を交渉するために、他者がわが子を見る視点でわが子を見る（Kittay 1999=2010: 371）ステップである。ディスカッションで語られた第3のステップは以下のような語りにみえる。

> 何もしてないのにいかにも差別って感じでじろじろ見られれば腹はたつよ？　けど、無駄な大声でしゃべってたり、うちではいつものことだから一瞬異常に気づかないんだけど、はっと気づくときがあると、やっぱりつい、ごめんなさいってしちゃうね（B-28）

　まず、母親の視点は、ふたつの「適切」のあいだで揺れている。この場合、それは本論で示された新コードである **nd. スティグマとしての恥ずかしさ**と**b1268. その他の気質と人格（恥ずかしさ）**に引き裂かれる揺れである。母親は、「じろじろ見る」ような、**nd. スティグマとしての恥ずかしさ**には、腹を立てる。一方で、大声でしゃべっても周囲に気遣えないという、子どものインペアメント**b1268.ーその他の気質と人格（恥ずかしさ）**に対しては、それを日常として受け入れていく「適切の再定義」が第1ステップ、次にその視座で社会に対峙する処方箋的知識の方略が第2ステップ、そして、大声は外から見たら迷惑だという「社会一般の適切」の視座に立つのが、第3のステップになる。こうして、まったく異なる視座を同時にもつのが、知的障害

の子をもつ母親の障害観の最大の特徴なのである。

　好井（2002）が挙げた「両腕が極端に短い少年」と「知的障害の子ども」には異なる点がある。「腕が極端に短い」のは目には奇異に映るかもしれないが、だからといって銭湯にいる人にはなんの影響もない。しかし、「おかまいなしに大声でしゃべる」知的障害の子どもは、「迷惑」とされる。前者は、親が「再定義した適切」を社会にも再定義させることが比較的容易だが、後者は実質的な「迷惑」が存在するためそれが困難になる。ゆえに、母親には第3のステップが必要になる。母親たちは「考えただけでかぁーっと顔から火が出るくらいに恥ずかしい思い」を子に代理して感じとることで、わが子と他者のあいだを調停し、受容を交渉する行動（謝罪）にでるのだ。

　社会は、この母親の謝罪によって初めて、「親が再定義した適切」を少しだけ受け入れる。逆にいえば、社会（の大半の人）は、この第3のステップがなければ知的障害のある子の大声を「迷惑」としてしか解釈できない。知的障害のある当人のそばに「こっち側」の視座があることを確認して初めて、人は安心して寛大になれるのだ。しかし、実は母親は「こっち側」と「あっち側」の視座のあいだを行ったり来たりしている。前述の母親はそのあとをこう続けている。

　　ごめんなさーいってしながら、嫌〜な顔されるとなんか「そんくらいいい
　　じゃん。何時間も騒いでるわけじゃなし」って思ったりね。でも、大抵の
　　人は、「すみません」って一言で、「ああ、障害児なのね」って顔してくれる。
　　（B-27〜28）

　母親の第3ステップは差異のインペアメントとスティグマのインペアメントのあいだも行き来しつつ、第1ステップで再定義した「適切」をもとに戻しているようにも見えるが、上記の言説にみえるように、それは差異を認めさせて差別を防ぐ手段のひとつであって、名づけるなら「偽再々定義」ともいえるステップである。

　オリバー（Oliver & Sapey 2006=2010: 52）によれば、「障害の社会モデルにおいてもっとも重要なことは、障害者を何かおかしいところのある人とはも

はや考えないこと」であり、母親たちのこの一連の作業は、第1ステップからすでに、社会モデルの実践そのものである。

ただ、オリバーとサーペイは、「障害者を何かおかしいところのある人とはもはや考えないこと」は、「すなわち個人の病理モデルを否定することである」であると言っているのだが、本論の結論からは逆に母親の障害観には強い医学モデルが使われていることが示されており、医学モデルを含む個人モデルの存在によって、母親によって行われる「適切の社会化」が完成するのであると考える。第3のステップまでを通して、「個人モデルと社会モデルの共存」こそが、差別する社会との仲介者（Landsman 2005）として機能する母親の障害観であるというのが本論の結論である。

2　障害モデルの共存

本論の「個人モデルと社会モデルの共存」はグループディスカッションというグループダイナミクスの中で示されたモデルの使い方であって、一人一人の母親の障害観を指すものでも、ましてや「知的障害児の母親」の一般的障害観でもない。しかし、ディスカッションの時間、どの母親の中にも一定程度あった考え方のパターンであり、「個人モデル」と「社会モデル」のあいだで「適切の再定義」を繰り返す母親の日常を垣間見るものであったといえよう。

2-1　強い医学モデルを含む個人モデルの機能

4つのグループディスカッション共通の傾向として、母親たちの障害観には、医学モデルの影響が濃いことが確認された。それは、**b117. －知的機能**のコードにリンクされている、「知的障害があるから結婚は無理」や「〜症だから〜である」など、インペアメントと参加因子を直接結び付けるもの、診断名に触れる語り、「IQ が低い」などの医学的診断への言及からも読み取ることができるし、**p7702. 性的関係**などの参加コードについて医師の意見が参照されているなど、医療従事者の意見が他の専門職に比較して重くみられている[1]ことからも明らかである。医学モデルは、母親の障害観のある一面を確実に構築しているといえる。

特に **b117.知的機能**と参加のコードが直接結びついた関連図（B6・B8・①）では、知的障害が結婚・子育て・離家ができない理由として示されており、それは「知的障害があるんだから〜ができない」という定理のように語られている。その断定的な言説は、障害のある子の母親当事者ならではのもので、いわゆる「健常の子の母親」にはできないものではないだろうか。

　ランズマン（Landsman 2009: 187）は、母親たちは医学モデルの権威を、障害を個人のもつ欠陥や欠損として定義するために受け入れているという。それは、子どもたちの障害を差異として区別するためであり、差別から守る戦略でもある。母親たちにとって「障害」は、ノーマルとアブノーマルという構図上にはない。ランズマンの研究の中である母親は「ノーマルって何？そういう意味ではうちの子はノーマルよ、私にとって（前掲書：205）」と言っている。つまり、母親はすでに内面では「適切」を再定義しており、ノーマルかアブノーマルかという構図は必要とされていない。母親にとって、戦略的に必要なのはむしろレギュラーとの対比の中にある、「診断」という差異の証明である。

　医学モデルを否定することは、「障害」を否定することである。母親たちは、「適切」を再定義はするが、障害は再定義しない。母親たちにとってもっとも明確に確認できるのは「子どもに障害がある」という診断なのである。その診断をもって初めて「障害児の母親」当事者の立ち位置が明確になる。医学的診断は、母親のアイデンティティを確立する重要な切り札である。

　しかし、ランズマン（前掲書：177）も言うように、医療とはきわめて社会的な意味を含むものである。ジェンダーや民族的なヒエラルキーなどと同様に、「障害」は子どもにスティグマを付す。例えば、本論における「医学モデルを含む個人モデルだけが示された関連図」に多く見られた心身機能や活動のコードが、「差異のインペアメント」よりも「スティグマのインペアメント（星加 2007: 214）」といえるものであったことは前章で指摘したとおりであり、そこに、母親たちの障害観は差別を否定して差異を受け入れるという「医学モデルを利用しつつそれと交渉する（Landsman 2007: 177）」戦略を取っていることが窺がわれる。

　医学モデルまたは個人モデルを発見道具として、スティグマとしてのイン

ペアメントを発見しているのである。星加（2007: 252）が指摘したように「インペアメントが純粋に生理学的な言語で記述されうるということはあり得ず」、母親たちは「適切」を再定義する過程で、スティグマのインペアメントへの注目を深めていったのだろうと推測できる。

これは、「（医学モデルを含む）個人モデルだけが示された関連図」に、母親自身の子どもへの支援に関する関連図が多くあったことでも説明できる。母親は、自らの「支援」の根拠を子どものインペアメント **b1268. その他の気質と人格（恥ずかしさ）** に求めている。母親たちは、「恥ずかしさ」を感じないわが子の代わりに恥ずかしさを代理して感じることで支援の手を強める。特に、「家の中では本人の意思決定を尊重するのだが、外出先ではつい口を出してしまう」という語りにそれは強く現れている。つまり、母親たちは日常の中で「適切」を再定義することで、家の中では本人の行動を許容できるのだが、外ではそれを「監視」や「しつけ」の対象にすることがある。わが子の社会化の第3ステップである。

しかし、母親たちがそれをあえて「見守り」と呼ばずに「監視」と表現するのは、そこにネガティブな要素を読みとっているからなのである。本来は、再定義に従って第2ステップで終了したいところを、スティグマを感じつつ「視る側」に立って「監視」する。

同じ行動（障害のある子の外出先の行動を見て注意する）を職業的支援者がする場合は、母親たちはそれを「見守り」と呼ぶ。見守りには「監視」要素が入ってはならない。職業的支援者は、**b1268. その他の気質と人格（恥ずかしさ）** も **nd. スティグマとしての恥ずかしさ** も完全には代理しないからである。そこに、母親がする「監視」への後ろめたさが生じる。医学モデルがもっとも利用されるのは、実はそのときなのである。

「監視」は、保護者役割のひとつである。実際に、ディスカッションでも母親たちも「監視」と「保護」という言葉を入れ替えて使用しているし、「知的障害者は意思伝達能力や判断能力が不十分だと考えられているため、親は外の世界から本人の生命や利益を守ろうとし、それが「抱え込む」という状態につながっている（植戸 2012）」という過保護の説明は、そのまま「監視」についての個人モデルの説明である。

岡部（2002）は、「わたしは息子が20歳になったら保護者ではない」と宣言し、「私は息子が20歳になったら支援者になりたい」と願った。保護者から支援者になる、その差は、「わたしは息子から選び、迷い、納得して危険を冒す自由を奪わない」という一文にみえる。そこには、「監視」への自制が込められているのだろう。

　結論として、母親が医学モデルを多用するのは危険なことがあると言わなくてはならない。スティグマとしてのインペアメントを発見する発見道具として、個人モデルは有用だが、「後ろめたい支援」の根拠に使われる個人モデルには警戒が必要である。

　しかし、個人モデルはまた別なものを発見することがある。個人モデルは、「差異」をスティグマとしてではなく、独創的な個性として認めるとき、プラスの生活機能を発見する道具として使われることがある。「ダウン症は天使と呼ばれる「障害のある子は芸術的」というよくある言説[2]もそうだし、本論ではそれは p6608.（かすがい・癒し）として表現された。

　その意味では、母親は「保護者」から「支援者」になっても個人モデルから離れられないだろう。岡部（2002）が「わたしは息子がいくつになっても、いつまでも息子と家族を愛する」と書いたことと通底する文脈で、である。「障害者の母親」という当事者性を自覚した時から、母親が母親当事者として引き受けてきた数々の「適切の再定義」の集大成が、本論では p6608.（かすがい）（癒し）であった。本論唯一の「プラスの生活機能」は、個人モデルから生まれたのである[3]。

2-2　社会モデルの気づきと形成

　母親の語りには、個人モデルによって「スティグマとしてのインペアメント」の発見があったことを指摘したが、「社会モデルの気づきが可視化された共存の関連図」では、より明確な形で「社会モデル」が意識され、わずかでもその影響が行動に現れている。

　「社会モデルの気づきが可視化された共存の関連図」からは、母親の障害観が、決して先進的なものではなく、むしろ e460. 社会的態度や e465. 社会的規範・慣行・イデオロギーを敏感に察知してそれを後追いしていくような

面があることが示唆された。

　母親が意識するのは、「世間」「説」「地域」「世の中」「噂」、そして「メディア」である。具体的に e460. 社会的態度を示すものとして母親たちがよく取り上げたのが、ドラマなどのテレビメディアであった。既述したようにディスカッションが実施された頃には障害者を取り上げるドラマの放映が続いていたこともあり、そうしたメディアでの障害者の扱われ方を e460. 社会的態度に読み替えて、母親たちは e465. 社会的規範・慣行・イデオロギーを感じ取っていた。その他にも「ニュースで聴いた話」や「人から聞いた話」「講演会」など、「世の中の障害者に対する観方が変わってきた」ことは、わが子への直接的な社会の態度変容からではなく、明確に言語化された言説から得たものであることが特徴的であった。

　現にディスカッションにおいても、母親たちの語り合いから社会モデルへの気づきが生まれたことが幾度もあったことは既に述べた通りである。なんとなく気がついていたスティグマの存在も、環境の不備も、母親たちは語りあいの中で確認していった。ディスアビリティがわが子のインペアメントにだけ由来するものではないことを多くの母親が気づいていながら、それが誰かと共有されたものであることを確認しなければ母親たちは確信をもたない。障害のある子を育てる過程で、たくさんの適切を再定義しながらも、母親のそれはあくまでも個人的な経験にとどまることがあるのだ。

　対照的なのが、「職場の職員さん」など職業的支援者、専門職者である。「結婚も子育ても経験していないような若い職員」から「ハッとする助言をもらった」と語った母親は、「親は安心安全ばかり求めるけど、それじゃ子どもを閉じ込めてしまう」ことに気がついたと語った。学校が主催する講演会で「目が覚めるような思い」をしたと語った母親もいた。おそらく、これらの言説は専門職者としての集団的知識の蓄積のパワーである。理論的で洗練されたそれらの言説は、言葉にならない思いを抱えている母親たちの心を打ち、強く惹きつける。母親たちは、そうしたものに裏付けされて自らが再定義した適切を安心して「世の中」に提示することができるのである。

2-3 障害のモデルの共存

　両モデルの矢印が混在している関連図については、本論では、障害のモデルの共存として理解した。共存のパターンとして、本論の先行研究では、交差と協調と統合の三つを整理していたが、関連図の作成手法の限界もあり、本論のディスカッションで統合は発見できず、本論で発見された共存のパターンは、交差と協調のふたつである。

　障害の捉え方と対処の交差とは、「社会モデルで捉えた障害に個人モデルで対処するまたはその逆である。関連図でみると、心身機能の枠から参加の枠へマイナスの矢印で流れていく図では、社会サービスや人的環境の変容で対処するというのが、第一の交差のパターンである。第二の交差パターンは、「障害」を社会モデルで捉えるパターンで、関連図では、環境因子の中でも社会的環境因子や人的環境因子などから、活動や参加の枠に影響線やマイナスの矢印が流れていく図である。こちらのパターンは、子どもの教育やリハビリテーションなどの努力、時には子どもの代理としての母親による直接的環境整備等によって、個人の行動変容を目標におく個人モデルの対処がなされる。

　一方、交差ではなく協調のパターンは、捉え方にも対処にも両モデルが使われる。母親自身の中でも、例えばp7208.悪意のある人との関係は、インペアメントによって難しくなるものとして捉えられているが、一方でそうした悪意が通販やカードという経済的な仕組みによって助長されていくことも語られており、本人に「分からせる」ことと社会の仕組みをもっと分かりやすくしてほしいということの両面が対処として挙がってくる。このことは「協調はありうる」とする杉野（2004）を支持するものであり、実はこのパターンがICFが想定した「統合」なのではないかと思われた。このパターンは、比較的容易に理解でき、現実に十分実践されているといってよいパターンである。

　さらに、母親の内面にだけでなく、「協調」は異なる立場のあいだにも存在する。本論でも、多くの専門職たちが、ときに親たちに批判されながらも本人の気持ちを代弁しようと格闘し、また母親の気持ちに寄り添おうと努力している姿が語られた。1人の人の支援をめぐって個人モデルと社会モデル

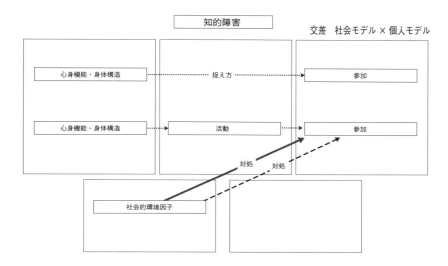

図 4-1 交差モデル①関連図（個人×社会）

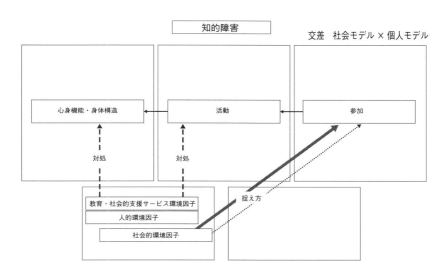

図 4-2 交差モデル①関連図（社会×個人）

が協調し、相反することなく、1人の人の生活に共存することもまた十分に実践的なモデルの使い方である。例えば、子どもが幼いときのアメリカ生活を語った母親が、日本では顔を覗き込んですっと視線をそらされることがあったのにアメリカでは道行く人みんなが子どもに笑顔を向けてくれた……それが本当に嬉しかったと語った。幼稚園の先生にそれを話したら、「かわいいと思うのだから当たり前だ」と自信たっぷりに言ってくれた。母親は「それがあちらの文化だ」と思った。母親はその日から、子どもに笑顔と挨拶を教えた。「まずハローだったのよ」。好ましい e460. 社会的態度が子どもに向けられた結果が、p7203. 社会的ルールに従った対人関係（挨拶）への教育という個人モデルの対処に変ったのか、そもそもの子どものかわいさが e460. 社会的態度を形成していたのか判別できない。これも社会モデルと個人モデルの協調である。

　第三の交差パターンは、ひとつのコードに二つのモデルの矢印が強く共存するパターンだが、前章で紹介した主要コードの関連図⑬の普遍と個別の交差のほか、nd. 自分の障害を知るが絡んだ二つの関連図、関連図 A4 と主要コードの関連図⑬がある。これには、「差異としてのインペアメント」と「スティグマとしてのインペアメント」が共存し、「障害」とは何かを捉える障害観、すなわち本論の主たるテーマに絡んでいる。

　前述したように、母親は「適切」を再定義するが「障害」は再定義しない。母親にとって「障害」は医学モデルの診断による固定的なものであって、再定義の対象にならないのである。しかし、母親の再定義した「適切」は、「障害」を照射することがある。「適切」は、ICF の生活機能が ICIDH から大きく変更された普遍性を示す概念である。ICF は障害者だけではなく、全ての人に関する分類であると謳っているように、ICF で使われる生活機能は中立的なものであって、生活機能のマイナス面が障害であると定義されている。つまり ICF の生活機能の定義は、「適切」の定義と言ってよい。そこから照射される障害は、スティグマとしてのインペアメントである。

　母親がわが子にもとめる nd. 自分の障害を知ることは、本論のディスカッションでは「自分の限界を知る」と言い換えられるものであった。つまりそれは、母親たちが自ら再定義してきた「適切」から導き出されたものとは異

なる、固定的な障害「差異としてのインペアメント」である。差異としてのインペアメントを子ども自身が知ることによって、現実に限界を突き付けられるのを未然に防ぐ、つまり子どもたちに**nd. スティグマとしての恥ずかしさ**は感じてほしくないという母親の保護的戦略なのである。しかし、現実に、**nd. スティグマとしての恥ずかしさ**を生む「スティグマとしてのインペアメント」は確かに存在し、当事者である子どもたちがそれと闘わずして自立することは不可能だろう。

　母親たちは「適切の再定義」によってこのことを「感じて」いたはずである。ただ、言語化されてはいなかった。本論のディスカッションにおける語りあいを通して、母親たちは「障害の社会モデル」という発見道具を手にし、「感じていた」ことを言語化した。それが、関連図を交差の関連図にしたのである。社会モデルは語ることによって構築されるからである。

　ここから、母親たちが障害のあるわが子に**nd. 自分の障害を知る**ではなく「自分を知る（自己覚知）」を求めることに変じていくとしたら、再定義した適切を世に出していく母親の社会化の第2ステップを後押しすることにもなるだろう。障害のある子どもは、「自分の限界を知る」のではなく、「自己覚知する」ことによって堂々と社会に出ていくことができる。子どもたちは、スティグマのインペアメントを突き付けられ、**nd. スティグマの恥ずかしさ**も経験することもあるかもしれない。しかし、それこそが、岡部（2002）が言う「選び、迷い、納得して危険を冒す自由」なのであって、「障害モデルの交差」から発見される価値と言ってよいものである。

2-4　普遍と個別の交差

　3章で取り上げた主要コードの関連図⑬のような普遍と個別の交差のほか、普遍と個別の交差には、本論では複数の関連図に分けて描かれたものもある。たとえば、関連図 D4/D5/D6 がそれである。**p7701. 婚姻関係**について意見が分かれたものを意見ごとに関連図にしたのだが、わが子の婚姻関係拒否派の母親の内面には関連図に描ききれなかった普遍と個別の交差があった。

　キティ（Kittay（1999=2010）：376-377）は「独立、受容、そして普通になることは、一般的に障害児の親のゴールだ——このゴールはほとんどの子ども

を育てる親と変わらない」としながら、「しかし、重度障害児または深刻な知的障害児の両親にとっては、成長のゴールに自立生活はない」と断言し、「他の多くの障害者の目標としての自立生活に私は敬意をもつが、自立生活が娘にとってもゴールだとは思っていない」と言っている。

　本ディスカッションでも同様に、「できる子はいいのよ、そうするうちに世の中がどんどん変わっていくんだもの、応援よ。けどうちの子はだめなの、無理だもん」等の語りがあった。「よその子」は社会モデルで、「うちの子」は個人モデルでみる。このような捉え方は、個人モデルと社会モデルの交差の第三のパターンである「普遍と個別の交差」とみることができる。

　本ディスカッションに参加した母親たちの中には、「障害のある人たち」が自立の要素としての自己決定や離家を実現する社会モデルの発想に異論を唱える者はいなかった。しかし、これらを、そのままわが子が実現すべき目標として認めるかどうかについては、意見が分かれた。「社会モデルで捉える理想」と「わが子の人生」を別なものとして扱い、わが子には「障害があるからできない」という個人モデルを適用して、社会モデルが主張する自立を否定する母親があり、ディスカッションを経てもその意見は翻らなかった。

　そこには二つのコードが絡んでいた。ひとつは **b117. 知的機能**のレベル、もうひとつは **p660.（かすがい）（癒し）** の機能である。普遍と個別の交差モデルを表した母親の子どもは、手帳の等級が重いことは前章で述べたとおりであり、母親たちも「知的障害が重い」「IQが低い」という言葉でこれを追認している。このことは、知的障害の深刻さが自立生活の可否を決定しているという、先のキティの指摘を支持する結果である。また、同じ母親が、**p660.（かすがい）（癒し）** 機能を強く訴えており、「できないから出せない」のか「親にとって必要だから出したくない」のかは、明確にできなかった。

　以上の結果からは、知的障害のレベルのどこかに、親が子の自立生活をゴールに設定できない分岐点が存在することは示唆できよう。すなわち、「社会モデルは、知的障害者の問題について説明できない（Marks 1999: 88）」というのは、この点において正解なのかもしれない。

2-5　障害児の母親の障害観の特殊性

　以上に示されたように、知的障害のある子を育てた母親の障害観には、強い医学モデルを含む個人モデルと社会モデルが共存している。このことは、「障害児の母親は、医学モデルに根づいたまま社会モデルを獲得する」としたランズマン（Landsman 2005）の指摘を支持する結果となった。障害を「宣告」されたばかりの母親は、完全な医学モデルで障害を捉える。既に述べたような過程を経て、徐々に社会モデルを獲得するのだが、医学モデルを捨て去るわけではない。むしろ、医学モデルは「母親が支援者になる前」には、特に重要な発見道具である。「診断」を差異のインペアメントとして確認しながら、教育や福祉といった分野で医学モデルを個人モデルに拡大しつつ、日常の中で「適切を再定義」して社会モデルの捉え方を自然に身につけ、語りあうことで社会モデルを顕在化し、両モデルを交差させていった結果が障害児の母親の障害観なのである。

　社会モデルの障害の捉え方は、「適切の再定義」から身についていく。特に、母親が子どもと一体化し、子どもつまり障害者の視点に立ってはじめて経験するスティグマや理不尽さ、すなわちスティグマのインペアメントの発見は、社会モデルの捉え方を母親たちのあいだに自然に浸透させていく。それは、あまりにも自然であるがゆえに、特に強く意識されることもないが、母親たちは語りあうことによってそれを顕在化させていく作業を行っていく。このことは、セルフヘルプグループのような母親グループのもつ意義にもつながる重要な示唆である。一方で、社会モデルの「対処」方法は、事業所の職員のような専門職からの助言などの影響で身につけていくことも多く、母親たちは、子ども本人が卒後社会に出て世界を広げていく過程で、否応なくこうした対処の方法を身につけていく。障害の捉え方と対処の方法の両方を社会モデルでみるようになり、それが社会活動として母親個人の中でわが子の障害と離れた活動になっていく場合もあり、「わが子の障害」が人の人生において大きな転換点になることは自明のことである。

　知的障害のある子を育てた母親たちの障害観の特徴は、個人モデルと医学モデルをあらゆる形で柔軟に共存させていることである。もちろん、知的障害児を育てていない人たちのあいだに、個人モデルと社会モデルの共存が全

く見られないなどというつもりはない。例えば、小山（2002: 8）は、ソーシャルワーカーの援助活動として、「マクロな視点からの『入所施設を解体すべき』というような議論と、そうした動向を踏まえつつ、現に入所施設に暮らす人々へのサービスをより良いものにしてゆくために何をすればよいかという議論を同時に成り立たせる」ことを挙げている。しかし、それは小山が指摘したように、ジレンマの中の実践であり、「理論レベルの整理はかなりできているのに対して、実践現場における具体的援助活動の中にそれらが十分活かされていない」ために存在する共存である。

対して、本ディスカッションの「知的障害児を育てた母親」が「実践現場での活動」について語ったものでは、ジレンマは存在はしても「ジレンマ」と呼べるほど強いものは語られなかった。むしろ母親たちの共存のバリエーションは豊富にあり、ジレンマをジレンマと感じないほどに自由自在に交差しているように見えた。

第2節　社会資源として活かす
知的障害のある子をもつ母親の障害観

1　母親の障害観の活用——脱家族にこたえて

強い医学モデルを含んだ個人モデルと社会モデルが共存可能であることが、このように自然な形で母親たちの経験によって示されたことは意義深い。

そのひとつは、これが社会モデル及びそれを基盤とした自立生活運動が仮想敵としてきた母親の障害観である点である。例えば、オリバー（Oliver 2006＝野中 2010: 108）は「インペアメントを負った個人の無力化（ディスエーブルメント）の過程は家族にどのように扱われるかによって、たとえば、障害児の中には、心配性の親に過保護にされたりすることによって悪化するであろう」といっている。例えば、横塚（1975: 17）は、「我々が社会の不当な差別と闘う場合、我々の内部にある赤ん坊性、つまり親のいうままに従うこと、言い換えれば親に代表される常識化した差別意識に対して無批判に従属してしまうことが問題なのである」といっている。ここで両者がいっている、「親は子を無力化する社会の一員であること」は、親自身によって自覚されなければならないだろ

うが、同時に親が子どもと共に社会の不当な差別と闘う同志になりえることはもっと強調されてよいだろう。

　これまでに繰り返してきたように母親たちは、全く異なる二つのモデルを交差させて使う。つまり、母親たちの行動のある一面をきりとって「無力化する社会の一員」であることを強調してそこにくくってしまうことは、同時に存在するだろう一面を見逃してしまう可能性がある。むしろ、適切を再定義しそれを社会化する作業を繰り返す母親のパワーは、もっと活用されてよい。まずここに、本論の脱家族に向けた結論がひとつある。

> 親の仕事はふたつある。受け入れられるために子どもを社会化することと、できる限り、子どもが受け入れられるように世界を社会化することだ。しかし、双方の前提条件として、障碍のありのままに子どもを受容するよう自身を社会化し、自分自身のため、自身が世の中と対峙するために、何が普通かという感覚を樹立することが要求される。（Kittay 1999＝岡野・牟田 2010: 371）

　「適切の再定義」において引用したキティ（Kittay 1999=2010）の文章であるが、親が「無力化する社会の一員」のように受け取られるのは、ここで言われている「子どもを社会化」しようとする面が強烈に目立つからである。前章でも取り上げたように「知的障害があるんだから、〜は無理」という強い断定は障害児の母親ならではの独特のものである。「恥ずかしくないように、しっかりしつける」という母親の役割認識もそうだろう。確かに、母親の障害観は、強い個人モデルに根付いている。

　しかし、本論で示されたように、母親は一方で同時に社会モデルの視座ももって社会に向きあっている。普遍と個別の交差を使って、「わが子には無理」な結婚の支援を他の障害者に対して行っている母親もいた。恥かしくないように「名前くらい書けるようにする」のを母親の役割と断言しながらも、一方では役所の書類の難しさに気づく語りあいもあった。キティの言う「世界の社会化」、本論で言う「再定義した適切の社会化」は、ジレンマなく、間断なく、母親たちによって行われているのだ。母親を「無力化する社会の一員」としてしまうことは、母親のこうした一面も切り捨てることにつなが

る。母親の独特な障害観と協調することは、もっとなされてよいだろう。

　その際重要なのは、母親たちが強い個人モデルに依拠してしまうことがないように、モデルの共存を十分に発揮できる環境を作ることである。社会モデルの視点で語りあう姿勢をもつこと、「適切の再定義」の価値を社会的に認めていくことである。それは障害者と母親の関係を脱する／脱される関係に追い詰めていくのではなく、その価値を認め社会的に拡大していくことでもある。母親たちが適切の再定義を繰り返しているのは、障害のあるわが子と24時間向き合ってきたからである。このことは「共生することで見えることがある」ことの証左である。適切の再定義を限られた人たちの仕事にするのではなく、広げていくこと、先行研究レビューで扱った熊谷（2012）の「依存先を広げる」にもつながる社会化が求められるのである。

　同じことが、脱家族が戦略的に言ったという「真の絆を強めるために、依存を断ち切らないとならない（「幼い時からの障害者の所得保障制度確立を要求する中央決起集会」基調報告　土屋 2002）」という言説にも言えるだろう。親子のあいだでなくても、どんな絆も真である。真の絆とそうではない絆に分けてしまうことにこそ問題の根源がある。過保護に見えるケアも、かすがいによる子への依存も、そこだけにとらわれれば抑圧的なケアにつながるだろうが、例えば理想的な「誰か」の存在によっていかようにでもデザインできるのが絆という名の「関係」である。絆は多いほどよい。いらない絆はない。それよりも全ての絆が双方にとって平等にあるための合理的配慮が（「合理的」より少しは先進的に）進むべきだし、今いない「誰か」が必要ならば探さねばならないだろう。ニーズを限定しない開発がなされるべきである。本論の新コードにみた母親たちの気づきは、多くの示唆を残したといえるだろう。

2　「目指すべき自立」ではない、「オーダーメイドの自立」へ

　「普遍と個別の交差」を端的に示す言説は、ディスカッションで語られた「よその子にはいいけど、うちの子には無理」というものであった。「無理」である対象は、本ディスカッションでは、「恋愛」「結婚」「性的関係」の「親密な関係」そして「離家」などの「自立」に絡んだいくつかのコードだった。

　先の言葉は、なんらかの条件下の「自立生活像（または結婚生活像など）」

が母親の内面に規定されていることを示唆している。わが子はそれに到達しない、そぐわない、もしくはそうさせたくない条件があった。社会モデルを理論的基盤とした自立生活運動は、運動の戦略として「ひとまずの自立生活」を掲げ、それが一定の成功をみせたゆえに「目指すべき自立生活像」を形成した。「いまや社会モデルは障害者運動や障害学のさらなる発展を阻害するものとなっている。それらの理由は社会モデルに外在的なものではなくて、その成功に内在するものなのだ（Shakespeare 2006= 星加 2013: 20）」と言われるところであるが、母親の内部にあって普遍と個別の交差を作りだす「自立生活像（または結婚生活像など）」はまさにそれなのである。

　もともと身体障害者の自立生活の実践の中でうまれた自立生活像は、「独り暮らし」や「夫婦生活」を基本にしたものだったが、本ディスカッションで語られた知的障害者の「自立生活像」の基本は、グループホームでの暮らしであった。しかし、「いつかそうなる」像としてグループホームの入居をイメージしている母親は多かったが、それを真に望んでいるという語りはどのグループでも語られることはなかった。結果として、母親たちは「きょうだいが離家するタイミングで」、現存する選択肢の中から「グループホーム」への離家をイメージしていたが、それを熱心に希求しているようには語られなかった。むしろ、「早めに出さないと、そこが合わなかったときに帰ってこられないから」というような、時間的制限に追い立てられた選択であった。

　また、「独り暮らし」や「夫婦生活」は、母親たちにとってグループホームよりも「高度な」自立生活像ではあるが、普遍と個別の交差をもっとも顕著に示す自立の形でもあった。つまり、母親の内面に規定された「独り暮らし」や「夫婦生活」は、「よその子」には推奨したいものではあっても「うちの子」には「無理」な自立生活像だったのである。

　結局のところ、ディスカッションに参加した母親たちの内面には、普遍的な理想像はあっても、「うちの子」に合った個別の自立生活像は存在していなかった。当然のことながら、母親たちはその代替として何らかの別な像を模索している。

　例えば、明確に個別の自立像を語った親が一人いた。この母親は「離家しない自立」「離家させない自立」を語った。娘の **p6608. 他者援助（かすがい）**

（癒し）を重視しており、「ずっと家にいてあげる」といってくれる娘をいとおしいと感じ、娘が主体的に生活できる環境を家の中で作ることで、離家しない自立ができないだろうかと模索している。この母親は、「そういう家の中だけで処理してしまうのはよくないっていうのもわかるのよ」と発言しており、だからこそホームヘルパー制度を使って「私がすれば済む掃除」を敢えて娘と二人でしてもらうなどの試みを始めていると語った。

　ただし、この母親も確信をもって具体的にことを進めているわけではなく、「いつかはケアホームに」というイメージも語っていた。つまり、どの母親の語りにも、いくつかの条件のようなものが浮上しては消え、また浮上しては消えた。具体像が固まっていなかったために「語れなかった」といってよい。ただ、普遍と個別の交差から言えることは、普遍的な理想像がどう語られようとも、母親たちはそれとは別なこととして「わが子」個別の自立生活像を模索していたということである。普遍的な像は、あくまでも普遍でしかなく、普遍と個別は交差しても結果的に一致することはない、普遍はどうあれ個別のニーズを満たすことはできないのである。

　個別の、つまりは「オーダーメイドの自立生活」がカスタマイズされなくてはならない。そのためには用途に縛られない原資と、当然のことながら本人の希望を第一に、しかし家族も支援者も全ての人の希望が自由に語られる環境が必要とされる。

3　ケアされる権利の希求

　p6608. 他者援助（かすがい）（癒し）機能は、複数人によって語られ、主体的に発言しなかった母親を含めてこれを否定した者はなかったという意味では、本論のディスカッションに参加した母親共通の思いだった。「本当なら一緒にいてほしい」という親の希望が、「この子が必要」という言葉に示された。しかし、実はこのコードは、「本来手離さなくてはならないのに」という気持ちとのジレンマを示すものでもあった。「依存／ケアを社会化することは、個々人の自立を促しうるものであるが、そうした個々人がとりもつ家族という関係にとっては、重要な媒介項を喪失するというネガティブな意味をもちうることでもある（木戸 2009: 37）」からである。

ただし、前節で指摘したように、p6608. 他者援助（かすがい）（癒し）機能は「仕事」として位置付けることも可能な能力であり、子ども自身も自覚している能力でもある。知的障害のある子どもが家族の中で担ってきた「仕事」として、p6608. 他者援助（かすがい）（癒し）があるとすれば、それがそのまま「老親の介護」という役割になることも可能であることは、ディスカッションでも議論されたことのひとつである。

　もちろん、母親が「ケアされる権利」を論じるときには、本人の「ケアしない権利」も「ケアすることを強要されない権利」も同時に保障されるべきであり、「知的障害」というインペアメントに特有の「子どもの側からニーズの定義がなされないケース（中根 2006: 16）」であることを加味して、慎重に考察されなければならない。ケアを代替・分有する資源が存在し、かつケアを必要とする人がそうした資源にアクセスできることが前提となる（森川 2008: 42）わけで、わが国のように、知的障害のある人が子育てをするということにも、十分な支援体制が整っているとは言い難く、またその実績も多くはない状況では、そう簡単なことではない。モリス（Morris 1996: 67）が指摘しているように、国際的に視野をひろげてみても、障害者サービスは「家庭において女性障害者が自らの子どもの世話をしたり、家事をきりもりしたり、老親など支援を必要とする者の世話ができるように支援を提供することには抵抗とはいわないまでもあまり積極的ではない」。道は遠く、ディスカッションで語られたように「堂々とそうできるには100年かかる」のかもしれないが、そもそも、障害があるから他者援助はできないという発想から解き放たれるべきであることは、障害者の子育てを論じる場でも答えの出ていることである。

　また、わが国の民法における老親の扶養義務については是非が問われるところではある。わが国の伝統的な家族主義が強いてきた嫁・娘への抑圧も指摘されるところである。しかし、「ケアする権利」は、侵害からの自由という消極的な概念として構成されるのでは十分ではなく、「何ものかに対する具体的な権利」という積極的な権利としても考えていく必要がある（Levy 2006: 565= 森川 2008: 38）。本人が扶養したい介護したいという希望をもって「ケアの権利」を行使するなら、本来それはニーズとして認められるべきも

のである。障害のある夫婦が子育てをする際に受ける支援と同様に、老親の介護という家事が位置付けられれば、子がもつ p6608. 他者援助（かすがい）（癒し）機能は、その文脈で活かされるだろう。母親の「ケアされたい」希望にも、明るい期待が見えてくるかもしれない。

第3節　今後への課題と総括

1　「誰か」を模索する

　本論で、自立生活に関連した母親の希望として挙がったコードの一つが、親が「責任」を移譲する相手としての e398. その他の支援と関係（誰か）である。

　本論のディスカッションで、多くの親が「うちの子には無理」と語ったときに理由に挙げたのが、a2400. 責任への対処ができないからというインペアメントであった。p7702. 性的関係の結果として生じる p660. 他者援助（子育て）という責任、p7701. 婚姻関係の結果生じるパートナーへの経済的・精神的責任。母親たちが健常のきょうだいたちには望む「普通の幸せ」を障害のある子には望まないのは、子どもがこうした責任に対処できないからであって、そこには障害のある子の責任は親がもつという前提がある。「施設に入っても、どこにいても、最後の責任はもってやりたい」と語った親もいた。母親にとって、子どもの結婚も恋愛も性的関係でさえも、責任の所在次第ではわが子にかなえさせてやりたいと願うもののひとつなのである。

　ただ、その責任を安心して移譲する相手がいないことが、子どもの離家にかかわる「自立」を阻むものである。母親たちは、現存しないが、責任を移譲したい理想の支援者として e398. その他の支援と関係（誰か）を語った。そのときによく使われたのは「家族のような」という言い回しだった。「家族のような」誰かだが、「きょうだい」ではない。きょうだいには「そんな負担はさせられない」という。それでも、障害のある子には、「家族のような」誰かが必要だというのである。

　「家族のような」という言葉には、職業でもない、福祉制度でもない、つまり金銭や義務ではないところで子どもに向き合ってくれる人という含意

がある。それはおそらく、「責任をとる」人だからである。どのグループの母親も、「誰が責任とるのよ？」「責任とってくれるの？」と繰り返し発言した。「金銭でも義務でもなく、責任を取る人」という誰かを探そうとするとき、私たちはコトの重大さに気付く。そんなことを引き受けるような度量のある人はなかなかいないのである。チームならどうだろう？　直接の金銭授受のない関係で職業はありうるか、成年後見人制度にまで話は及び、議論はさまざまだった。しかし総じてどのグループでも、「誰か」の存在を、母親たちは半ば諦観のなかで語りあった。

　このことは限定された資源のなかで語りあわれるべきことではなく、「適切を再定義する」母親の障害観を活かし、「ありえない」ことではなく、どうすれば「ありうる」のかを議論していくべき重要な課題である。

2　先をゆく専門職

　わが子を入所させるために施設を立ち上げるような個人モデルの働きかけではなく、社会を変容させる働きかけに母親の経験が活かされること、社会資源として母親の経験を活かすことは、もっとなされてよい。このことは、先行研究レビューで明らかにしたように、ピアサポートの効用が注目され、セルフヘルプグループ活動、ペアレントメンター制度など親の経験を活かす活動が広がりを見せていることとも関連して、今後さらに拡充が期待されるべきことである。これらはいずれも、親の適切の再定義を発信する第一義的な場にもなり、また語りあうことによって社会モデルの視座を形成する場にもなる。

　制度政策的な支援策を取り上げることは本論のテーマではないが、このような場を含め、親が「適切の再定義」を発信したり、また語りあったりするために、支える支援者として専門職に求められる姿を、本論で得た「協調」の視座から提起したい。それは、「先を行く」ことである。

　本論のディスカッションで多くの母親が、若い専門職から学んだ「説」や「論」を根拠に自らの考えを構築してきたことを実感した。繰り返し述べたように、母親が「適切の再定義」を確信するには、社会モデルの言葉が必要なのである。本論では、専門職側からの言説を聴きとっていないが、彼らが

決して十分な自信に裏付けられて発言してはいないだろうこと、親たちとの日々の会話の中で葛藤しつつ言葉を紡いでいるだろうことは想像に難くない。それでも、本論の結論は、専門職は専門職として、「わが子についての専門職」である母親の先を行くべきだと提言したい。
　「適切」は常に再定義される。どこかにその終点はあるのかもしれないが、今はまだ終点は見えない。親たちが次々に再定義していく「適切」を見極め、言語化し、親たちの、又は当事者たちの語りあいの場に提供することのできる専門性が必要とされているのである。そのためには、もしかしたら新しい障害のモデルも必要になるかもしれない。発見道具としてのモデルもまた新しく発見されるべきだからである。
　もちろん、専門職が専門職としての専門性を発揮しようとすれば、子どもだけを見つめようとする母親たちの個人モデルに阻まれるように感じることがあるかもしれない。しかし、本論は、それも障害のモデルの「共存」と定義する。障害のモデルの共存は、かならず道を拓く。個人モデルのように見える言説のどこかに社会モデルとの交差点があるかもしれない。一見逆を向いているように見えるモデルも、協調と捉えればそこに総和以上のものが生まれるかもしれない。先をゆく専門職だからこそ、親たちを脱するのではなく、共存する支援者として、常に新しい示唆を示し、先を照らしてほしいと願うのである。

3　分析道具としてのICFの活用

　個人モデルと社会モデルの共存可能性が顕在化されることは、専門職間の連携、または親と専門職の連携をよりスムーズにすることにつながるだろう。この点においては、本論で分析道具として使用したICFは有効である。コードの不十分さや、分類詳細項目の選定が医学モデルに偏重していること、評価点の曖昧さなど、ICFの今後の課題として挙げられていることはそれぞれもっともだが、個人モデルと社会モデルの共存を前提にICFを使用することによって、特に末尾8や9のコードの活用によって、新たなニーズを発見することが十分に可能なツールであるといえる。
　「専門性」の下に、個人的変容をめざす専門職と社会的変容をめざす専門

職が、それぞれ一方向のゴールだけを一心にめざすのは、それがやがて一個人に集約されるものだとしても、まとまりのあるひとつのゴールに結び付かない。はじめから二つのゴールがめざされていることを認識し、それぞれのゴールがどこで（どのコード上で）交差しているか、またはしていないのかを可視化することができれば、一個人に集約されたときのまとまりは全く変わるだろう。可視化されたイメージとして両モデルの共存を認識することは、理論上の「統合」はともかく、ICF を使用する現場の共通言語性を実現する要件となるはずである。

　本論で作られた新コードについて、また末尾8または9コードの有用性については既に述べたとおりであり、定義を問い直しつつ進めるリンキング作業が地道な作業ながら有用な作業であったことは間違いない。ただし、リンキング作業のみで終えていたら見えなかったこともあり、関連図のような一定の整理の仕方は必要である。一方で、ICF 関連図については、モデルの交差を可視化する手段として有用であることは示唆されたものの、関連図作成におけるルールが十分に精査されておらず、特に ICF の弱点ともされる時間軸の問題や、本論で使用した矢印の意味や方向性のルール、評価点の曖昧さなど、実用には課題が山積していることも付言しなくてはならない。

第4節　総括

　本論の目的は、「脱家族」に対する母親の違和感を「ICF と社会モデル」の相克と重ねて明らかにするために、「障害者と社会を結ぶ仲介者（Landsman 2005）としての母親の障害観を描き出すこと」、「母親当事者の声を ICF のコードにリンクさせることで、試行的に『社会モデルでも個人モデルでもないモデル』を ICF で表現してみること」の二つであった。

　第一点目について、本論は母親たちのグループディスカッションによって語られたデータをもとに、つねに「適切」を再定義しながら、社会にそれを呈示する、また次には「世間」の視座に立って交渉するという母親の日常を、個人モデルと社会モデルの交差として描き出した。そこには、戦略的に社会モデルを後追いしつつ確認していく母親のストレングスが見えたし、「母親

当事者」として、「蹴飛ばされる」のでも「頼られる」のでもない、主体的な当事者像を確立しようとする母親の新しいニーズが可視化された。

　また、二点目の目的としたICFを分析ツールとして使用することについては、本論では、先行研究において川島（2013）の紹介による「障害のモデルとは発見道具である」というバーンズ（Barnes 2004）の説を支持し、モデルを「実際に使うことに意義があるもの」とした。本論では医学モデルを含む個人モデルと社会モデルを、母親自身の障害経験を説明するための発見道具として最大限に使った。医学やリハ学または教育学やソーシャルワークのような「個別の援助」学によって使われてきた医学モデルや個人モデルと、社会の変容を目的とする社会学で使われてきた社会モデルは、それぞれの分野での「使い勝手」はあっただろうが、だからこそ完全な「統合」を成し遂げられずにいた。しかし、本論では、「母親の経験」という「あいだの視点（中根 2006: 14）」を発見・説明する道具として使うことで、両モデルの共存を可視化することができ、末尾8や9のコードを活用することによって、分類コードに縛られない柔軟な使い方を提示することができた。

　障害のある子どもを育てる母親は、育児の過程でかつて経験したことのないパラダイム転換を迫られる。人生には様々な予期せぬ出来事が降ってくるものだが、期待と喜びに満ちたものであるはずのわが子の誕生が全く正反対の「不幸」として認識されてしまう事態は、振幅が大きいだけに衝撃である。そこから、親としての「適切の再定義」の過程が始まる。ダウン症の子を育てた母親であるキングスレー（Kingsley 1987）が著した有名なエッセイがある。

　　WELCOME TO HOLLAND　オランダへようこそ　by Emily Perl Kingsley
　　（1987）：筆者訳

　　　私はよく障害のある子を育てるってどんな気持ちと聞かれる。このユニークな経験を紹介するのに、こんなイメージを話そうと思う。
　　　赤ちゃんを待っている時の気持ちは、イタリアへバカンスに行こうとしているときの気持ちに似ている。ガイドブックを買って、素敵なプランをたてる。コロシアムにいって、ミケランジェロを観て、ベニスでゴンドラに乗ろ

う……少しはイタリア語も勉強しておかなくちゃ……それはとっても素敵な気分だ。

　数カ月後、いよいよ出発の時だ。バックを用意して飛行機に乗り込んで……。そして数時間後、飛行機は到着する。スチュワーデスがアナウンスする。「オランダへようこそ」。

　「オランダですって？」私は言う。「オランダってどういうこと？私はイタリア旅行の手配をしたのよ。私はイタリアに行きたいの。私の人生はイタリアに行くためにあったのよ！」

　でも、そこはオランダなのだ。私はそこにとどまらなくてはならない。フライトプランの変更は不可能だ。ただ、重要なことは、そこはぞっとするような、嫌な、汚い場所ではなく、疫病と飢饉と病気にまみれた場所でもないってことだ。

　そこはただイタリアではない、違う場所というだけだ。

　新しいガイドブックも買わなくてはならない。新しい言葉も覚えなくてはならない。会ったこともないような人に会わなくてはならない。

　そこは、ただちょっと違った場所というだけだ。イタリアよりもスローペースで、刺激は少し足りないかもしれない。それでも、少しの間息を整えて、あたりを見回せば、オランダには風車があること、オランダにはチューリップが咲いていること、オランダにはレンブラントの絵もあることを知ることになる。

　それでも、他の人たちがイタリアに行ってそこがどんなに素敵かを自慢すると、少しは言いたくもなる。「そうよ、私だってそこに行きたかったのよ、そう思ってたの」

　その痛みは消えることはない、決して……。夢を失ったことは本当につらいことだから。けれど、もし私がイタリアに行けなかったことだけにこだわっていたなら、私はこのオランダの、素晴らしく素敵な魅力を楽しむこともできなかったでしょう。

　母親たちの障害観の変容過程が語られているのと同時に、変容したのちの「二つの見方」、すなわち、徐々に生まれたオランダを愛する見方と、今

も残るイタリアに行きたいと願う見方の交差が美しく描かれた傑作である。

　本論は、このエッセイのように変容した障害観に二つのモデルが交差することを確認したばかりではなく、さらに母親たちが得たこの独特の障害観を「差別する社会との仲介者として変化した障害観」として扱った。障害の個人モデルと社会モデルの交差という母親の障害観、社会資源としてそれを活用するという示唆、専門職間の連携への示唆、「オーダーメイドの自立生活」に向ける示唆を得ることができたことは、一定の成果といえるだろう。どれもこれまでに多くの先達らによって研究され、実践されてきたことばかりであるが、そこに「脱される」対象として描かれてきた母親の障害観を活かす視点を提起できたことは、本論の社会的意義として挙げておきたい。

注
1) 他の専門職については批判も語られたが、医師については、「お医者さんも言ってたけど」のように、医師の言葉は「間違っていない」ことを証明する言質として使用された。
2) 「根拠がない」と否定する論はあるが、筆者はそれもまた先人の蓄積してきた知識のひとつだろうと解釈している。「障害者」全体がそうであるはずはなく、ではその割合が高いのかと言われればそれも明確にされていないが、すくなくてもアールブリュットと呼ばれる分野に専門家たちからの「かなわない」という声はあり、それは決して誇張や憐れみではないと思われ、探求の価値のある分野だと捉えている。
3) 同時にこのコードは、極めて社会的な生活機能ともいえる。そのため、**p6608.（かすがい）（癒し）** 自体は個人モデルで発見されたコードであるが、社会的な働きが期待できる機能であり、「かすがい」が絡んだ関連図は、モデルの共存の関連図に分類されている。

補　章
先行研究

第1節　障害児家族研究と親の障害観

1　親の障害観

　親の障害観についての研究は多くない。古くは、ヘベット（Hewett,V. 1970）が、脳性マヒ児をもつ母親180人への174の質問によるインタビュー調査によって、障害児と家族の生活を描き出している中で、母親の障害観について述べている。それは、「脳性マヒの診断の難しさ」「実際の日常生活」「家族生活への障害の影響」「家族と地域生活」「教育や訓練」「支援者」「特殊な問題点」に続けて、最後に「障害のインパクト」と題して設けられた章で描かれており、174の質問中最後の8問「障害に対する母親の見解」から導き出されている。8問は以下のような質問である。

167. 彼の視点に立ってみると、お子さんの最大の障害は何だと感じますか。
168. あなたの視点からみるとどうですか。彼が最もうまくできないことは何だとあなたは感じていますか。
169. お子さんがある年齢になった時に、養護学校や訓練センターやホームに行くことをあなたは許せますか。夫も同意しますか。
170. それはいつ（何歳）ですか？　どこにですか？　それはそのお子さんにとって適切な年齢だと思いますか。もっと早い方がいいですか、遅い方がいいですか。
171. 現在、あなたは誰を一番頼っていますか。夫だとしたら、次は誰ですか。
172. 助けが得られないときに、欲しい援助を考えることができますか。

173. 他の障害児の母親に対してアドバイスを与えることができますか。子育てのための実際的なアドバイスか、あなたがどんなふうにこれに立ち向かうのかまたはそうしようと考えているのかをアドバイスできますか。
174. あなたはお子さんの将来に備え、計画をたてようとしていますか。いつか来る日に向き合っていますか。

Hewett（1970: 232）より筆者訳

　質問 167 番に対し、母たちはそれぞれに、カテゴライズすることができないほどに個性的な回答をしている。子どもたちの「問題点」は非常に個性的であり、それゆえ 173 番の質問にも多くの母親が「他の母親にアドバイスはできない」と答えているのである。つまり、普遍的な「障害観」などは存在せず、母親にとって障害は良い意味でも悪い意味でも我が子の個性として捉えられているということである。
　一方でヘベットは、障害児の子育てのジレンマについても指摘している。ヘベットによれば、親は、その子が他の子どもと違っていることを受容して支援することと、できる限りその子がその子らしくあることを認めることのあいだを綱渡りしている。違いを強調して支援し過ぎれば過保護と言われるし、あまりにも楽観的だと障害を受け入れていないと言われてしまうからだ。そうして、子どもの個性を認識していながら、世間の価値判断に合わせて子への関わり方を変えていかざるを得ない親を、ヘベットは「他の人の価値判断を甘んじて受け入れ一律の一般的な概念の下に自分の声をなくしてしまう敗者のようだ（前掲書:204）」と言っている。
　親たちのこうしたジレンマまたは価値の揺れについては、ランズマン（Landsman 2005: 138）が、障害のモデルを使って「医学モデルでも社会モデルでもない、医学モデルと社会モデルの交差」として説明している。母親にとって、子どもと純粋な一対一の関係であるときにはその子はその子自身であって「障害児」ではなく、医学や世間の目に評価されるときに初めて「障害児」になるという。それはまったくヘベットの研究における母親たちのジレンマと共通するものである。しかし、ヘベットがそれを否定的に捉えたの

に対し、ランズマンはそれを肯定的に捉え直している。ランズマンは、母親たちの障害観は、子育ての過程で「差別する社会との仲介者として変化している」とし、「もし世界中の人が障害のある家族を一人ずつもつなら、人々はもっとゆったりとしていて、世界はもっと美しかったにちがいない」という一人の母親の言葉を引用して、母親のもつ障害観を「社会を変える力のあるもの」、「新たな障害概念を形成する別な可能性につながる障害観」であるとしているのである。

　その障害観は、まずインペアメントを生物学的に切り離さない。インペアメントを含めてその子自身であり、「治る」ということはその子が別の子になるということであると考える。そのことによって、自分の子どもが世間からアブノーマルと呼ばれることは受け入れるのだが、アブノーマルかノーマルかという二元論は否定する」という一見矛盾する障害観が形成される。それはつまり、障害は逸脱ではなく「独創的な異常」であるということであって、アブノーマルの対極にあるのはノーマルではなくレギュラーなのだという理論である。

　母親は完全な社会モデルに拠って立つことはできない。むしろ、母親は医学モデルを強く支持しているようにさえみえる。一方で、自分の子どもを不完全なもののように判定する医学モデルを批判しつつ、その診断そのものを完全に受け入れており、ただし、障害を「治る病気」や「健常」と比べて「劣ったものである」とする見方を否定する。わが子がアブノーマルであることで社会的に阻害されることを心配し（心配しないではいられず）、障害を劣ったものと考える社会の変容を求める気持ちもありながら、社会が変る前にわが子に「障害があるが優れている状態」を求めることや「世間との差を最小限にする」ための努力も惜しまない（前掲書：192-193）のが母親であるという。

　似た表現として、中根（2006：14）は「個人モデルにも社会モデルだけにも還元することのできない親と子の関係」という表現をしている。知的障害者家族の親は、障害をもたない「健常」というカテゴリに分類されたままで、子の障害によって当事者性を経験しており、「障害に注目する個人モデルでも社会に注目する社会モデルでもない、現在の社会において家族が特別なニ

ーズを抱えることの意味を捉えるような視座」をもっているというのである。

　また、要田 (1999: 2) は、「障害児の親という視座は、差別問題と社会問題の交錯する交点」であって、「その視座にたつことによって日本の社会が構造的に抱えるさまざまな問題を逆照射することができる」といっている。障害者と健常者の関係の問題、親と子どもの関係の問題、そして現代社会における制度としての家族の問題である。「それぞれの位相の中に、さまざまな差別や権力構造が表現されて」いることが、障害児の親の視座にたってこそ発見しうるというのである。

　このように二律背反といえる親の障害観を立脇 (2013) は「アンビバレントなストーリー」として描き出している。立脇の研究は日本とアメリカの親のインタビューによって両国の障害観の差異もとらえているが、両国のてんかんの子をもつ親の障害観は「アンビバレントなストーリー」においては同じである。「普通の子の親」として扱われたいという思いと、現実の重荷や外部からの反応などは、引き裂かれるようなアンビバレントな経験のひとつである。また、アンビバレントなストーリーは、「ドミナントストーリー」から「オルタナティブストーリー」の経過にあるのではなく、3つのストーリーは同時に絡みあって存在している。

　親の障害観が、一般の常識を超えるだけでなく、例えば専門家のそれとも異なる特殊なものであることは、ダーリング (Darling 1983: 143) も指摘している。ダーリングによれば、専門家の価値観は、目標志向的・情緒的中立・普遍性・機能限定という特質をもち、親の価値観は還元主義的・感情的・個別性・機能拡散という特質をもつ。ここで四つ目の特質として挙げられた「機能拡散」こそ、上記に挙げた親の障害観の複雑性を形成する特殊性なのではないだろうか。ダーリングが説明するように、障害児の親は非障害児の親に比較して、日常子どもたちにさまざまな役割で接している。母親としてだけでなく、教師として、医師として、友人として、訓練士として、ソーシャルワーカーとして。その役割の数とそれぞれの深さ、またそれが非障害児の親に比較して長期にわたる見通しのきかないものであるという点においても、それは特殊な視座と言ってよい。

　しかし、障害児の親の視座のこうした特殊性も、そこから生まれる障害観

も、これまで十分に確認整理されてきたとは言い難い。それは、ダーリングが重ねて指摘しているように「専門家の優位性に親たちがコントロールされてきた（前掲書: 142）」ことによるのかもしれないし、ヘベット（1970: 204）が指摘したように、親たちが一般の障害概念に屈してしまった結果、声をなくしてしまったためなのかもしれない。いずれにしても、機能拡散という言葉の中に、拡散する分機能が薄まってしまうかのような、「専門性」と相反するネガティブな意味が含まれてしまっていることに着目しつつ、「新たな障害概念を形成する可能性のある（Landsman 2005: 138）」親たちの障害観を再確認する必要があるだろう。

2　ストレス研究からみた障害観

　障害児者家族研究において、家族ストレス研究は、「障害者家族の実情が初めて体系的に論じられ、また、家族成員の抱える多大なストレスが示された点は重要である（土屋 2002: 27）」「障害児家族を病理家族とみる個人モデル的見地から、障害児家族と環境との相互作用を把握し、社会環境の変革によって家族を支えるという社会モデルへの橋梁の役割を果たした（中根 2005: 36）」という面で評価されている。一方で、ストレス状況に立ち向かうものとしての「家族」、親による問題の乗り越えが前提とされている点に注意を払う必要がある（土屋 2002: 27）ことも指摘されている。

　家族をひとつの社会システムとして捉えるシステム論に依拠する研究であり、ストレス論の原型としてヒル（Hill）の ABC-X モデル[1]という要因連関モデルがある。A 要因（ストレス源となる出来事、あるいはその属性としての困難性）は、B 要因（家族の危機対応資源）と相互作用し、また C 要因（家族がその出来事に対してもつ意味付け）と相互作用して、結果 X（危機状況）をもたらすというものである。ここでの主要なポイントは、なんらかの出来事なり事件が生じても、それをそのまま家族ストレスとみるのではなく、ストレス源となる出来事、つまり A 要因と、結果としてのストレス状況、あるいは危機状況（X 要因）をまず明確に区別していることである（石原 2001b: 222）。一見出来事が大きなストレスをもたらすようなものであっても、B 要因や C 要因次第では家族集団は深刻な危機に陥らなくても済む

（野々山 2009: 226）というのがストレス論である。

　本論が特に着目するのは、C要因である。C要因は、「家族がその出来事に対してもつ意味づけ」であり、障害児家族のストレスをテーマにした時、C要因のひとつとして「障害の告知時に親がもっていた障害観」が挙げられるだろうし、その後の育児の過程においても「変容する障害観」は、重要なC要因としてそのときどきのA要因と相互作用し、Xの程度を左右するだろう。

　ヒル（Hill 1958: 141）は、ABC-XモデルにおいてC要因をもっとも重視している。C要因を最初に、しかも明確に位置付けて論じたのは、ヒルにほかならなかった（野々山 2001: 251）。C要因に関連してヒルは、危機促進的な出来事について次のような3つの可能な規定（意味づけ）がありうると指摘している。すなわち第一に、公平な観察者による客観的な規定、第二に、地域社会による文化的な規定、そして第三に、家族それ自体による主観的な規定である。中でもヒルは第三の家族による主観的な規定を重視した（Waller&Hill 1951: 462-464= 野々山 2001: 251 より引用）。

　ストレス理論は、ヒルの後継者であるマッカバンらによって、二重ABC-Xモデルに発展したが、ABC-Xモデルにも二重ABC-Xモデルにも、家族集団のストレスを個人の申告によって測定できるのかという大問題（石原 1985: 43）が指摘されている。マッカバン自身も家族ストレス論のこのような不備を認めている（Macubbin 1983: 139-141）。

　これに対し、ラザルス（Lazarus 1985）のストレス認知理論は、もともと心理学的研究のひとつであり、分析の単位も個人に限定されている。ストレス認知理論では、ストレッサーによってストレス反応が生じる過程の中に、認知・対処・資源が介在する。ストレッサーがストレス反応を引き起こしているのではなく、ストレッサーをどのように認知するかに、そしてそれにどのように対処するか、どんな対処資源があるかといった要因が媒介してストレス反応の重さが決まるとされる。

　中川は、家族ストレス論とストレス認知理論を合わせて先行研究を整理し、「ストレッサー」、「結果変数としての適応・well-being・ストレス量」、そして「媒介要因として対処資源・コーピング・ストレッサーに対する認知」を

分類しているが、ここで媒介要因として挙げられた「ストレッサーに対する認知」は、「障害児をもつことをどのように認知するか」であり、本論で対象とする母親の障害観である。ABC-X モデルにおける C 要因もここに含まれる。中川（2003: 165）は、この要因が「ストレッサーが危機になるか否かを予測する主要な媒介要因である」としながら、この問題に焦点をあてた研究は殆どないことを指摘している[2]。

C 要因が家族ストレス論の中でとりわけ実証されることが少なかった（前田他 1987: 51）という状況下で、前田ら（1987）は、結果変数である「家族適応」と C 要因の理論的精緻化のための実証研究を行っている。まず、C 要因として「共感的態度」と「状況の定義づけ」という 2 つの認知変数を用意した。「状況の定義づけ」は、家族内のキーパーソン（主たる世話人）が「患者の状態に関する定義」と「家族の扶養に関する定義」をどのくらい明確に認知しているかを示すもので、その時点での家族の状況認知の曖昧性の度合いが問題とされる。結果として、家族内のキーパーソンの「状況の定義づけ」という認知は、共感的態度形成に強く関連し、家族適応を規定していると考えられた。

また、谷口（1985: 94）は、両親のストレスに強い影響をもたらす要因の一つとして「家族の誰かが過去に障害児に接していたかどうか」を挙げている。この媒介要因としての「認知」は、「子どもに有効な経験として活かされることもあれば、否定的・拒否的な態度・行動を発現させることもある」というものである。

ふたつの研究からは、障害についての知識・認知の量がストレスに影響していることがわかる。障害観は認知の量だけで形成されるものではないが、本論が親の障害観を描き出すにあたっては、「障害」認知の量的な把握（障害についての情報の量）という視点もひとつの指標になるだろうことが示唆される。

また、渡辺ら（2002）は、子どもの自立をめぐるストレスと対応資源についての研究において、「子どもの障害の受け止め方（認知）」という要因をストレス認知理論における資源として分類し、下位概念を二つ設けている。「子どもの障害に対するポジティブな意味づけ」「子どもの自立に対する確

表補1-1 「子どもの障害の受け止め方(認知)」の質問事項(渡辺ら 2002)

子どもの障害に対するポジティブな意味づけ	・子どもが障害をもっていることで、親として成長させられることがあると感じている
	・子どもが障害を持っていることによって生じる困難は克服できるものだと信じている
	・子どもが障害を持っていることで学ばされることがある
	・子どもが障害をもっていることで生きることの意味を教えられたと思う
子どもの自立に対する確信	・子どもは自立できると信じている
	・子どもは社会的な支援を得ながら自分で生活していけるようになると信じている
	・子どもが施設に入所せずに地域で生活していくことは可能だと信じている
	・子どもは親の手を借りなくても生活していけるようになると信じている

信」である。それぞれに表に示すような質問項目が用意された。

　これらの質問項目から、「子どもの障害に対するポジティブな意味」は親自身の精神的成長に限定されており、社会における障害の意味や社会と障害の関係には言及していないことがわかる。結論としては、「子どもの障害に対してより肯定的な意味づけができ、他の障害児者の親や友人などによるインフォーマルサポートや、専門家によるサポートを得られる親ほど、子どもの自立に関してより確信をもつことができる傾向にある(前掲書:177)」ことが示されているが、相関する要因間にどのような因果関係があるのかが明確には示されていない。おそらく、わが子の障害によって親が精神的成長を遂げたことを自覚することは、社会におけるわが子の位置付けへの希望と期待を生むであろうし、それによって社会が変ることの期待を生みだすかもしれない。また、少なからずそうなければ「子どもが地域社会で自立できる確信」は生まれないのではないか。親がその見守りを移譲できると感じるほどの社会の成熟を確信する過程をより詳細に分析する必要がある。

　以上のように、ストレス研究の先行研究レビューによって、親の障害観についての知見が、ストレス論のC(またはcC)要因やストレス認知理論の「認知」という要因で示されてきたこと、それが重視されてきたことは確認できたが、その研究蓄積は多くはないこともわかった。ただし、これらは本論で定義した「障害観」と完全に一致するものではない。ストレス研究で

示されたC（cC）要因も認知も、あくまでもわが子に障害があることを親としてどう認知するかであって、障害そのものをどのように認知しているかとは異なる。当然両者は相互に強く影響しあうものであり、親の障害観には、「わが子に障害があることをどう認知するか」によって形成される面も大きいことを確認する必要はあるだろう。

3　障害受容論からみた障害観

　ストレス研究と並んで取り上げられてきたものに、障害受容論がある。ストレス研究は、もともと大恐慌による家族へのストレスについて研究したヒル（Hill 1949）のABC-Xモデルが理論的基盤になっており、そのため、日本では家族社会学分野で紹介され、教育心理学や特殊教育学といった分野で、家族とりわけ母親のストレスをどう理解し、支援するかについての研究として使われている。これに対して、障害受容論はリハビリテーションの分野で紹介され、障害者家族が障害を受容することが本人のリハビリテーションに重篤な影響を及ぼすことから、家族の障害受容を促し、リハビリテーションの協力者として資源化することをめざした研究であるとされている。

　障害児の親の受容段階説では、最終的に辿りつくべき受容の最終段階に、障害を告知されたときに持っていた「従前の障害観」から変容した親の障害観が示されることになる。本論のテーマと重なるのは、この最終段階にある「変容した障害観」である。

　日本で多くの研究者が引用したドローターら（Drotar et al. 1975）の研究は、障害児の親の受容過程を5段階に分けており、ショックから始まって否認・悲しみ・適応のあと、最終段階は「再起」であるといっている。ここでいう「再起」とは、罪責感からの回復であり、「母親が子どもに問題が起きたのは自分のせいではないと捉えることができる段階」であった。

　これに対して、要田（1989）は、「障害受容の段階」を親の感情変化ではなく親の障害観の変化に焦点をあてて捉え、受容段階を3段階とし、そのうち前者2段階（葛藤と受容）を「健常者をモデルとした障害者観」に依拠する段階、最後の段階「変革」を「障害を劣等と捉えない障害者観」を基盤とした段階と規定したのである。

そして、この要田が指摘した最終段階は、それまでの感情変化に焦点が当てられた研究では記述されていなかったことを指摘している。「なぜなら、私たちが「常識」の中にもっている障害者に対する考え方、価値観を当然のこととし、このことを問わない限り、この段階は、明確に記述されえないものだからである（前掲書：47）」すなわち、これまでの障害受容段階説では、わが子をかわいいと思うようにはなったが、依然従来の障害観（＝障害とは劣っていることである）をもったままの「受容」が最終段階とされていたが、実は「親自身が障害を排除している状況に気がついたとき」に真の受容である「変革」という段階がおとずれるという説である。その意味で、要田の説は、障害受容を「単に感情の変化として捉えるのではなく、当然ながら感情の変化も伴ううえで「人間の価値とは何か」それをどのように考えるかという価値観の変化に力点をおいて母親の心の変化と捉え（前掲書：46）」、これまでの段階説の最終段階の先に、真の最終段階があることを示したものである。

障害受容段階説は、このように障害受容の段階を規定したうえで、親たちを最終段階に向けて支援できるかどうかを研究の目的とする。そのため、障害受容がどの段階まで進んでいるかを見極めるための尺度の作成が、研究のもっとも重要な鍵となる。

倉重・川間（1995）は、態度理論に基づいて障害受容尺度を作成した。その6つの下位尺度のひとつに「障害観」がある。倉重・川間が設定した「障害観」をはかる質問項目は、①いずれはお子さんの障害による今の状態はよくなると思いますか　②お子さんを幸せにするのは健常児に近づけることだと思いますか　③近所の人とお子さんとで交流がありますか　の3項目であるが、これらの項目は、いずれも重みづけ係数が低く、障害受容との関連が強くないことが示された。

また、石本・太井（2008）が障害受容尺度とした障害観は、「障害は一つの個性であると思う」「この子は私たちのもとを選んで生まれてきたと思う」「子どもを育てることは楽しい」「子どもを育てることで私が成長していると感じる」の4項目であったが、この研究でも、これらの項目は「尺度として必ずしも適切とは言えなかった」とされており、いずれの研究でも「障害受

容を示す障害観」を規定することが困難であることが示唆される結果となっている。

　つまり、これまでの研究で見えてきたことは、障害受容段階説が最終段階として設定する「受容」の段階は、いずれも研究者の主観的な判断から導かれたものである（桑田・神尾 2004: 275）ため、客観的尺度にはなりにくいということであった。さらに、それどころか、障害受容は心的援助をめざした研究であったにもかかわらず、今日では障害をもつ人たちの足枷[3]にすらなっている（南雲 2002: 77）と言われている。南雲（前掲書: 80）が指摘するように、障害受容の最終段階を「障害があっても社会の一員であり、社会の人からも当然受け入れられるべきものだと考える」障害観と規定しようとすること自体が、「行き過ぎ」なのである。むしろ、先に引用した要田（1989）による「障害受容の先にこそ、真の受容がある」のであって、家族自身の障害観を含む「受け入れていない社会」に気づくことが、目指されるべき真の障害受容であると考えられる。

4　自立生活と家族

4-1　自立と母親

　堀（2014: 47-59）は、障害者解放運動における親批判を、「家族社会学における近代家族論を援用した説明図式」と「逸脱の社会学におけるラベリング論の議論」の二つに大別している。

　ひとつめの「近代家族論を援用した説明図式」は、まさに脱家族論を生みだした説明図式である。すなわち、①家内領域と公共領域との分離　②家族構成員相互の強い情緒的関係　③子ども中心主義　④男は公共領域・女は家内領域という性別分業　⑤家族集団性の強化　⑥社交の衰退とプライバシーの成立　⑦非親族の排除　⑧核家族という近代的家族の特性（落合 1994: 103）によって、脱家族を説明するものである。

　家族愛（②）という名目の下に家内領域（①④）としての子育て（③）が母親に分業され（④）、父親の不在（④）・プライバシーの成立（⑥）による母親の孤立は「子の囲い込み」を生んだ。特に弱者である障害児の存在は、家族の愛の力（⑤）を証明する重要な媒介項になりうる要素でもあり、母親

による囲い込みを一層強くする。しかし、このようなケアの受け手を弱者としての立場に追い込んでしまいがちな介護は、個人を単位とした家族という「新しい近代家族」の形態を踏まえて再考されるべきであるというのが、「近代家族論を援用した説明図式」の大まかな流れである。こうした囲い込みからの解放の手段としては、当事者の自己決定を尊重し、当事者自身がサービスを選び、ヘルパーに指示をだす主体となるためのパーソナルアシスタンスとダイレクトペイメントの制度化を主張する論（岡部 2006）がみられる。

　「逸脱の社会学におけるラベリング論の議論」は、ゴフマン（Goffman 1963=2012）の「スティグマの社会学」に起源がある。ゴフマンがスティグマのある人として規定したのは「それさえなければ問題なく通常の社会的交渉で受け入れられるはずの個人に、出会う者の注意を否応なく惹いて顔をそむけさせ、彼にある他の好ましい属性を無視させるようなところがある」人である。そして、「当面の特定の期待から負の方向に逸脱していない者」を「常人（the normals）」と呼ぶ一方で、そのような属性ではなく関係を表現する言葉のほうが重要だと強調している。最終的には、人はその社会的場面によって「常人」にも「スティグマのある人」にも変化する存在であることを言っている。

　障害児の親のような立場は、まさにこの両義性を有する存在である。それを、ゴフマンは「第二の型の事情通」と呼ぶ。それは「社会構造上スティグマのある人に関係をもっている人である。この場合その関係ゆえに、外側の社会から一体化して扱われることがあるので、障害児の親は「常人」でありつつも「スティグマのある人」の経験もすることになるということである。

　両義性をもった親はあらゆる場面でスティグマを経験しながら生活するのだが、そのうちに「スティグマのある人をあたかもスティグマをもっていない人のように扱う（前掲書：59）[4]」、「ときにはスティグマのある人を礼賛する（前掲書：60）」ような反応を示すことがあるという。「印象操作」と呼ばれるこれらの方法は、子どもの障害によってスティグマを背負うことになった親がみせる、「閉じこもり」「開き直り」「隠ぺい」という行動になって現れる。

　この二つの理論からは、障害児とその母親のあいだにある「囲い込み」と

いう構図がそれぞれに明らかにされている。「近代家族論」からは「意思をもった積極的な囲い込み」、「ラベリング論」からは「隠れ蓑としての囲い込み」である。

　「意思をもった積極的な囲い込み」は、「暖かい情緒的なかかわり（岡原1995: 78）」によって形成される。社会には、愛情を母親に強制する構造があり、そのため母親は愛情が存在することを社会にたいして表明しなくてはならず、その手段として母親による囲い込みが必要とされるというのである。しかも、西欧の近代家族にはある別の規範、すなわち子どもを家族から離れた外の世界へ押し出そうという規範が日本にはないということも要因になり、日本の母親たちは「良い母親」のアイデンティティを守るために、「意思をもって積極的に子を囲い込む」のである。要田（1994）は、日本型近代家族の特徴として、障害者が家族の中で次のように位置付けられると述べている。

　　障害者は家族に扶養される者であり、扶養される限り親の管理下におかれる。また、家族内の関係は、障害者にとっては平等ではなく、一人前とは扱われない。通常の場合でも子は成人しても必ずしも親の元を離れなくてもよい。ましてや、障害者の親からの自立などありえない。
　　障害者は成人になろうと、「経済的には自立できない」のであるから、「親の責任であり」、「親に面倒をみられるのが当たり前であり」、そのため「親の保護下に入るのが当たり前である」。（要田 1994: 73）

　このような種類の囲い込みについて、藤原（2002: 152）は、ライフステージの変化にかかわらず、母親はこどものケアを介護ではなく「育児」あるいは「養育」という意識の範疇で行っていると指摘する。障害のある子に寄りそうことで母親のアイデンティティが生かされ、家族もまた絆や結束が与えられるという、母親を中心とした家族ケアの奨励が今なお顕著であり、障害児の母親はそれに囚われて積極的に子を囲いこんできたというのである。
　西村（2008）は、知的障害者と学生たちが対等な立場で交流する「ちょこさぽ」という活動を通じて、親の考えや親子関係が本人の余暇活動[5]の参加に大きく影響していることが課題として浮上していると指摘している。親

たちは、本人の意見や思いよりも自分たちの意見を優先させているが、それは本人が自分の意見をはっきり伝えるのが苦手であるために、これまで親が本人のためを思って全てを決めてきた経緯があるからだと西村は説明する。つまり、藤原（2002）の言うように、いわゆる「育児」が成人後も継続していることが、親による囲い込みを形成していることを示唆するものである。

　土屋（2002）も、「出来る限り面倒をみることを決意する障害児の母親」の存在を示唆した。「まだまだお母さん大丈夫だから、うちにいたほうがいい」などと子どもの自立を拒否する事態も多々ある一方で、子どもの自立を〈あたりまえ〉と受け止め、本来ならば親から離れるのは当然である、〈出したほうがいい〉と自らを納得させようとしている親（前掲書：218）の姿がみえてきたことも指摘されている。

　これまでの障害児の親たちの間では「障害のある子のケアは母親がする」というモデルが世代間に引き継がれてきた。が、近年は障害児者の在宅福祉サービスが不十分ながら整備されつつあり、親による「抱え込み」が軽減されることも期待できるだろう（植戸 2012: 6）とも言われ、「『障害児の親』に対する一般のステレオタイプ的イメージを脱しつつある若い親たちが確かに現れてきている（石川 1995:40）」ことも指摘されている。

　田中智子（2013）もそのことを指摘している。親はある時期までに充分にケアを展開することができたという実感をもち、親自身の内面で人生に対する肯定感がもてたとき、親役割を変容して子の生活の場を移行することができるとし、その傾向は相対的に若い世代に見られるという。これらの先行研究からは、「意思をもった積極的な囲い込み」は、時代によって徐々に変化しつつあるということがいえるだろう[6)]。

　一方で、「隠れ蓑としての囲い込み」は、それよりさらに古くからあるステレオタイプのようだが、これは案外に根深く、あまり減っていないのではないかとも思える。例えば精神障害者の親子関係を「親子カプセル」というシステムで説明した岩田（1995）の報告は、親子カプセル形成の要因として、精神障害に対するスティグマを第1に挙げている。そして、この親子カプセルを破る方策としては、「近所の人に見つかってしまったので、隠すことをあきらめ居直って踏ん切りをつけた」や「自分ではどうにもならないと絶望

している時に家族会を紹介された」など、閉鎖された家族システムを開く契機が外から与えられたケースが報告されており、この「隠れ蓑としての囲い込み」が外からしか解放できない囲い込み、つまり内側からは容易に開けなくなってしまった末の、いわば追い込まれた囲い込みであることが示唆されている。

　要田（1999）は、障害児・者の『家族への囲い込み』は社会において所与のものとして肯定されてしまっていて障害者と家族の関係には疑問がもたれていないことを指摘している。そのような社会の在り方によって、「障害者と母親が代理戦争させられている」という言説のなかには、「本来闘うべき関係ではないのに」という含みもあるだろう。「隠れ蓑としての囲い込み」は、そのような意味でネガティブな囲い込みであり、「本来」の「闘わずにすむ母子関係」を取り戻すよう、社会のありようを変えていくべきだろうことが示めされている。

　一方で、はじめに示した「意思をもった積極的な囲い込み」はポジティブな囲い込みといえる。内田（2014）は、親に見守られながらグループホームや一人暮らしに挑戦するというような「成人知的障害者の暮らし方の一つのモデルケース」を示し、ポジティブな囲い込みから積極的に降りようとする母親がいることを指摘している。何よりも、暮らし方の選択肢が増えることはノーマルな生活への第一歩であるが、それについて全面的に承認してしまうことも「囲い込んではいけない」という悲壮な覚悟を母親にもたらしてしまう危険があるともいえる。当たり前に当たり前の生活が実現するノーマライゼーションが障害のある子と親の関係においても、両者それぞれにおいても、充分に保障されるべきである。それにはまず、画一的ではない自立のありかたが認められなくてはならない。

4-2　知的障害と自立生活

　「社会モデルは、知的障害者の感情にもコミュニケーションの困難さにも、つまり知的障害者の問題について説明できない（Marks 1999: 88）」と言われる。社会モデルを掲げる障害者運動は、どの国においても知的障害のない身体障害者から始まっており、知的障害というインペアメントによって充分に

自分を主張することが難しい知的障害者を無自覚に排除してきたことが反省されている。横須賀（1992）のこの言葉もよく知られている。

> 新しい自立概念は自己決定という考え方をもちこむことで、その対象を拡大することに成功したが、同時に自己決定できない『障害者』を排除してしまったのである。

知的障害の自立生活については、ピープルファーストでしばしば使われる「遅れを招く環境」[7]という言葉もある。それは、以下のような概念である。

> 制度や偏見によって「ちえおくれ」というレッテルがつくられ、社会はそのレッテルにあった人々を再生産しているのです。ですから知的障害者は、障害によってではなく、こういった環境要因によって、世にいう「ちえおくれ」にされてしまうのです。(People First of California 1984=秋山ら訳 1998: 2)

「『遅れを招く環境』によって、多くの知的障害者が自分を価値がないものだと思いこまされ、自信がもてなくなる。『遅れを招く環境』によって『遅らされた人』が知的障害者なのである」というのがピープルファーストの主張である。これは社会モデルの主張そのものである。「遅れを招く環境」は病院・作業所・学校などあらゆるところにあり、「実に悲劇的なことに、ほとんどすべてのサービスが遅れを招くようなものになっており、さらに悲劇的なことには『お世話する人』の態度の中にもそれが見出される（前掲書: 55）」。

例えば、大人が子どもにとってベストはなにかを自分が一番知っていると思いこんで、人生の決定を下してしまう（Davis&Watson 2000）、特殊学校の経験と子ども時代の過保護により仲間との関係を発展させる能力を身につけられない（oliver&Sapey 2006=2010: 123）、一連の医療的、あるいは準医療的な介入を通して自分たちが病気であると信じるように育てられることで、大人の指示がなければ命を落としてしまうように感じている（Oliver

1990=2006: 169）などがその例である。このように「知的障害があること」イコール「できない人」として扱うという抑圧と同時に、「できない人」としての知的障害の人に「できる人」の像を押し付ける「規範」が知的障害者の自立を阻むケースも報告されている。

　例えば、青木（2011）は、グループホームで同居者との関係にトラブルが生じて親元に帰ったある人を紹介し、自立が他人に迷惑をかけないための規範となってしまっていて、権利として成立していなかった（前掲書：320）ことを指摘した。事例で取り上げられたA氏には、「自立はこうでなければならない」という確固たる自立像があり、本人にとっては自立とは様々な義務を際限なく要請する厳格なものになっていたことが本人へのインタビューで明らかになっている。知的障害者にとっての自立の困難性がコミュニケーション力などの「主張のできなさ」というインペアメントだけに起因するものではなく、本人の中に内面化された規範によるものでもあることが示されたものである。

　同じような例を三田（2008）が紹介している。施設を出て「自分の城」を手に入れたある知的障害者が、三田を自宅に招待するのだが、そこで三田が見たのは「異常にきれいに掃除されたアパート」だったというのである。彼は、朝は早く起きて窓ふきから畳や柱の乾拭きまでを毎日する。お弁当は毎日栄養を考えてきれいに作る。洗濯も毎日する。洗濯機もカビてはいけないので毎日水を拭く。彼はそうした生活を続けている。そして三田に言うのだ、「おしろはくたびれるねえ……」と。

　施設にいた時代、彼は日々「自立するなら～ができなくてはならない」と言われ続けたのだった。しかし、洗濯機はカビるので水を拭かなくてはならないと教えた人に、自立した後の彼の疲れを予測することはできなかっただろう。つまり、彼の自立生活を失敗のないものにしようと教えられたことはどれも正しいことばかりなのである[8]が、正しいがゆえに、それらの言葉が彼の生活を「くたびれる」ものにしてしまったということになる。

　それでは、こうした事情は知的障害者のインペアメントの問題に起因するだろうか。彼らの認知が硬く偏っているせいで、言われたことを全て鵜呑みにしてしまい、「厳格な自立生活像」を組み立ててしまうことになったのだ

ろうか。それよりはむしろ、「社会の要請」であることが、三田（2008）のその後の記述に現れている。あるシンポジウムでの、結婚したくてもできないでいる熟年の知的障害者カップルと若い世代の知的障害者たちの会話である。

>「結婚できるためにがんばります」
>「なんでそんなにがんばるの？」
>「お掃除が上手にできて、ご飯も作れるようになって、お金の計算ももっと早くできるようになって、ゴミもゴミの日に出せて（中略）、町内の人に好かれるようになったら結婚できます」
>「あの職員の奥さんね、ご飯も作れないし、寝坊でゴミも朝早く出せないけど、結婚できてるよ」
>「僕のお母さんもお父さんもお金の計算が苦手だけれど結婚できたから大丈夫だよ」（三田 2008: 113）

「自立する」ための免許試験を課すかのような世間の目が、彼らを追い詰めていく。それは、「知的障害者である」とラベリングされたときから積み重ねられたディスアビリティである。ところで、上記の会話からは、若い世代の知的障害者たちが明らかに熟年カップルとは異なる自立観を獲得しているらしいことを読みとることができる。「知的障害というディスアビリティ」は、社会的に構築されたものであるがゆえに、周囲の関わりによって変化・軽減しうるものなのである。

4-3　自立生活の条件

では「自立生活」とは何を条件とすべきだろう。たとえば、北野（1990: 65）は、自立生活を「本人のそれぞれの成熟段階に見合った関係性と援助のもとで、その本人の個性と能力があたりまえに発揮された生活」つまり「自己実現された生活」とし、彼自身のバークレー CIL での経験から、自立生活を成り立たせる最低必要条件は、所得保障、介護保障、住宅保障であるとしている。

モリス（Morris 1999（2002）: 9）は、バーナード（Barnardo's 1990: 9）の

「移行の定義」をつかって、北野が示した最低必要条件よりさらにノーマライズされた形での自立生活を示している。そこでは、①学校から訓練・雇用・失業への移行　②両親／介護者の家から出ること　③大人のセクシュアリティ・同棲・結婚・もしかしたら親になることへの移行　④両親（介護人）からの経済的自立の4つが挙げられている。

　現在、日本の知的障害者の「自立生活」をこれらの自立生活の定義を参照して評価しようとすると、実現できていないことは多い。厚生労働省の2007年調べ（『知的障害児（者）基礎調査』）で、日本では18歳以上の在宅知的障害者のうちの94.7%が同居者ありの生活をしているが、そのうち配偶者との同居は2.3%しかなく、つまり在宅知的障害者のほとんどが親やきょうだいという定位家族と同居していることがわかっている。ここから、バーナードの移行の定義のうち、まず②「両親／介護者の家から出ること」は実現されていないことは明白であり、このことと「親元暮らしが多い」という統計結果からは、おそらく③「大人のセクシュアリティ・同棲・結婚・もしかしたら親になることへの移行」も④「両親（介護人）からの経済的自立」も、殆ど実現されていないことが推測できる。

　つまり、「自立生活」を定義しようとするとき、大きな要因になるのは「暮らす場所」である。「どこに誰と住むか」は、他の様々な生活状態に強く影響する要因である。そして、それを自己決定することは人としての根本的な権利であるといえる。田中（2009: 402）も、「自立生活とは空間と時間の確保を前提とし、そこで独自の生活戦略をもって生活の資源を編成すること」であるとしている。

　谷口（2005）は、日本の自立生活の現実的形態を9つに分類している。谷口のこの類型は、北野（1990）の自立の最低必要条件のうち所得保障を除く住居保障と介護保障に着目して類型化されている。まず住居も介護も1人という「独居生活型」と夫婦で暮らす「夫婦相互協力型」、介護または住居について社会的支援を受けて暮らす「グループホーム型」「ボランティア型」「ホームヘルパー型」「有料介護人型」「生活施設型」、介護や住居を家族に依存する「家族近隣居住型」「家族同居型」である。谷口の類型は、家族との同居も施設の生活も「自立生活」の一類型として認識している点が他の自立

観と異なる点である。谷口は「自立生活とは決して孤独でさびしいものであってはならないのである。自立生活という考え方は、個人の幸福を追求していけるものでなければならない（前掲書:95）」と言っている。あらゆる形態を「自主的に生きる姿勢を表現でき得る場所」としていったん認識し、そこから自立の意味を探っていこうという谷口のこの類型は、自立生活の定義そのものを「理念的自立」でくくっている点で回帰的でもあるが、一方で自立の幅を緩やかに規定しており、「自立とは何か」を「障害観」を現わす問いとしてたてる本論としては重要な示唆である。

第2節　ICFについての先行研究レビュー

1　ICFの動向

1-1　ICFの目的とその適用

　ICFは、2001年5月22日、第54回世界保健総会で、WHO加盟国全191カ国によって、健康と障害の国際指標として公式に承認されて以来、国家的あるいは国際的なあらゆる場面で使われてきた。

　ICFは、その目的として以下の4点を挙げている（WHO 2001（=2002: 5））。

(1) 健康状況と関連状況の結果や決定要因を理解し研究する
(2) 健康状況と関連状況を表現する共通言語を確立し、様々な利用者間のコミュニケーションを改善する
(3) 国、分野、サービス、時期の違いを超えたデータ比較
(4) 健康情報システムに用いられる体系的コード化のための分類リストの提供

　また、その適用範囲としては、本来の健康及び関連分野だけではなく保険・社会保障・労働・教育・経済・社会政策・立法・環境整備のような他の領域でももちいられるとされ、例えば社会保障や医療の評価、地域・国・国際レベルでの住民実態調査のようなさまざまな場面に幅広く適用できるとされている（WHO2001（=2002: 6））。

ICF（WHO 2001）が発行されてからこれまでの活用状況を、概観する。まず、調査研究の分野では、世界 71 カ国が ICF の枠組みを健康状態を判断する調査研究に活用しているほか、WHO は ICF を使って史上初の世界規模の概算データを提供する世界保健調査を行い、2011 年「障害に関する世界報告書（World Report on Disability）」を発表した。また、発展途上国への貢献としては、WHO と NSD（United Nations Statistics Division：国連統計部）が、UNESCAP（United Nations Economic and Social Commission for Asia and the Pacific: 国連アジア太平洋経済社会委員会）や UN-ESCWA（United NationsEconomic and Social Commission for Western Asia: 国連西アフリカ経済社会委員会）と協力して、地域レベルで障害に関する統計を改善するためのワークショップを行った。障害児者を家庭内に隠そうとする動きや、障害当事者が回答せずに家族が回答してしまうこと、または障害の状況をしかたのないこととしてしまい、困難として自覚しないことなどを改善するため、ワークショップによる啓発活動がなされた。ワークショップの結果、すでに数カ国が健康と社会の指標と法制度上の合理化を始めているとされる。

　臨床現場での活用については、リハビリテーションの分野での活用がもっとも進んでいる。ICF をベースにした指標とアセスメントが在宅ケア、高齢者ケア、障害診断に使われるようにもなってきている。

　わが国では、2006 年、厚生労働省社会保障審議会統計分科会に国際生活機能分類専門委員会が設置された。これを受けて、「疾病」と「生活機能」両面からの評価を可能とする共通言語として、ICF の普及に向け、介護、リハビリテーション、医療連携等における活用事例などの報告や ICF シンポジウム等が開催されている。介護保険分野においては、要介護認定のための調査項目として活動に重点をおいた生活機能が使用されているほか、介護予防・要支援者に焦点化した地域包括ケアシステムにおけるケアプランや医療と介護保険の連携においても活用されている。人口統計ツールとしては、自治体調査・医療機関調査・災害時調査等で活用されたほか、内閣府が平成 22 年に行った「障害児者実態調査」は、(1) 5000 人以上の障害当事者からの個人調査（アンケート）のみならず、専門家による 22 の障害者団体への訪問・聞き取り調査を行った「当事者参加型調査」(2)「参加」に重点を置い

たICFを基本骨格とした調査　(3) その結果を生活機能向上に生かす　を特徴としたものであった（『平成23年度版　障害白書』より）。

1-2　派生分類ICF-CYの発行

ICFは、初めての派生分類として、2007年にICF-CY（=International classification of functioning, disability and health Children & Youth Version WHO 2007）=「国際生活機能分類－児童版」を発行した。ICF本体の生活機能に、児童の発達的視点に配慮した生活機能を加え、乳幼児から思春期までの発達過程にある人（18歳未満）の生活機能分類として発行されたものである[9]。派生分類として発行された性質上、ICF-CYはICF本体と整合性を保っている。一般的な分類階層構造と分類学の原則をもち、ICF本体と同一の概念名・同一の概念定義・同一の用語を共有している。

開発にあたっては、ICF本体にもともとあった全1424のコードに、1）記述の説明文の修正や拡充　2）未使用のコードへの新しい内容の割り当て　3）「含まれるもの」と「除かれるもの」の基準修正　4）発達面を含めるための評価点の拡充（WHO 2007=2009: 3）が加えられ、コード数は、第1レベルから詳細レベルまでで、全1655となっている。ICF-CYの開発作業チームリーダーであったシメオンソン（Simeonsson 2009）がまとめた拡大・修正点は表の通りである。

ICF本体から削除されたコードはひとつもなく、ICF-CYの新コードの付加や既存コードの修正は、児童のために特になされたものであるが、なかにはICF本体に関係するものもある（WHO 2007=2009: 3）。このため2010年10月のWHO FIC[10]トロント会議では、ICFとICF-CYが合併することが支持され、ICF-CYの新コードや修正コードは、2011年からICFの部分改訂プロセスに組み入れられている。すなわちICF-CYは、実質的にICF本体の拡大・修正版と考えられ、18歳までの児童のみならず、幅広い年齢層に使用可能である（大川2009：202）とされてきた。現在、ICFを使用するツールの作成では、ICF－CYが使用されている（WHO 2014）。

本論でも、ICF-CYをICFの拡大・修正版として捉え、1658のコードを使用範囲とした。よって、特に児童版に言及する場合以外は、本論では「ICF」

表補1-2　ICF-CYにおける拡大・修正点

	「含まれるもの」/「除かれるもの」の修正	4番目に付加された分類	5番目に付加された分類	6番目に付加された分類	付加された分類の合計
心身機能	24	4	28	6	38
身体構造	0	0	8	11	19
活動と参加	75	14	128	17	159
環境因子	12	0	6	9	15
合計	111	18	170	43	231

出　典：Simeonsson,R.J.,Sauer-Lee,A.,Granlund,M. & Björck-Akesson,E.（2009）Developmental and Health Assessment in Rehabilitation wuth the Icf for Children and Youth,edited by: Mpofu,E. & Oakland T.Rehabilitation and Health Assessment Applying ICF GUIDELINES,Springer Publishing Company New York: 27-46.　筆者訳

の語をICF-CYを含むものとして使用した。

1-3　ICFの改訂プロセス

　WHOはICFを発展途上のツールとしてとらえている（Peterson et.al 2010: 18）。現在、WHOは、ICFをアップデートするためのプラットフォームを公開しており、一定の手続きがあれば世界中のどこからでもICFのコードについて提案することができるようになっている。受理された提案は以下4段階で審議されることになっている。

［ICF改正手続き］
Moderation Layer（調整者層）
　Moderator（調整者）が提出された提案が基準に合致しているかチェックする。
　Moderatorは提案を拒否または次の層へ回送することができる。
Closed Group Layer（FDRG）
1. Initial Review Group（9名）
　Closed Group Layerにある提案を審査し、コメントを述べること及び提案の型（小改正、大改正、改訂）を提案することが可能である。また、自身の提案を編集することもできる。
2. FDRG members（約30名）

全てのメンバーで提案の検討を行い、受理の可否及び Open Discussion Layer へ提出すべきかを判断する。
3. Open Discussion Layer（公開討論層）
　ICF 改正プラットフォームの全てのユーザーが提案に対してコメントを述べることができる。
Closed Discussion Layer（URC）
　URC のメンバーのみがコメントを述べ、URC メンバーのうち投票権を有するメンバーが投票することができる。その後の提案の編集は提案者又は改正改訂管理者のみが可能。
（厚生労働省 第 11 回社会保障審議会党県分科会　生活機能分類専門委員会議事録より抜粋）

　4 段階で審議された提案は、さらに、WHO-FIC ネットワーク年次会議の URC における議論、WHO-FIC ネットワーク年次会議諮問会議での了承を経て、WHO 事務局へ提案され、「ICF 改正」が実施されるのである。
　実際には 2011 年から始まったこのプラットフォームでは、これまでに 2011 年版 13 コード、2012 年版 24 コード、2013 年版 7 コード、2014 年版は 25 コード、4 年分で計 69 コードが改訂されている。現在のところ、プラットフォームの最終期限も印刷物として最終版が発行される予定も発表されていない。

2　ICF の構造
2-1　ICF の構成要素の定義
　ICF には「生活機能と障害」の部門と「背景因子」の 2 つの部門があり、第 1 部「生活機能と障害」には「心身機能と身体構造」「活動と参加」、第 2 部「背景因子」には「環境因子」と「個人因子」の構成要素が含まれている（WHO 2001: 9）。
　一般に、ICF は ICIDH の 3 つの構成要素（機能障害（Impairment）・能力（Disability）・社会的不利（Handicap））を、用語に配慮した結果として、機能障害（構造障害を含む）（Impairment）・活動制限（activity limitations）・参加

表補1-3　CIDHからICFへの変更コード例　（筆者作成）

ICIDH	ICF
i30　Severe Impairment of communication	d3　Communication　コミュニケーション
i31.3　Impairment of syntax	d1332　Acquiring syntax　構文の習得
i33.3　Other impairment of body language	d3350　Producing body language

制約（participation restrictions）の概念にそのまま移行したものと捉えられている（Oliver 2006（=2010: 78）、上田 2002: 125、星加 2007: 249）が、ICF改定に携わったピーターソンら（Peterson et.al 2010: 8）は、ICIDHからICFの改定において、身体の機能と構造の問題を示す「機能障害」が「活動制限」に、「社会的不利」が「参加制約」に置き換えられたとしている。彼らは、ICFの「インペアメント（機能障害）」とは、人口の標準からの有意差を指すものであって、心身機能や身体構造の喪失や異常のことのみをさすと強調し、ICIDHの機能障害とは同じ語を用いていても同じものではないことを示唆する。社会モデルが捉えるインペアメントとディスアビリティとの異同を含め、これらの概念を再度整理する必要があるだろう。

　ICIDHの機能障害の定義は、「機能障害：健康の経験という文脈において、機能障害とは精神的・生理的・解剖学的な機能や構造の何らかの喪失や異常のことである（WHO 1980: 47 筆者訳）」。

　定義そのものは、前掲のICFの機能障害の定義と大きく異なるものではないが、おそらく社会モデルとの議論の中で、「機能や構造の何らかの喪失や異常」の解釈が異なってきたのではないだろうか。ICIDHとICFを比較すると、例えば以下のような項目が、相当数にわたって、ICIDHでは機能障害に、ICFでは活動と参加のリストにあることがわかる[11]。

　ICFでは、インペアメントの概念が見直され、「心身機能や身体構造の喪失や異常のことのみ」に集中したリストが機能障害（Impairment）であり、それらが環境因子や個人因子等の他の構成要素と相互作用する過程もしくは相互作用した結果が、活動と参加であると分類されている。

　前述した通り、社会モデルにおいても、ディスアビリティに比して軽視されてきたインペアメントに着目した議論が一定の成果をみせており、イ

ンペアメントや障害の個人的体験を「社会的抑圧」として捉える視点（杉野 2005: 136）が、障害学を含めた社会モデル内部で熟成されている。その中で、星加（2007: 252）は、ICF が「インペアメントを、標準からの偏差として医学的・生理学的に定義している」ことを問題として指摘している。彼は、「差異としてのインペアメント」と「スティグマとしてのインペアメント」というインペアメントの両義性[12]をとりあげており、環境因子を含む他の要素や次元との関連において規定されるスティグマとしてのインペアメントが示されないような、純粋な生理学的言語で記述されるインペアメントは「あり得ない」としている。

次に、「ディスアビリティ」については、ICF はどのように捉えているだろうか。ICF は前掲の「ICF の構成要素の相互作用」図において説明している「相互作用」という語で、「生活機能」と「障害」を定義づけている。すなわち、「人の生活機能と障害は、健康状態（病気〈疾病〉、変調、傷害、ケガなど）と背景因子とのダイナミックな相互作用と考えられる（前掲図: 8）」。生活機能（functioning）とは、心身機能・身体構造、活動と参加の包括用語であり、（ある健康状態にある）個人とその人の背景因子との相互作用のうちの肯定的側面を生活機能、否定的側面を障害という（前掲図: 204）。さらに、「この相互作用は、利用者によって過程として見ることも、結果として見ることもできる（前掲図: 8）」とあり、「相互作用」は、disablement＝過程として見る社会モデルの視点と disability という結果として見る医学モデルの視点の両方を意識したものであることが示唆されている。

2-2　ICF の階層構造

ICF は、階層構造となっている。したがって、より広いカテゴリーが、親カテゴリーよりも細かい多数の章カテゴリーを含むように定義されている（WHO 2001=2002: 19）。ICF ではこの階層を「レベル」と呼び、短縮版としては第1レベルまでの分類と第2レベルまでの分類があり、完全版としての詳細分類（第3・第4レベルまで）と併せて3つのリストが用途に応じて使えるよう用意されている。

各レベルの詳細分類に含まれるコード数は、心身機能のコードが480、身

体構造のコードが304、活動と参加は383、環境因子は252である。

　2002年6月第8回ICF北米協力センター会議で、ハーラン・ハーン（Hahn）が障害当事者研究者を代表して述べたのは、ICFにはインペアメントや活動制限に比較して環境因子や参加制約の項目が少なく、依然として障害の社会的次元に対する関心が低いという批判であった。彼は、「（社会モデルを支持する）多くの障害当事者たちの努力は最終的に拒絶された」と語っている（杉野 2007: 75）。

　ICFは活動と参加のリストを単一のリストとしている。利用にあたっては、活動と参加を明確に区別する場合から、完全な重複を伴う場合まで4つのパターンが想定されているが、いずれにしても、現時点ではICFのリストを活動と参加に分割することができないため、ハーンの主張を証明することはできない。コードの数だけを単純に合計して比較することにそれほど厳密な意味は見出せないが、少なくともハーンが言うところの「インペアメント」にあたる「心身機能」「身体構造」の合計数784と環境因子の数252を比較すると、その差は歴然としている。

2-3　ICFのコード

　ICFでは、アルファベットと数字を組み合わせた表示によってコードが示される。

　最初のアルファベットのb、s、d、eはそれぞれ心身機能（bodyの略）、身体構造（structureの略）、活動／参加（domainの略）、環境因子（environmentalの略）を意味している。なお、活動と参加のコードのアルファベットdは、「利用者の判断により、活動又は参加を表すために、dの文字をa（＝活動activities）またはp（＝参加participation）に置き換えることができる。(WHO 2001=2002: 212)。

　アルファベットの後には、数字のコードが章番号（1桁）、第2レベル（2桁）、詳細分類（第3・第4）レベル（各1桁）が続く。

　例えば、例に挙げたd2300はd（活動と参加）のリストの第2章にあり、続く30（2桁目・3桁目）は「日課の遂行」を示すコードであり、続く0（4桁目：第3レベル）は、日課の中でも「定められた日課」に従うことを示す。

このコードは数字が4桁までであるから、第4レベルの分類はされていないということになる。

それぞれのコードには具体的な定義が記されている。これらの定義は各領域の本質的な属性（例えば、性質、特性、関係）を示し、さらに各カテゴリーに「含まれるもの」「除かれるもの」についての情報が示されている（WHO 2001: 213）。

[例]（ICFより抜粋）

d 230　日課の遂行　Carrying out daialy routine

日々の手続きや義務に必要なことを、計画、管理、達成するために、単純な行為または複雑で調整された行為を遂行すること。例えば、1日を通しての様々な活動の時間を配分し、計画を立てること。

　含まれるもの：日課の管理、達成、自分の活動レベルの管理
　除かれるもの：複数課題の遂行（d220）

d 2300　定められた日課に従うこと　Following routines

基本的な毎日の手順や職務に従事するにあたって、他人の指導（模範、手本）に応じること。

2-4　ICFの評価点

ICFは、その使用にあたって、コードに重症度を示す評価点を付して「コード化」することを推奨している。ICFには、「どのコードも最低1つの評価点を伴う必要があり」、「ICFのコードは評価点があってはじめて完全なものになる」と明記されている（WHO 2001: 20）。

ICFの評価点は、小数点以下1、2、又は3以上の数字で示される。心身機能と身体構造の第一評価点、活動と参加についての実行状況と能力の2つの評価点、そして環境因子の第一評価点は、それぞれの構成要素における問題の程度を表す（WHO 2001: 214）。

例えば、ICFは、活動と参加のコード化における「能力と実行状況の評価点の使い方」として、次のように説明している。

活動と参加は２２つの評価点でコード化される。すなわち実行状況の評価点（小数点以下の１桁目の部分を占める）と、能力の評価点（少数点以下２桁目）である。

　実行状況の評価点とは、個人が現在の環境のもとで行っている活動や参加の状況を示すものである。現在の環境は社会的状況を含むため、この評価点で示される実行状況は、人々の実際生活の背景における「生活・人生場面への関わり」あるいは「生活経験」としても理解することができる。この背景には環境因子、すなわち物的側面、社会的側面、人々の社会的な態度の側面などの全ての側面が含まれている。現在の環境の特徴は、環境因子の分類を用いることでコード化することができる。
　能力の評価点とは、ある課題や行為を遂行する個人の能力を表すものである。この構成概念は、ある領域についてある時点で達成することができる最高の生活機能レベルを示すことを目的としている。能力は環境により調整された個人の能力を示す。この調整は、国際的な比較を行うために世界中の全ての人について同じでなければならない。典型的には、能力の評価点は支援なしの状態で用いられ、福祉用具や人的支援によって高められていない個人の真の能力を示す。実行状況の評価点は個人の現在の環境を扱っているため、福祉用具や人的支援、あるいは阻害因子の存在が直接観察される。促進因子あるいは阻害因子の性質は、環境因子の分類を用いて表すことができる。
（WHO 2001: 220-221　一部抜粋）

3　ICF の活用
3-1　調査への活用
(1)『世界障害報告書（World Report on Disability）』
　WHO と世界銀行は、2011 年 6 月、史上初の世界規模の概算データを提供する『障害に関する世界報告書』を発表した。この報告書は、WHO 主導で 2002 年から 2004 年にかけて世界 70 カ国で行われた『世界保健調査（World Health Survey）』に基づいている。『世界保健調査』は、ICF をベースに「運

動・移動」「セルフケア」「痛み」「認知」「対人関係」「視覚」「睡眠と精力」「情動」という8つの項目についてそれぞれ2項目の機能困難に関する主観的評価を求めた調査であり、19歳以上の人々を対象に対面調査を行ったことが特徴的である。障害当事者が直接回答したことで、障害の原因ではなく実行状況に焦点があたったことは、世界的な規模の調査としては画期的なことであった。

　この調査結果をまとめた『障害に関する世界報告書』では、障害者の割合をより正確にかつ比較可能な形で把握するためにはICFに基づく評価方法の使用が勧められると書かれており、WHOは、各国でこれまでに行われてきた障害調査とは異なる障害調査として、MDS（Model Disability Survey）プロジェクトを開始した[13]。従来の調査は、まずインペアメントがあるとされる人口を定め、その対象者に向かってインペアメントの結果としての困難さをたずねるものだったが、MDSは健康状態を確認する前に調査対象者が一生のうちで何をするかしないかについてたずねる調査である。調査項目の設計にあたっては、まず世界中の障害調査が集められ、内容分析の手法を使ってICF項目によるマッピングを行うことで、調査項目の問題点が精査された。すでにカンボジアで予備調査が開始している。（ICF Research Branch Newsletter 2014 [http://www.icf-research branch.org/other-research-programs-and-projects/model-disability-survey-mds] より筆者訳）

(2) PALS（The Participation and Activity Limitation Survey）
　カナダは、早くからWHOの分類を使ってきた国である。1986年の国勢調査では、ICIDHを基礎にHALS（Health and Activity Survey）と名付けられた障害者実態調査を開発し、「活動の制約があるか」「長期のディスカビリティやハンディキャップがあるか」という質問を用意して「ある」と答えた者を対象に調査をおこなった（佐藤 1992: 76）。参加が阻まれたと感じるときに「障害」があるのであって、障害の定義そのものが医学で規定されてしまうものではないという前提にたった調査であった。調査結果は、全人口の13.7%が動作や活動の制約をもつと答えたと報告された。
　ICIDHがICFに改定されてからは、PALS（The Participation and Activity

Limitation Survey）という調査を開発した。HALS の既存のデータによって一般的な障害を把握していたため、それらと ICF のコードを結合させたのが PALS である。ICF の膨大なリストを全て使うことをせず、心身機能や身体構造に問題があれば活動や参加や環境因子に問題を感じるはずだという推測のもと、あえて心身機能や身体構造に触れずに、4 つのレベルの環境因子（身体的環境・社会的環境・政治的環境・経済的環境）を主体に質問を組み立てている（MacKenzie 2006）。

　PALS は、「障害とはなにか」を当事者の主観にゆだねた。障害をスペクトラム上のどこにあると考えるかは当事者が決めることになるため、個人によって「閾値」が変化することになる。これによって、2001 年の調査と 2006 年の調査では、同じ質問紙を使ったにもかかわらず、「障害がある」とされた人口が大きく変わった。2001 年には 14.6％だった障害者人口が 2006 年には 16.5％になったのである。もちろん、カナダでも人口の高齢化は進んでおり、その影響も考えられたが、統計処理の結果、高齢化の影響はその差の 3 分の 1 程度であろうとされた。つまり、差の 3 分の 2 は、その他の影響であると考えられ、特に数字が増えたのが、若い世代の軽度障害の値であった。閾値が変化しているということになる。MacKenzie（2012）は、これを「期間効果（period effect）」とした。たった 5 年間で同じ国の障害の閾値が変化するということは、障害とは医学だけで決めることができない非常に社会的なものであるということを端的に示しているといえる。

3-2　実践的活用
（1）ICF コアセット
　ラーチら（Rauch et al. 2012=2015: 9）は、「ICF は遺漏のない網羅的な分類であるが、日常の臨床診療現場では使いにくい」とし、この問題を解決するための実用的ツールとして ICF コアセットを開発した。ICF が発行された 2001 年に、ICF コアセットのプロジェクトが立ち上がり、最初に、ICF の主な項目によって構成された ICF チェックリスト（WHO　2001）が作成された。個人の生活機能やその低下についての情報を整理し、記録する際の実用性を重視して作成されたリストである。これを使用して多施設で調査が行

われ、実証的データが収集された。エバート（Ewert et al. 2004）の調査では、ドイツの33のリハビリテーション施設で働く68人の専門家からデータが集められ、801人の入院患者と116人の外来患者の計1044人のデータが分析された。これによって、例えば筋骨格に問題のある患者群は共通項も多くコアセットが作りやすいだろうことなどが示唆された。一方で、慢性疾患の患者に社会環境上の阻害因子が多く訴えられており、これまでの医療がアセスメントツールとしてきた指標では測りきれない生活機能があるだろうこと、これらを包括的にアセスメントする必要が明らかになった。

　ウィーグルら（Weigl et al. 2004）の研究では、多数の専門家が同じ質問紙を使って収集したデータを繰り返し分析するデルファイ方式を用いて分析が行われた。活動と参加のコードではd 920 レクリエーションとレジャー、環境因子ではe310 家族のコードがどの疾患や障害についても欠かせない重要なコードであることが確認された。このほかに個人因子として教育ステータスやライフスタイルのように必要とされる項目が挙げられ、今後のICFの改訂作業への示唆とされた。また、分析調査に参加した専門家の国籍によって選ぶコードが異なることも発見され、文化的差異が今後のICFの使用のあり方において課題となることが指摘された。

　ブロッコウ（Brockow 2004）は、1991年から2000年のあいだに発表された医学論文をMEDILINEで無作為に抽出し、ICFのコードにリンキングして分析した。結果、環境因子や参加のコードにはあまりリンキングされず、これまでの医学の世界でそれらがあまり重視されてこなかったことが浮き彫りになった。全体としてはICFは多くの疾患や障害を表すのに十分なコードをカバーしていることが確認されたが、わずかながらカバーしきれなかった個人因子等についても言及された。「制御の部位」、「対処（コーピング）」、「個性」、「生活満足度」または「自尊心」である。

　このように、ICFのコードの中でどのコードが選ばれるべきか、コアセットを作成する上で重要な知見が様々な研究で明らかにされた。加えて、上記の研究は専門家の視点でみた研究であるが、質的研究によって患者からみたニーズについても調査された。例えば、スティム（Stamm 2005）は、21人の患者のインタビューの逐語録をICFコードにリンキングし、専門家の見

方に比べて当事者の見方はより個別具体的であること[14]が今後さらに重視されなくてはならないこと、すなわち患者の訴えを一般化してしまうことの危険について指摘した。また、例えばリウマチの患者でもある一人の看護師は、職場復帰にあたっては「痛みがない」とうそをつく必要があったことを告白しており、この研究によって、職場の理解が患者の生活機能を向上させるバリアになることが示唆された。

　こうした研究に基づいて、疾患別・障害別にもっとも関連すると推定されるカテゴリーを選択したリストであり、生活機能の最小限の評価や報告、臨床診療や研究のために用いられる（Selb 2014: 3)「ICF コアセット」が作成された。

　セルブによれば、これまでに急性期・回復期・長期のケアごとに、また職業リハのためのコアセットのような背景横断的なコアセットも含め、34のコアセットが開発されている。ICF コアセットマニュアル（= ICF CORE SETS Manual for Clinical Practice（ed by Bickenbach et.al 2012)）を発行し、コアセットの普及に努めている WHO の ICF Research Branchh は、HP 上で最新の ICF コアセットを公表している[15]。

　臨床におけるコアセット使用の手順として、ICF コアセットマニュアル（ICF Core Sets: Manual for Clinical Practice 2012 = 2015）が紹介しているのが、「ドキュメントフォーム（the documenttation form)」と呼ばれる形式で情報を収集し、生活機能プロフィール（functioning profile）にまとめる方法である（Rauch 2012:31-36）。

　ドキュメントフォームには、疾患・障害に合わせてコアセットとして選ばれた ICF のカテゴリーとコードごとに、コードとタイトルと定義が記載されており、誰でもコードを選択できるようになっている。そこに、評価点を示す表と、情報源をチェックする欄（ケース履歴、質疑応答、医学的検査、テクニカル調査)、加えて、当該の問題について自由に記す備考欄がある。さらに、これをまとめる形で示される「生活機能プロフィール」は、ICF の評価点を棒グラフの形で示した一覧表になっている。

　臨床診療においての ICF コアセットは、患者が関連するあらゆる場面について考慮したいと願う専門家にとって、彼らの専門分野を超える、例えば地

図補1-1 ICF コアセット　生活機能プロフィール
ICF Research Branchh（http://www.icf-research-branch.org/）より転載

域における生活機能も評価することができるという点において、学際的で包括的な説明を提供することができる（Ptyushkin 2012）と言われており、現在のICF研究では、コアセットの有用性を検証する研究が主である（Stamm,T. A.et al. 2005 , Coenen,M. 2006, Starrost et al.2008, Lemberg et al.2010, Bölte,S. 2013）。

(2) ICF 関連図

ICF関連図は、ICFの「構成要素間の相互作用」の図（WHO 2001: 17）を援用して作成されるコードの関連を示した図である。

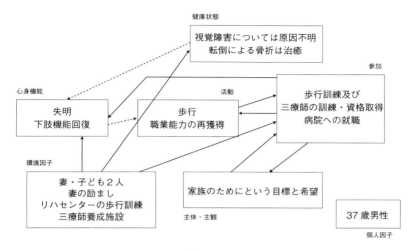

図補 1-2　佐藤（2008）による関連図例
第 6 回 社会保障審議会統計分科会生活機能分類専門委員会資料より

　ICF 関連図は、わが国では特別支援教育分野において実践的に使用されてきた。ICF 関連図を発案し、普及をリードしてきた徳永（2013: 59）によれば、「ICF 関連図」は、「健康状態、心身機能・身体構造、活動、参加、環境因子、個人因子に、後述する本人の気持ちなども交えて多面的・総合的に子どもの生活をとらえ、またそこに書き込まれた情報の相互作用を考えながら情報を整理するもの」と説明されている。話し合いのツールとして使われる場合と、アセスメント資料として作成される場合がある。その様式や使用方法に決まった形はない。ICF 関連図は目的や対象によってさまざまな形態がとられているのが現状であり、特別支援教育における実践でも、使いやすいデザインや方法が工夫・改良され、さまざまな図が紹介されている。佐藤（2008: 11）は、厚生労働省の「第 6 回 社会保障審議会統計分科会生活機能分類専門委員会」における事例報告の中で、ICF 関連図の作成手順を総合的に報告している。図は、佐藤がレクチャーの際に使用した資料から転載した ICF 関連図である。
　下尾（2006）は、付箋紙を使って保護者と教員が話し合うツールとしての

関連図を開発し、試験的に面談ツールとして使用した24校35組の実践について報告した。ICFコードをあらかじめ印字した付箋カードを保護者と教員が模造紙上に並べる方法であり、保護者にとっては「普段の面談より具体的な会話が進んだ」、「整理ができた」という評価はあったが、保護者・教員双方から「時間がかかりすぎる」「カードが多すぎる」というデメリットが語られ、カード数を減らし、構造をシンプルにすることが求められた。

　大久保（2007）は、付箋紙を使う面談用のICF関連図をシンプルにすることを試みている。ICFコードにこだわらず、保護者と教員が自由に語る言葉を付箋に書きこんで、ICFの知識のある教員がICF関連図に貼っていく方法である。あらかじめ用意された紙には、ICF構成要素作用図にある要素、健康状態、心身機能・身体構造、活動、参加、環境因子、個人因子と「主観」の空の枠が書かれており、この枠内に付箋を貼っていくことで面談を整理するのである。ICFについての知識がある程度なければ、枠内に付箋を貼る作業に迷い、そこに時間と気持ちが集中する点にデメリットはあるが、目の前で話が整理されていくことは面談を構造化でき、双方にとって一定の満足感は得られたことが報告されている。本人の自己覚知を促すツールとして関連図を活用した研究もある。

　斎藤他（2013）は、「本人によるマイノオト」の実践を報告している。ICF構成要素間相互作用図を模したものではあるが、書かれた内容よりも本人が書きながら何を発見するかということを重視しており、それによって主体的な課題設定が可能になることを目指しているものである。

　このように様々な形態や方法で試行されてきた関連図による取り組みであるが、特別支援教育分野での普及については、十分に行きわたっているとは言えない状況である。

　（独）特別支援教育総合研究所（2009）は、1134校へのアンケート調査（回答数809校）でICFの普及について調査している。特別支援学校全体を見ると、全体の4分の1の学校及び80％以上の職員がICFを知っていると回答しているが、79％の学校で活用されておらず、学校経営の方針に掲げている学校がある一方で、用語の理解しにくさやコードの煩雑さなどから敬遠されている面も明らかになっている。

家庭

b117 知的機能
知的障害あり

d230 日課の遂行
音や目に入ったものに反応してしまい、時間がかかる

d132 基本的な知識の習得
自分の生活に必要な知識は取得し、できる・できないを判断する

d630 家族のための仕事（調理）
まぜるなどの簡単な手伝いをする。希望：少しずつできることを増やす

d6400 家族のための仕事
（衣類の洗濯と乾燥）上履き靴を母と一緒に洗っている。希望：一人でできるようになって欲しい

b144 記憶の機能
直前にやっていたことを忘れることがある

d135 反復学習 音読・数章を聞こえる声でするようになった。繰り返しは間違う不安があり苦手

d160 注意の集中 自分の興味のあるものに対しては集中できるが、そうでないものには難しい

d161 注意の持続 自分の興味のあるものは持続できるが、そうでないものには難しい

学校

d8201 学校教育・教科学習
国・算は他の児童のプリントに興味を示す。
希望：自分の学習に先生と一緒に取り組む

dd8201 学校教育・交流 朝・帰りの会・音楽・掃除の交流をしている。希望：落ち着いて自分の席にいるようになる

b310 音声機能
小さな音（内緒話）がでない

d1401 書かれている単語を発音する力の習得 発音がはっきりしないため、相手に伝わりにくい

d1402 書かれている単語や文を理解し、意味を読み解く力の習得 1年生の国語の教科書の文章を読解する力はあるが、見ただけで出来ないと決めつけることもある

d8201 学校教育・自立活動
とりかかりはとても良い。
希望：作業を続け、ある程度の量を仕上げたり、同じペースで作業できるようになって欲しい

b320 構音機能
発音不明瞭なものもある

d8201 学校教育・生活単元学習
発問に対し、わからなくても何か行動をしてしまう。
希望：二つ以上の選択肢から答えを選べるようになって欲しい

d440 細やかな手の使用 指先でつまむことが苦手。ゼリーのふたが開けられるようになった

d550 文化的に許容される方法で食べること。肉などを自分で一口大に出来ず、ものによっては手で食べてしまうことがある

d530 排泄 気になることがあると、それを優先してトイレに行かない（学校では時間排泄）

d8201 学校教育・給食と掃除
目に入ったものが優先する。
希望：順序や決まりに沿って短時間でする。

d410 基本的な姿勢の変換
下半身が不安定でまっすぐに寝るより少し曲がった姿勢をとる

d710 基本的な対人関係
自分からコミュニケーションを取ろうとするが、相手が自分のペースで動いていないと一緒にいないように感じる

d415 姿勢保持 自分の取りやすい姿勢で安定する

d720 複雑な対人関係
男の子とのかかわりを好む

図補 1-3　付箋紙を使った ICF 関連図（下尾 2006）

Patient: Age: Form nr.: Date:	**Disorder/Disease :** ↙　　　↘	Medication: Coordinator: Rehab-Goal:
Patient/Family Perception of Problems and Disabilities		
	Functions/Structures ←→　*Activities*　←→　*Participation*	
Health Professional Identification of Mediators Relevant to Target Problem		
	Personal Factors	*Environmental Factors*

図補 1-4　The Rehabilitation Problem-Solving Form（RPS-Form）
as presented by Steiner et al.（2002）. Steiner et al.（Eberhardt & Greiner 2008:29）http://www. rehabnet.ch/files/categories/Downloads/Publikation_BEberhardt_Clinical_use_RPS_Form_Indonesia_Nepal_2008_RehabNET_EN.pdf より

　海外でも ICF 関連図がさまざまな様式で用いられている（Atkinson 2011 など）。スイスのステイナーら（Steiner et.al 2002）が、リハビリテーション計画のための課題設定のために、ICF の「構成要素間の相互作用」図を援用した RPS-Form（Rehabilitation Problem-Solving Form）は、ICF 関連図のひとつと言える。現在、スイスのチューリッヒ大学病院を中心に、主にヨーロッパ諸国に広がり、リハビリテーション分野のみならず、福祉教育分野にも応用されている。
　RPS-Form の特徴は、心身機能・身体構造と活動、参加の 3 つの生活機能欄がさらに 2 つに分けられている点である。ひとつは、当事者や家族のナラ

ティブをそのまま各生活機能に分類して記述する欄であり、この欄は先述したわが国のICF関連図に近い。もうひとつは、医師、療法士、ソーシャルワーカーなどの専門職が記入する欄であり、そこには標準的な環境の下で行われたさまざまな検査の結果が、ICFの評価点で再評価されコード化されたものが記述される。このフォームの特徴は、専門職による客観的な生活機能と障害の状態の把握だけでなく、患者の主観的な生活機能と障害の状態を把握して、対にして組み合わせているところである。専門職間ならびに患者と専門職のコミュニケーションを促進し、改善することが目的とされている（堺 2013: 322）。

あとがき

　本書は、日本女子大学大学院社会福祉学研究科に提出した博士学位論文「知的障害児の母親の障害観にみる障害モデルの共存〜ICFによる質的分析〜」に基づくものです。本書をまとめるにあたって、若干の加除・修正を行いました。

　博士論文をまとめるにあたり、主査として温かくご指導くださった木村真理子先生に心より感謝申し上げます。遅々として進まない研究に、先生が辛抱強く寄り添ってくださり、励まして続けてくださったおかげで、諦めずに書き上げることができました。先行研究を丁寧に行ってこその研究であることを徹底して教えていただき、独りよがりになりがちな研究に厚みをつけてくださいました。

　また、論文審査にあああたって副査の労をとっていただきました小山聡子先生には、博士課程後期に入学した時から10年の間、一貫した姿勢で社会モデルのなんたるかを教えていただき、また常に新鮮な研究テーマを提供して私の研究心を刺激し、導いていただきました。バイタリティあふれる情熱的なご指導に惹かれ、理論研究もなんとかこなすことができました。心より感謝申し上げます。

　同じく、副査の労をとっていただきました久田則夫先生には、苦手な分野にも正面から取り組むようご指導いただきました。ともすれば避けがちな分野にこそ、探し物が見つかることをこの研究を通して痛感いたしました。心より感謝申し上げます。

　学外審査員を引き受けてくださいました社会事業大学大学院特任教授　佐藤久夫先生には、私が横浜国立大学大学院で障害児教育学の修士課程におりました頃から、ICF研究を通じてご指導いただきました。理論だけではなく使えるICFを目指しておられるのを感じ、及ばずながらお背中を追ってきたように思います。心より感謝申し上げます。

同じく、学外審査員を引き受けてくださいました早稲田大学文化構想学部教授岡部耕典先生には、障害のある子の親として尊敬と憧れを持ち続けてきました。子どもとの日常も研究の材料の一つとして昇華させつつ、研究者として冷静な視点を堅持する先生に、いつかお目にかかってご指導いただきたいと熱望しておりました。この度、小山先生のご紹介によりその希望が叶いました。本論を丁寧に読み込んでくださり、大変ありがたく、心より感謝申し上げます。

　また、学部時代にご指導いただいてからこれまで、障害のある子の子育て期に、またその後の研究生活にも、何かにつけ励まし支えてくださった日本女子大学名誉教授　田端光美先生、修士時代に「研究とは何か」から論文のお作法も教えてくださった横浜国立大学教育学部教授　関戸英紀先生、本論のICFコードリンキングの作業について、幾度なくご指導いただきました帝京大学福岡医療技術学部教授　堺裕先生、私をICF研究のお仲間にしてくださった横浜国立大学准教授　徳永亜希雄先生、娘が赤ん坊の頃からこれまで私と娘に寄り添ってくださった日本女子体育大学教授　雨宮由紀枝先生その他これまでさまざまなアドバイスや励ましをいただきました先生方に心から感謝申し上げます。

　また、本論がこうして完成したのは、博士論文執筆を半ば諦めかけていた私に再び火をつけてくれ、チャンスを作ってくれた立脇恵子さんのおかげです。他にも、たくさんの友人が、時に自信をなくす私に前を向かせてくれました。

　そして、家族にも、たくさんのありがとうを言わなくてはなりません。いつも笑顔で家事を手伝ってくれ、今も私を支えてくれている母、研究する私を喜んでくれた亡き父、40にして大学院を目指した私を経済的にも精神的にも常に励まし、支え、共に喜んでくれた夫に。そして何より、この研究はそもそもが娘の存在がスタートでもあり、ある意味では目指すべきゴールもそこにあります。随分我慢させただろうに「お勉強頑張ってね」とねぎらってくれた娘に心から感謝し、あなたとの日々を力にしてこれからも精一杯がんばりますと、ここに宣言します。

　最後に、娘のおかげで知り合った多くの「ママ友」の存在が、本論のすべ

てを構成していると言っても過言ではありません。グループディスカッションに参加してくださり、本論文の大部分を作ってくださったママたちはもちろん、その何倍もの方々がご自身の経験をもとにたくさんのご意見を寄せてくださり、また励ましてくださいました。深く感謝いたします。

　障害のあるなしにかかわらず誰もが生きやすい社会をともに作るために、この研究が少しでも貢献できますように、さらに努力を重ね研究を続けることが、お世話になったみなさん方に報いることと改めて思っております。
　皆様、ありがとうございました。

2017年8月
下尾直子

引用文献

Adolfsson, M.(2011)*Applying the ICF-CY to identify everyday life situations of children and youth with disabilities*, Studies from Swedish Institute for Disability Research 39.

相浦沙織・氏森英亞(2007)「発達障害児をもつ母親の心理的過程──障害の疑いの時期から診断名がつく時期までにおける10事例の検討」目白大学心理学研究, 3, 131-145.

赤塚光子(2007)「生活能力の維持・回復・向上」仲村優一監修『エンサイクロペディア社会福祉学』中央法規, 248-251.

Altman, B. M.(2001)*Disability definitions, models, classification schemes, and applications.* In G. L. Albrecht, K. D. Seelman & M. Bury(Eds.), Handbook of Disability Studies, Thousand Oaks, CA: Sage Publications, Inc., 97-122.

青木千帆子(2011)「自立とは規範なのか──知的障害者の経験する地域生活」障害学研究, 7, 301-325.

有馬明恵(2007)『内容分析の方法』ナカニシヤ出版.

有松玲(2012)「障害者政策の現状と課題」Core Ethics, 8, 1-11.

Atkinson(2011)*A tool for clinical reasoning and reflection using the International Clasification of Functioning, Disability and Health(ICF)framework and patient management model*, Physical Therapy, 91(3), 416-420.

安積純子・岡原正幸・尾中文哉・立岩真也(1990)『生の技法──家と施設を出て暮らす障害者の社会学』藤原書店.

安積遊歩(2009)『いのちに送る超自立論』太郎次郎社.

Asch, S. E.(1952)*Social psychology*, New Lersey:prentice Hall.

Barnes, C., Oliver & M., barton, L.(2002)*Disability Studies Today*, Polity Press association.

Barnes, C.(2011)「特集Ⅲ障害学と障害者政策──イギリスと日本の対話 討論」障害学研究, 7, 明石書店, 106-118.

Berelson, B.(1954)*Content analysis*.In G. Lindzey(ed.)*Handbook of Social Psychology*(2nd ed.)(=稲葉三千男・金圭煥訳(1957)「内容分析」清水幾太郎・日高六郎・池内一・高橋徹監修『大衆とコミュニケーション』みすず書房, 488－518)

Bickenbach, J. E.(2001)*Disability·human rights, law, and policy*, in Alberecht et al.Handbook of disability studies, 565-584.

Bickenbach, J. E.,Chatterjia, S, Badleyb, E. M., Ustun,T. B.(1999)*Models of disablement, universalism and the international classification of impairments, disabilities and handicaps*, Social Science and Medicine,1173-1187.

Bickenbach. J. E.(2009)*Disability;non-talent, and distributive justice*, In Kristensen, K., Velmas, S., Shakespeare, T.(eds.)*Arguing about disability : philosophical perspectives*, London : Routledge, 105-123.

Bickenbach, J. E., Cieza, A., Rauch, A., Stucki, G.(2012)*ICF core sets : manual for clinical practice*, Hogrefe publishing, (= 公益社団法人 日本リハビリテーション医学会監訳 (2015)『ICF コアセット 臨床実践のためのマニュアル』医歯薬出版.

Blacher, J. (1995) *Review of the book:cognitive coping , families and disability*, American Journal of Mental retardation , 99 (6) , 687-689.

Bölte, S., Schipper, E., Holtmann, M., Karade, S.,Vries, P., Selb, M., Tannock, R. (2013) *Development of ICF core sets to standardize assessment of functioning and impairment in ADHD : the path ahead* , Eur Child Adolesc Psychiatry.

Bonnie, S. (2004) *Disabled people, disability and sexuality; disabling barriers; enabling environments* (= 竹前栄治監訳 田中香織訳 (2010)『イギリス障害学の理論と経験』明石書店, 211-223)

Brockow, T., Wohlfahrt, K., Hillert, A. , Geyh, S., Weigl, M., Franke, T., Resch, K. L. & cieza, A (2004) *Identifying the concepts contained in outcome measures of clinical trials on depressive disorders using the International Classification of Functioning , Disability and health as a refference*, J Rehabili Med, 2004:44 , 49-55.

Brown, R.(1988) *Group processes : dynamics within and between groups*, Basil Blackwell Limited (= 黒川正流・橋口捷久・坂田桐子訳 (1993)『グループプロセス』北大路書房 .)

Byers, P.Y. & Wilcox, J. R. (1991) *Focus groups : A qualitative opportunity for researchers* ., Journal of Business Communication, 28, 63-77.

Cieza, A., Geyh, S., Chatterji, S., Kostanjsek, K., Usün, B., & stucki, G. (2005) *ICF linking rules :an update based on lessons learned*, J Rehabili Med , 37(4) , 212-218

Cieza, A., Stucki, A., Geyth, S., Berteanu, M, Quittan, M., Simon, A., Kostanjsek, N., Stucki, G., &Walsh, N. (2004) ICF core sets for chronic ischemic heart disease

Cieza, A., Geyh, S., Kostanjsek, N., Usün, B., & stucki, G. (2005) *ICF linking rules : an update based on lessons learned* J rehabili Med, 37(4) , 212-218.

Coene, M., Cieza, A., Stamm.T. A., Amann, E., Kllerits, B. and Stucki, G. (2006) *Validation of the International Classification of Functioning, Disability and Health (ICF) Core Set for rheumatoid arthritis from the patients perspective using focus groups,* Arthritis Res Ther 2006: 8(4) , R84.

Cohn, N.(1961) *Understanding the process of adjustment to disability*; Journal of Rehabilitation, 27 (6) , 16-18.

Crow, L. (1996) *Including all of our lives: renewing the social model of disability*; Morris, j. ed, *A Feminism and Disability; ed. Encounters with Strangers* , The Women's Press, 206-226.

Daly, Mary. ed. (2001) *Care Work:The Quest for Security* . Genova : International Labor , Office.

Darling, R. B. (1983) *Parent-Professional Interaction: The Roots of Misunderstanding* , *The family with a Handicapped Child : Understanding and treatment*, ed. Seligman , M. New York grune and Stratton, 95-121.

Davis, J. M., (2004)「障害と子供――固定観念を解体する」竹前英治監訳 (2010)『イギリス障害学の理論と経験』237-249.

Davis, J. M. & Watson, N. (2000) *Disabled children's rights in every day life: problematising notions of competency and promoting self-empowerment* , International Journal of Children's Rights , 8(3),

211-228.

出口泰靖（2013）「『子育て〈支援〉』にこじれ、「〈支援〉される家族」にこじれて――家族ケアの『私事化』と『脱私事化・脱家族化』とのはざまで」支援3, 生活書院, 118-137.

DeJong, G. (1979) *Independent living : from social movement to analytic paradigm*, Arch Phys Med. Rehabil60, 435-446.

Drotar, D., Baskiewicz, A., Irvin, N., Kennell, J. & Klaus, M. (1975) *The adaptation of parents to the birth of an infant with a con-genital malformation : A hypothetical model*, Pediatrics, 56（5）, 710-717.

Eadie, T. L. (2003) The ICF : *A Prpposed framework for comprehensive rehabilitation of individuals who use alaryngeal Speech*, American Journal of Speech - Language Pathology, 12（2）, 189-197.

Ewert, T., Fuessl, M., Cieza, A., Andersen, C., Chatterji, A., Kostanjsek, N. and Stucki, G. (2004) *Identification of the most common patient problems in patients with chronic conditions using the ICF checklist*, J Rehabili Med, 44, 22-29.

Fink, S. L. (1967) *Crisis and motivation : a theoretical model*, Arch Phys Med Rehabili 48, 592-597.（上田1983：226より引用）

Flick. U (1995) *Qualitative Forschung*, Rowohlt Taschenbuch Verlag GmbH.（＝小田博志・山本則子・春日常・宮地尚子訳（2002）『質的研究入門〈人間の科学〉のための方法論』, 春秋社.）

Florian, L., Hollenweger, J., Simeonsson, R. J., Wedell, K., Riddell, S., Terzi, L., & Holland, A.(2006) *Cross-Cultural Perspectives on the Classification of Children With Disabilities Part I. Issues in the Classification of Children With Disabilities*, 36 THE JOURNAL OF SPECIAL EDUCATION, 40, 36–45

Frankfort-Nachmias, C Nachmias, N. (1996) *Research Methods in the Social Sciences*, Worth Publishers; 6th edition.

Gergen, K. J. (1999) *An Invitation to Social Construction*, Sage Publication of London（＝東村知子訳（2004）『あなたへの社会構成主義』, ナカニシヤ出版.）

GLAD (2000) *Reclaiming the social model of disability : conference report*, February 2000.

Glässel, A, Kirchberger, I, Linseisen, E., Stamm, T, Cieza, A., Stucki, G. (2010) *Content valdation of the International Classification of Functioning, Disability and helth（ICF）Core Set for stroke : The perspective of occupational therapists*, Canadian Journal of occupational Therapy, 77（5）, 289-302.

Goffman, E. (1963) *Stiguma : Notes on the Management of Spoiled Identity*, Prentice-Hall, Inc.（＝石黒毅訳（2012）『スティグマの社会学』せりか書房）

Goodley, D. (1997) *Locating Self-advocacy in Models of Disability:understanding disability in the support of self-advocates with learning difficulties*, Disability & Society, 12(3), 367-379.

後藤吉彦（2010）「障害の社会学」『社会学評論』61(1), 79-89.

後藤吉彦（2013）「地域作業所カプカプと『空間の生産』,『労働と芸術』」障害学会第10回大会報告要旨.

Grill, E. & Stucki, G.(2011)*Criteria for validating comprehensive ICF Core Sets and developing brief ICF Core sets versions*,J Rehabili Med 2011:43 , 87-91.
浜田寿美男(1997)『ありのままを生きる――障害と子どもの世界』,岩波書店.
蜂屋良彦(1987)「集団の形成」佐々木薫・永田良昭編『集団行動の心理学』有斐閣大学双書, 16-43.
原恵美子(2010)「知的障害児に対する特別支援学校における性教育実施の状況と、教諭と保護者の意識」治療教育学研究 30, 61-69.
原広治(2014)『障碍のある子とともに歩んだ20年――エピソード記述で描く子どもと家族の関係発達』ミネルヴァ書房.
Harris, P.(1995)"*WHO am I ? Concepts of disability and their implications for people with learning difficulties*", Disability & Society , 10(3), Journals Oxford Ltd., 341-351.
Hess, J. M.(1968)Group interviewing . In King, R. L.(Ed.), New science of planning , Chicago: American Marketing Association, 51-84.
Hewett, S.(1970)The Family and the Handicapped Child, George Allen and Unwin Ltd.
東村知子(2006)「障害をもつ子どもの親によるピアサポート」集団力学, 23, 69-80.
樋口恵子(2008)「家族のケア 家族へのケア」上野千鶴子他編集『ケアその思想と実践4 家族のケア 家族へのケア』岩波書店, 1-36.
Hill, R(1958)*Social stresses on the family*, Social Casework, Feb-March, 3.
平井啓(2007)「実例4:がん医療における『望ましい』死」秋田喜代美・能智正博監修『事例から学ぶ初めての質的研究』高橋都・会田薫子編『医療看護編』136-158.
平田陽子(2010)「青年期における『自立』と生きがい感――心理的自立と対人依存欲求の視点から」九州大学心理学研究, 11, 177-184.
廣野俊輔(2007)「青い芝の会の発足と初期の活動に関する検討――特に背景との関連に注目して」『同志社大学社会福祉学』21, 37-48.
Hollenweger, J.(2011)*Development of an ICF-based eligibility procedure for education in Switzerland*, BMC Public Health, 11(4), 1-8.
Holstein. J & Gbbrium. J. F(1995)*The Active Interview*(=山田富秋・兼子一・倉石一郎・矢原隆行訳(2004)『アクティブ・インタビュー』せりか書房)
本郷正武(2006)「ライフコースの重なりが結ぶセルフヘルプ・グループ像『障害児をもつ親の会』を事例として」保健医療社会学論集, 17(1), 25 - 37.
本間道子(2011)『集団行動の心理学』サイエンス社.
堀正嗣(2012)「共生の障害学の地平」堀正嗣編著『共生の障害学』明石書店, 253-286.
堀智久(2010)「脱家族をめぐる社会学的説明を再考する――日本の障害者解放運動の歴史に定位して」日本社会福祉学会第58回秋季大会資料.
堀智久(2014)『障害学のアイデンティティ――日本における障害者運動の歴史から』生活書院.
星加良司(2007)『障害とは何か――ディスアビリティの社会理論に向けて』生活書院.
星加良司(2012)「当事者をめぐる揺らぎ――『当事者主権』を再考する」支援 2, 10-28.
星加良司(2013)「社会モデルの分岐点」川越敏司・川島聡・星加良司編著『障害学のリハビリテー

ション』生活書院, 20-40.

Hughes, B（2002）*Disability and the Body*（Barnes, C. & Oliver, M & Barton, L. ED Disability Studies Today , Polity Press）, 58-76.

藤崎宏子（2000）「現代家族と『家族支援』の論理」ソーシャルワーク研究, 26(3), 4-10.

藤田裕司（2006）「養護学校とＰＴＡ」大阪教育大学障害児教育研究紀要, 29, 21-28.

藤原里佐（2001）「障害児の母親の生活構造にみる特質と変化」『教育福祉研究』7, 15-26.

藤原里佐（2003）「障害児の母親役割に関する再考の視点――母親のもつ葛藤の構造」『社会福祉学』43(1), 146-153.

藤原里佐（2006）『重度障害児家族の生活　ケアする母親とジェンダー』明石書店.

古川考順（2007）「自立の思想」仲村優一・一番ヶ瀬康子・右田紀久恵監修『エンサイクロペディア　社会福祉学』, 中央法規, 284-287.

市野川容孝（2008）「介助するとはどういうことか――脱・家族化と有償化の中で」『ケアその思想と実践１　ケアという思想』岩波書店, 135-150.

一瀬早百合（2012）『障害のある乳幼児と母親たち――その変容プロセス』生活書院.

井口高志（2010）「支援・ケアの社会学と家族研究――ケアの「社会化」をめぐる研究を中心に」『家族社会学研究』22(2), 165-189.

稲葉昭英（1991）「家族ストレスモデルの経験的テスト ―― 単身赴任によって残された家族を対象として」『社会学評論』41(4), 378-391.

稲葉昭英（1995）「性差、役割ストレーン、心理的ディストレス――性差と社会的ストレスの構造」『家族社会学研究』7, 93-104, 136.

井上光晴（1988）「障害者の活動の場の広がりとネットワークの形成」『月刊社会教育』32(9), 39-45.

井上和久・郷間英世（1999）「知的障害者の結婚とその援助に関する調査研究」『発達障害研究』21(3), 214-220.

井上和久・郷間英世（2001）「知的障害者の結婚と性に関する調査研究」『発達障害研究』22(4), 342-353.

石原邦雄（1981）「精神病の長期化と家族の対応」国立精神衛生研究所編『精神衛生研究』28, 93-107.

石原邦雄（1985）「家族研究とストレスの見方」石原邦雄（編）『講座　ストレスを考える３　家族生活とストレス』垣内出版.

石原邦雄（2001b）「家族ストレス論的アプローチ」野々山久弥・清水浩昭編著『家族社会学の分析視角』ミネルヴァ書房, 221-238.

石原孝二編（2013）『当事者研究の研究』医学書院.

石川准（1995）「障害児の親と新しい『親性』の誕生」井上眞理子・大村英昭編『ファミリズムの再発見』世界思想社, 25-59.

石川准・長瀬修（1999）『障害学への招待』明石書店.

石川誠・山元薫・徳永亜希雄（2013）「発達障害のある児童の指導と支援へのICF活用の取組」（独）国立特別支援教育総合研究所編著『特別支援教育におけるICFの活用Part3』ジアー

ス教育新社, 178-185.
石川時子（2007）「能力としての自律——社会福祉における自律概念とその尊重の再検討」『社会福祉学』48(1), 5-17.
石本雄真・太井裕子（2008）「障害児をもつ母親の障害受容に関連する要因の検討——母親からの認知、母親の経験を中心として」神戸大学大学院人間発達環境学研究科研究紀要, 1(2), 29-35.
石尾絵美（2008）「障害の社会モデルの理論と実践」『技術マネジメント研究』(7), 37-49.
岩田泰夫（2010）『セルフヘルプ運動と新しいソーシャルワーク実践』中央法規.
實川慎子・砂上史子（2013）「母親自身の語りによる『ママ友』関係の特徴」『保育学研究』51(1), 94-104.
Joansson, E. & Wrenne, H.（1980）Forstands Handikapp Och SEX, LST TORLEG AB. ＝大井清吉・柴田洋弥監修（1990）『障害の自己認識と性——ちえ遅れをもつ人のために』大揚社.
狩野素朗（1987）「集団の構造と規範」佐々木薫・永田良昭編『集団行動の心理学』有斐閣大学双書, 44-78.
加瀬進・田中舞・川西邦子・菊地淳子・田村百代・並木奈津子・堀江美喜子・槇村亞耶（2004）「『個別の教育支援計画』のPlan-Do-See体制に関する予備的研究——関連個別支援計画の比較検討を中心に」『東京学芸大学紀要』55, 267-283.
春日キスヨ（1992）「障害児問題から見た家族」野々山久也編著『家族福祉の視点——多様化するライフスタイルを生きる』ミネルヴァ書房, 101-130.
川島聡（2013）「権利条約時代の障害学」川越敏司・川島聡・星加良司編著『障害学のリハビリテーション』生活書院, 90-117.
Kennedy, M.（1996）*Sexcial abuse and disabled children*, Morris,J. ed. *Encounters with Strangers* : Feminism and Disability, London: Women's Press, 116-134.
Kidder, L. K .& Fine, M.（1987）*Qualitative and quantative methods* : When Stories Converge,New Directions for Program Evaluation New Directions for Program Evaluation, 1987（35）, 57-75.
木戸功（2009）「パーソナルな関係における自立と共生」濱口晴彦編著『自立と共生の社会学 それでも生きる理由』学文社, 23-38.
城戸禎子（2012）「『社会モデル』を採用するソーシャルワークの可能性—— ICFの「統合モデル」を越えて」堀正嗣編著『共生の障害学』明石書店, 112-136.
金在根（2014）「障害者の『あきらめ』と自立生活の課題—— CILに勤務する肢体不自由者へのインタビュー」『障害学研究』10, 112-135.
Kittay, E. F.（1999）*Loves, Laber: Eassays in women, Equality and Dependency* :Rourledge（＝岡野八代・牟田和恵監訳（2010）『愛の労働　あるいは依存とケアの正義論』, 白澤社.）
木全和巳（2007）「『障害者自立支援法』第一条（目的）に関する批判的検討」日本福祉大学社会福祉学部・日本福祉大学福祉社会開発研究所『日本福祉大学社会福祉論集』116, 93-101.
児玉真美（2011）『アシュリー事件——メディカルコントロールと新・優生思想の時代』生活書院.
児島亜紀子（2002）「誰が自己決定するのか——援助者の責任と迷い」古川孝順・岩崎晋也・稲

沢公一・児島亜紀子『援助するということ』有斐閣, 209-256.
児嶋芳郎・細渕富夫（2010）「知的障害特別支援学校における性教育実践の現状と課題——全国実態調査の結果より」埼玉大学教育学部附属教育実践総合センター紀要（10），105-110
河野勝行（2002）『WHOの新「国際障害分類」（「ICIDH-2」ならびに「ICF」）を読む——先学に導かれての学習ノート』文理閣．
河野望（2005）「障害児者の家族に関する研究」『立命館人間科学研究』8，15－27．
河野哲也（2013a）「自立をめぐる哲学的考察」庄司洋子・菅沼隆・河東田博・河野哲也編『自立と福祉』現代書館，12-35．
河野哲也（2013ｂ）「当事者研究の優位性——発達と教育のための知のあり方」石原孝二『当事者研究の研究』医学書院．
厚生労働省社会保障審議会（2007）「第3回社会保障審議会統計分科会生活機能分類専門委員会資料」http://www.mhlw.go.jp/shingi/2007/02/s0207-7.html
厚生省児童家庭局児童福祉課監修（1998）『児童自立支援ハンドブック』日本児童福祉協会．
Krippendorff, K.（1980）Content Analysis:An Introduction to Its Methodoliry , Sage Publication, Inc.（＝三上俊治・椎野信雄・橋元良明（1989）「メッセージ分析の技法」勁草書房）
久保紘章（1982）「障害児をもつ家族に関する研究と文献について」『ソーシャルワーク研究』8(1)，49-54．
久保紘章・石川到覚（1998）『セルフヘルプ・グループの理論と展開』中央法規．
熊谷晋一郎（2012）「インタビュー　自立は依存先を増やすこと　希望は絶望を分かち合うこと」TOKYO人権，56（平成24年11月27日発行）http://www.tokyo-jinken.or.jp/jyoho/56/jyoho56_interview.htm（2015.5.31）
倉重由美・川間健之助（1995）「障害児・者を持つ母親の障害受容尺度」研究論叢 第3部 芸術・体育・教育・心理（45），297-316．
楠敏雄（1989）「障害者の自立と健常者の役割 」『月刊自治研』31(5)，26-32．
桑田左絵・神尾陽子（2004）「発達障害児をもつ親の障害受容についての文献的研究」『九州大学心理学研究』5，273-281．
きょうされん（2012）「日本の障害の重い人の現実　障害のある人の地域生活実態調査の結果最終報告」http://www.dinf.ne.jp/doc/japanese/resource/handicap/kyosaren_chiikiseikatujittai_201210.html（2015.4.6）
Landsman, G. H.（2009）*Reconstructing Motherhood and Disability in the Age of "Perfect " babies*, New York: Routledge
Landsman, G（2006）*What evidence, whose evidence?:Physical therapy in new York State's clinical practice guideline in the lives of mothers of disabled children* , Social Science & Medicine 62, 2670-2680.
Landsman, G（2005）*Mothers and Models of Disability*, Journal of medical humanities 26,121-139.
Landsman, G（2003）*Emplotting children's lives : developmental delay vs. disability*, Social Science & Medicine 56, 1947-1960.
Lazarus, R. & Monat,A.,（1985）*Stress and Coping:An Anthology* , Columbia University Press

Lemberg, I., kirchberger, I., Stucki, G., Cieza,A. (2010) *The ICF Core Set for stroke from the perspective of physicians : a worldwide validation study using the Delphi technique*, Eur J Phys Rehabi Med, 46(3), 377-388.

Leonardi, M., Bickenbach, J., Üstün, T. B., Kostanjsek, N. & Chatterji,S. (2006) *Comment : The definition of disability :What is in a name ?* ,The Lancet , 368(9543), 1219-1221.

Leonardi, M., Steiner, T. J., Scher, A. T., Lipton, R. B. (2005) *The glabal burden of migraine : measuring disability in headache disorders with WHO's Classification of Functioning , Disability and Health(ICF)*, J Headche Pain, 6, 429-440.

Levy, T. (2006) *The relational self and right to give care*, New Political science, 28 (4), 567-570.

Lewin, K. (1952)*Field theory in social science*, New York : Harper and Row.(=猪俣佐登留訳(1979)『社会科学における場の理論』誠信書房.)

MacKenzie, A. (2006) *Testing the social model of disability with PALS*, 12th Annual North American collaborating center Conference on ICF at Vancouver, BC (Canada).

MacKenzie, A., Hurst, M. and Crompton, S. (2012) *Living with Disability Series: Defining Disability in the Participation and Activity Limitation Survey*, Canadian Social Trends (Winter 2012), Statistics Canada Catalogue No. 11-008-XWE. http://www.statcan.gc.ca/pub/11-008-x/2009002/article/11024-eng.htm (最終アクセス 2015.8.6)

前田信彦・大島巌・石原邦雄 (1987)「精神障害者を抱えた家族の認知と適応——家族ストレス論からのアプローチ」家族問題研究会 (編)『家族研究年報』13, 50-65.

松田次生 (2013)「言葉にみられる障害観——社会モデルの視点から」『西九州大学社会福祉研究』38, 21-36.

松村勘由・加福千佳子・徳永亜希雄・小林幸子 (2009)「特別支援学校におけるICF及びICF-CYについての認知度・活用状況等に関する調査」(独) 国立特別支援教育研究所報告書 B-245『特別支援教育におけるICF-CYの活用に関する実際的研究』21-28.

Marks, D. (1999) *Disability : controversial debates and psychosocial perspective*, Routeledge.

三毛美予子 (2007)「母との闘い——親と暮らしていた脳性麻痺者がひとり暮らしとしての自立生活を実現する-過程-」『社会福祉学』47(4), 98-110.

Miller, L. G. (1968) *Toward a Greater Understanding of the Parents of the Mentally Retarded child*, The Journal of Pediatrics, 73 ; 699-705.

Mishra, A., Rangasayee, R. (2010) *Development of ICF Based Measuring Tool for Inclusive Education Set ups*, Asia Pacific disability Rehabilitation Journal21(2), 57-69.

三田優子 (2008)「知的障害者の自立」上野千鶴子他編『ケアその思想と実践 3 ——ケアされること』岩波書店, 107-123.

三浦雅弘 (2003)「モデルとは何か？」『応用社会学研究』45, 45-53.

宮島敏 (1988)「障害者の社会教育活動——生活と学習の視点から」『月刊社会教育』32(9), 60-67.

宮木由貴子 (2004)「『ママ友』の友人関係と通信メディアの役割」第一生命経済研究所ライフ

デザインレポート』159, 4-15.

森口弘美（2009）「成人期の知的障害者とその親の関係性を視野に入れた支援のあり方——『全日本手をつなぐ育成会』における『自己変革』の考察をとおして」『社会福祉学』50(3), 29-40.

森和子（1991）「〈海外動向〉アメリカにおける IL（自立生活）運動とリハビリテーション法」『季刊障害者問題研究』27, 72-77.

森川美絵（2008）「ケアする権利／ケアしない権利」上野千鶴子・大熊由紀子・大沢真理・神野直彦・副田義也編『ケア　その思想と実践 4——家族のケア・家族へのケア』岩波書店, 37-54.

森下芳郎（1989）「〈実践報告〉職業的自立から人格的自立への青年期教育をめざして」『季刊障害者問題研究』59, 58-71

森壮也・山形辰史（2013）『障害と開発の実証分析——社会モデルの観点から』勁草書房.

Morris, J. (1989) *Transition to adulthood for young disabled people with complex health and support needs*, findings

Morris, J. (1993) *Independent LIVES?: Community care and disabled people*, Mc-millan Press LTD.

Morris, J. (1999) *Hurtling into a Void*, Joseph Rowntree Foundation.

Moscovici, S. & Faucheux, C. (1972) *Social influence ,conformity bias, and the study of active minorities*. in Berkowitz（ed.）,Advances in Experimental Social Psychology , 6 , Academic Press.

茂木俊彦（2002）「障害と人間主体」『障害者問題研究』30(3), 186-194.

本村めぐみ（1999）「『子どもの存在価値』の多元性に関する一研究——中高年期の母親の認知を通して」『家族研究論叢』5, 21-42

麦倉泰子（2004）「知的障害者家族のアイデンティティ形成についての考察」『社会福祉学』45(1), 77-87.

村岡文太・寺川志奈子（2013）「青年期の知的障害者に対する自立支援に関する事例的研究——3年間の自己信頼感・他者信頼感の変容」『地域学論集』9(3), 63-84.

牟田和恵（2005）「親密なかかわり」井上俊・船津衛編『自己と他者の社会学』有斐閣アルマ, 137-154.

南雲直二（2002）『社会受容　障害受容の本質』荘道社.

内閣府（2013）『障害者白書』内閣府.

中川薫（2003）「障害児の家族に関する研究の現状と課題——ストレス理論からみた文献的検討」『日本保健医療行動科学会年報』18, 157-172.

中川薫（2005）「『修正版グラウンデッド・セオリー・アプローチ』を用いた『障害児の母親の意識変容プロセス』の研究」木下康仁編著（2005）『M-GTA　分野別実践編グラウンデッド・セオリー・アプローチ』弘文堂, 237-261.

中根成寿（2002）「『障害をもつ子の親』という視座——家族支援はいかにして成立するか」『立命館産業社会論集』38(1), 139-164.

中根成寿（2002）「『障害をもつ子の親』の自己変容様相——ダウン症の親のナラティブから」『立

命館産業社会論集』38(3), 131-155.
中根成寿 (2006)『知的障害者家族の臨床社会学——社会と家族でケアを分有するために』明石書店.
中野敏子 (2002)「知的障害者福祉と障害定義の課題——社会モデルの接点からの考察」明治学院論集, 673, 33-61.
中田洋二郎 (1995)「親の障害の認識と受容に関する考察——受容の段階説と慢性的悲哀」早稲田心理学年報 27, 83-92.
中山哲哉・向井通郎 (2006)「福祉系大学生における障害者観の変容——学年差の横断的検討」吉備国際大学社会福祉学部研究紀要, 11, 93-102.
Nassir Ghaemi, S (2007) *The concepts of psychiatry : a pluralistic approach to the mind and mental illness*, The JohnsHopkins University Press,Baltimore (= 村井俊哉訳 (2009)『現代精神医学原論』みすず書房.)
Nassir Ghaemi, S (2010) *The rise and fall of the biopsychosocial Model* : reconcling Art and science in Psychiatry, The JohnsHopkins University Press,Baltimore(= 村井俊哉訳(2009)『現代精神医学原論』みすず書房.)
夏堀摂 (2003)「障害児の『親の障害受容』研究の批判的検討」社会福祉学, 44(1), 23-33.
夏堀摂 (2007)「戦後における『親による障害児殺し』事件の検討」社会福祉学, 48(1), 42-54.
Nießen, M. (1977) *Gruppendiskussion. Interpretative Methodologie*, Fmethodenbegründung, Anwendung. München:Fink.
日米障害者自立生活セミナー中央実行委員会 (1983)「日米障害者自立生活セミナー・報告書」
Nirje B. (1967) The Normalization Principle Papers, (= 河東田博・橋本由紀子・杉田穏子・和泉とみ代訳編『ノーマライゼーションの原理 普遍化と社会変革を求めて』現代書館.
西村愛 (2004)「脱施設化に伴う『知的障害』者の生活支援に関する一考察——強度行動障害をもつ施設入所者の保護者の聞きとりから」『社會問題研究』54(1), 83-98.
西村愛(2008)「知的障害者が地域で生きるということ——インクルージョン実現に向けた『ちょこさぽ』実践をとおして」『journal of health & services』6, 99-111.
野口裕二 (2002)『物語としてのケア ナラティブアプローチの世界へ』医学書院.
野口裕二 (2013)「親密性と共同性」庄司洋子編『親密性の福祉社会学 ケアが織りなす関係』東京大学出版, 187-203.
野々山久也 (1972)「精神障害者の社会復帰についての一考察 ——家族と結婚に関する若干の調査報告」桃山学院大学産業貿易研究所報, 6, 50-55.
野々山久也 (2001)『家族社会学の分析視角』ミネルヴァ書房.
野々山久也編 (2009)『論点ハンドブック 家族社会学』世界思想社.
布川千佳子・加瀬進 (2003)「知的障害者の結婚生活支援体制の現状と課題——生活支援ワーカーの業務状況基礎調査を手掛かりに」さぽーと, 50(4), 42-50.
落合恵美子 (1994)『21世紀家族へ』有斐閣.
小田原峰広 (2000)「『知的障害に伴う支援』を必要とする人々の結婚についての一考察」『情緒障害教育研究紀要』19, 247-252.

Ogburn,W. F.（1933）*The family and its functions.* Chpter13 in President's Research Committee on Social Trends（eds.）, Recent Social Trends in the United States, McGraw-Hill.

岡部耕典（2002）「わたしは息子をあたりまえに暮らさせたい」地域生活を考えよーかい「ニューハンプシャーで考えたこと・学んだこと」，http://www.kangaeyo-kai.net/kanngaeyokai/kan021015_2.ht（2017年3月31日最終アクセス）

岡部耕典（2004）「親として子どもの生活を支える」高橋幸三郎編著『知的障害をもつ人への地域生活ハンドブック』ミネルヴァ書房, 19-28.

岡部耕典（2006）『障害者自立支援法とケアの自律——パーソナルアシスタンスとダイレクトペイメント』明石書店.

岡部耕典（2008）「ハコに入れずに嫁に出す、ことについて——〈支援者としての親〉論」寺本晃久・末永弘・岡部耕典・岩橋誠治『良い支援？』生活書院．145-160.

岡部耕典（2009）「知的障害者が『自分の家』で暮らすための支援——アメリカ・カリフォルニア州のサポーテッドリビング・サービス」『ノーマライゼーション』12，44-47.

岡部耕典（2012a）「特集『当事者』はどこにいる？〈支援者としての親〉再考——『当事者の自立を求める当事者』としての」『支援』2，生活書院，42-47.

岡部耕典（2012b）「知的障害／自閉の息子がまちで暮らす」（社福）あおぞら共生会法人設立10周年記念セミナー資料.

岡部耕典（2013）「〈できない人〉は、すごい、のその先へ」『支援』3，生活書院，180-181.

岡原正幸（1990）「制度としての愛情——脱家族とは」安積純子・岡原正幸・尾中文哉・立岩真也『生の技法 家と施設を出て暮らす障害者の社会学』藤原書店, 76-100.

岡田芳廣（2015）「PTA人材による地域の絆とコミュニティの形成」『早稲田大学大学院教職研究科紀要』7，37-46.

岡原正幸（1995）「制度としての愛情——脱家族とは」安積純子・岡原正幸・尾中文哉・立岩真也編『生の技法』藤原書店, 75-100.

岡知史（1992）「日本のセルフヘルプグループの基本的要素『まじわり』『ひとりだち』『ときはなち』」『社会福祉学』33(2)，118-136.

岡知史（1994）「セルフヘルプグループの援助特性について」『上智大学文学部社会福祉研究』18，1-19.

Oliver, M.（1996）*Understanding disability : from theory to practice*, Hampshire ; Macmillan.

Oliver, M.（1990）*The politics of disablement*, London : Macmilan（＝三島亜紀子・山岸倫子・山森亮・横須賀俊司訳（2006）『障害の政治——イギリス障害学の原点』明石書店）

Oliver, M.（1996）*Understanding disability ;from theory to practice*, Hampshire ;Macmillan.

Oliver, M.（2004）*The social model in action: if I had a hammer*, ed. Barnes, C. and Mercer, G. *Implementing the Social Model of Disability :Theory and Research*,（＝2010 竹前栄治監訳　田中香織訳「もし私が金槌をもっていたら」『イギリス障害学の理論と経験』16-25.）

Oliver, M. & Sapey, B.（2006）*Social work with disabled people*, 3rd edition,（＝野中猛監訳　河口尚子訳（2010）『障害学にもとづくソーシャルワーク』金剛出版）

Olshansky（1962）*Chronic sorrow : A response to having a mentally defective child*, Social casework,

43, 190-193 .

大川弥生（2009）「国際生活機能分類の現況と問題点『総合リハビリテーション』における活用――大きく変化する流れのなかで」『総合リハビリテーション』37(3)，197-204．

大久保直子（2007）「ICF 関連図作成手順マニュアルを検討した取り組み」国立特別支援教育そ郷研究所編著『ICF および ICF-CY の活用　試みから実践へ――特別支援教育を中心に』ジアース教育新社，110-117．

大村美保（2013）『一般就労する知的障害者の経済的自立と地域生活――通勤寮の自立支援モデルとその評価』ＫＵＭＩ．

小山内美智子・河原正実・木下聡（1996）「見て見ぬふりを――小山内美智子さんと語る」障害者の生と性の研究会編著『知的障害者の恋愛と性に光を』かもがわ出版，203-227．

小山聡子（2002）「障害の『克服』と『肯定』の両方を目指す社会福祉支援の今後――ソーシャルワーク業務における医学モデルと社会モデルの対話」『国立リハビリテーション研究所紀要』23 号，1-10．

小澤温（2007）「障害者福祉と障害概念の意味」仲村優一・一番ヶ瀬康子・右田紀久恵監修『エンサイクロペディア　社会福祉学』中央法規，1042-1047．

Patton, M. Q. (1990) *Qualitative evaluation and research methods*. (2nd.ed) ,London,Verlagsanstalt.（Flick（2002）より引用）

People First of California (1984) *Surviving in the system : mental retardation and the retarding environment* (= 秋山愛子・斎藤明子訳『私たち遅れているの？――知的障害者はつくられる』現代書館)．

Peterson, D. B., Mpofu, E. & Oakland, T. (2010) *Concepts and models in disability,functioning , and health, Mpofu, E & Oakland, T. ed. Rehabilitation and health assessment ICF Guidelines*, Springer Publishing Company,3-26.Pfeiffer,David（2002）A Comment on the Social Model(s) , Disability Studies Quarterly , vol.22,No4,234-235

Pfeiffer, D. (2000) *The Devils are in the Details : the ICIDH2 and the disability movement*, Disability & Society15 (7) 1079-1082.

Pfeiffer, D. (1998) *The ICIDH and the need for its revision* , Disability & Society13 (4) , 503-523.

Ptyushkin, P., selb, M. and Cieza, A. (2012) *ICF Core Sets* In Bickenbach, J., Cieza, A., Rauch, A. & Stucki, G. (ed.) ICF core sets, ICF Research Branch (= 日本リハビリテーション医学会監訳（2015）『ICF コアセット　臨床実践のためのマニュアル』，医歯薬出版，10-15．

Rauch, A., Lückenkemper, M. & Cieza, A. (2012) *Introduction to the International Classification of Functioning , Disability and Health* , In Bickenbach,J.,Cieza,A., Rauch,A. & Stucki,G. (ed.) ICF core sets, ICF Research Branch (= 日本リハビリテーション医学会監訳（2015）『ICF コアセット　臨床実践のためのマニュアル』医歯薬出版，3-9．

Rauch, A., Lückenkemper, M. & Cieza, A. (2012) *Use of ICF Core Sets in clinical practice*, In Bickenbach, J., Cieza, A., Rauch, A. & Stucki, G. (ed.) ICF core sets, ICF Research Branch (= 日本リハビリテーション医学会監訳（2015）『ICF コアセット　臨床実践のためのマニュアル』医歯薬出版，22-37．

Riessman, F.（1995）*Redefining self-help:policy and practice*, Jessey-Bass Publishers．

定藤邦子（1975）「親に対応する私達の考え方」関西青い芝の会連合会「関西青い芝連合」2，7-8．

最首悟（1998）『星子が居る』世織書房．

斎藤博之・德永亜希雄（2013）「生徒本人による ICF 活用（マイノオトの試み）──キャリア発達を支える可能性」国立特別支援教育総合研究所編著『特別支援教育における ICF の活用　PART3』ジアース教育新社，222-232．

Sakai, Y（2005）The compatibility between "Independence activity" and ICF, WHO ICF-CY working group への提出資料．

堺裕（2006）「学校現場での ICF-CY の活用に関する一考察── ICF-CY と盲学校、聾学校及び養護学校学習指導要領の比較をとした適合性の検討から」日本特殊教育学会第 44 回大会発表論文集，521．

堺裕（2013）「自立活動の指導のための手だて── ICF-CY と自律活動の内容との適合性に関する予備的検討から」（独）国立特別支援教育総合研究所編著『特別支援教育における ICF の活用 Part 3 学びのニーズに応える確かな実践のために』ジアース教育新社，262-305．

堺裕・佐藤満男・德永亜希雄（2006）「学校現場における ICF（国際生活機能分類）の活用に関する一考察── ICF と盲学校、聾学校及び養護学校学習指導要領の比較を通した適合性の検討から」帝京大学福岡医療技術学部紀要創刊号，17-52．

堺裕・田中浩二・德永亜希雄（2013）「幼稚園教育要領における『健康』の領域と ICF-CY の適合性に関する検討 ──幼児教育における ICF-CY 活用のために」『 国立特殊教育総合研究所紀要』40, 37-49．

佐々木博子（1985）「教育現場探訪 障害者の教育２──障害児と教師の悩み」『労働経済旬報』39（1294），22-27．

佐藤久夫（1992）『障害構造論入門』青木書店．

佐藤久夫（2005）「ICF 活用の重要性」（独）国立特殊教育総合研究所・世界保健機関（WHO）『ICF 活用の試み』ジアース教育新社．

佐藤久夫（2006）「障害者自立支援法制定過程で政策研究はどう関与したか」『社会福祉学』47（2），49-53．

佐藤久夫（2008）第６回 社会保障審議会統計分科会生活機能分類専門委員会資料（資料１-４）http://www.mhlw.go.jp/shingi/2009/03/s0313-4.html（最終アクセス　2015 年 8 月 7 日）

佐藤久夫（2013）「障害者権利条約実行のツール──社会モデルか統合（ICF）モデルか」川越敏司・川島聡・星加良司編著『障害学のリハビリテーション』生活書院，118-130．

Sen, A.（1985）*Commodities and capabilities*, Elsevier Science Publishers B.V.（＝鈴村興太郎訳『福祉の経済学　財と潜在能力』岩波書店．）

Sen, A.（1992）*Inequality Reexamined*, Oxford University Press（＝池本幸生・野上裕生・佐藤仁訳『不平等の再検討──潜在能力と自由』岩波書店．）

千年よしみ・阿部彩（2000）「フォーカス・グループ・ディスカッションの手法と課題：ケース・スタディを通じて」『人口問題研究』56(3)，56-69．

Shakespeare, T（1999）(＝杉野 昭博・松波 めぐみ・山下 幸子訳（2004）「ディスアビリティ理論への招待」『ディスアビリティ・スタディーズ——イギリス障害学概論』95-129)

Shakespare, T. (2006) (2013) *Disabiliyu Rights and Wrongs, Davis, L. J. ed, The Disability Studies Reader*, London:Routledge, 214-221.

Simeonsson, R. J., Sauer-Lee, A., Granlund, M. & Björck-Akesson, E.（2009）*Developmental and Health Assessment in Rehabilitation wuth the ICF for Children and Youth*, edited by: Mpofu, E. & Oakland T. Rehabilitation and Health Assessment Applying *ICF GUIDELINES*, Springer Publishing Company New York, 27-46.

下尾直子（2006）「『個別の教育支援計画』策定における保護者の参画を促すツールの提案——ICF-CYを使い, KJ法を参考にした付箋カード」横浜国立大学大学院形成17年度修士論文.

下尾直子・関戸英紀（2007）「『個別の教育支援計画』へのICFの活用」『発達障害研究』29(4), 254-261.

下尾直子（2013）「障害のある子の親との信頼関係を構築する保育者の『伝え方』——連絡帳のICF分析を通して」『洗足論叢』42, 141-154.

庄司洋子（2013）「ケア関係の社会学——家族のケア・社会のケア」庄司洋子編『親密性の福祉社会学——ケアが織りなす関係』東京大学出版, 1-20.

柴崎祐美（2006）「新聞報道にみる『障害児殺人事件』の実態」『社会福祉』日本女子大学社会福祉学科, 47, 129-145.

Shakespeare, T（1999）(＝杉野 昭博・松波 めぐみ・山下 幸子訳「ディスアビリティ理論への招待」（2004）『ディスアビリティ・スタディーズ——イギリス障害学概論』95-129)

Shakespare, T.（2006）*Disability Rights and Wrongs*, London:Routledge.

Simeonsson, R. J., Leonardi, M., Bjorck-Akesson, E., Hollenweger, J., Lollar, D., Martinuzzi, A. & TenNapel, H.（2006 ）*ICF-CY: a universal tool for practice policy and research*, Meeting of WHO Collaborating Centres for the family of International Classifications Document p107,Tunis Tunisia.

Simeonsson, R. J.（2006）*Defining and Classifying Disability in Children*, Disability in America: A new look-summary and background papers, 67-87.

Simeonsson, R. J., Sauer-Lee, A., Granlund, M. & Björck-Akesson, E.（2009）*Developmental and Health Assessment in Rehabilitation wuth the ICF for Children and Youth*, In Mpofu,E. & Oakland T. (eds.) *Rehabilitation and Health Assessment Applying ICF GUIDELINES, Springer* Publishing Company New York, 27-46.

新藤こずえ（2013）『知的障害者と自立——青年期・成人期におけるライフコースのために』生活書院.

Stamm,T. A., Cieza, A., Coenen, M., Machold, K. P., Nell,V.P.K., Smolen, J. S. and Stucki, G.（2005）*Validating the International Classification of Functioning, Disability and Health Comprehensive Core Sent for Rheumatoid Arthritis from the patient prespective : a qualitative study*, Aryhritis Care & Research, 53（3）, 431-439.

Starrost, K., Geyh, S., Trautwein, A., Grunow, J., Ceballos-Bauman, A., Prosiegel, M., Stucki, G.,

Cieza, A.（2008）*Interrater reliability of the extended ICF core set for stroke applied by physical therapists*, Pys Ther , 88（7）, 841-851.

Steiner,W. A., Ryser, L., Huber, E., Uebelhart, D., Aeschlimann, A., Stucki, G.（2002）Use of the ICF *Model as a Clinical Problem-Solving Tool in Physical Therepy and Tool in　Physical Therapy and Rehabilitation Medicine* , Physical Therapy 82（11）,1098-1107.

Stinson, C. H., Milbrath, C. Reidbord, S. P., & Bucci, W.（1994）*Temantic segmentation of psychotherapy transcripts for convergent analysis.* Psychotherapy, 31,36-48.

Stucki, G., Ewert, T., & Cieza, A（2003）*Value and application of the Icf in rehabilitation medicine* , Disability and Rehabilitation , 25（11-12）, 628-634 .

Stucki, G., Kostanjsek, N., Üstün, B., Cieza, A.（2008）*ICF-based classification and measurement of functioning*, EUR J PHYS REHABIL MED 44, 315-328.

菅沼徳夫・生川善雄（2012）「中・軽度知的障害児の性教育に対する特別支援学校教師の意識——教師への聞きとり調査を通して」『千葉大学教育学部研究紀要』60, 159-165.

杉本章（2008）『障害者はどう生きてきたか』現代書館.

杉野昭博（2002）「インペアメントを語る契機——イギリス障害学理論の展開」石川准・倉本智明編著『障害学の主張』明石書店, 251-280.

杉野昭博（2004）「障害概念の脱構築——『障害』学会への期待」障害学会発表資料

杉野昭博（2007）「障害学　理論形成と射程」東京大学出版 .

杉野昭博（2011）「序論　戦後日本の障害福祉研究」岩田正美監修『リーディングス　日本の社会福祉 7　障害と福祉』日本図書センター, 3-29.

鈴木励滋（2005）「働くということ」横校労ニュース 2005 年 7 月号, http://kapukapu.org/hikarigaoka/room/hataraku.html　（2015 年 8 月 13 日最終アクセス）

鈴木良（2009）「グループホームにおける知的障害者・世話人・職員の相互行為に関わる一考察——日課・飲食・外出に関わる決定の統制過程」『社会福祉学』50（1）, 68-81.

Swain, J., French, S., Barnes C., Thomas, C.（2004）*Disabling Barriers, Enabling Envuronments, 2nd Edition*, Sage Publication, Inc.（＝竹前栄治監訳　田中香織訳『イギリス障害学の理論と経験——障害者の自立に向けた社会モデルの実践』,明石書店）

高倉誠一・山田純子（2007）「障害幼児をもつ保護者の相談先に関する調査研究—— A 市内の保育所・通園施設利用世帯を対象に」『発達障害研究』29, 40-51.

田中千穂子・丹羽淑子（1990）「ダウン症児に対する母親の受容過程」『心理臨床学研究』7（3）, 68-80.

田中恵美子（2009）『障害者の「自立生活」と生活の資源——多様で個別なその世界』生活書院.

田中耕一郎（2005）『障害者運動と価値形成』現代書館.

田中耕一郎（2008）「社会モデルは〈知的障害〉を包摂し得たか」『障害学研究』(3), 34-62.

田中智子（2013）「知的障害者の生活の場の移行と親子の自立——生活の場の移行を経験した知的障害者の親たちの語りに見る親役割の変容」『佛教大学総合研究所紀要』2013（1）,79-102

谷口明広・武田康晴（1994）『自立生活は楽しく具体的に』かもがわ出版.

谷口政孝（1985）「心身障害児家族のストレスと対応」,石原邦雄（編）『講座ストレスを考える

3　家族生活とストレス』垣内出版，88-107.
谷口　奈保子（1988）「地域に共に生きる空間を求めて——青年教室から『ぱれっと』への実践」
　　　月刊社会教育，32(9)，33-38.
立岩真也（2013）「障害者の自立生活運動」藤村正之編『協働性の福祉社会学　個人化社会の連
　　　帯』東京大学出版，29-48.
立岩真也（2006）「自立のために」『現代思想』34(14)，34-57.
立岩真也（1999）「自己決定する自立——なにより、ではないが、とても、大切なもの」石川准・
　　　長瀬修編著『障害学への招待』明石書店，79-107.
立岩真也（1995）「私が決め、社会が支える、のを当事者が支える——介助システム論」安積純
　　　子・岡原正幸・尾中文哉・立岩真也『生の技法——家と施設を出て暮らす障害者の社会学』
　　　藤原書店，227-265.
立岡晄（1988）「障害をもつ仲間たちの共同生活——三ツ矢障害者自立ホームの取り組み」『月
　　　刊社会教育』32(9)，46-49.
立脇恵子（2009）「病気・障害のある子をもつ親の『生きられた経験』の研究の意義——ポジティ
　　　ブな意味を求めて」『社会福祉学』50(1)，148-157.
立脇恵子（2013）『てんかんと発達障害をあわせもつ子の親の語り——日本とアメリカの場合：
　　　ポジティブな意味を求めて』ふくろう出版.
寺本晃久（2008）「当事者運動のかたわらで－運動と私の歴史－」，寺本晃久・末永弘・岡部耕典・
　　　岩橋誠治『良い支援？』生活書院，44-69.
寺島彰（2001）「米国および英国の障害モデル」国リハ研究紀要 22，1-7.
Thomas, C（2002）*Disability theory:key ideas,issues and Thinkers*（Barnes, C. & Oliver, M &
　　　Barton, L. ed. *Disability studies today*，Polity Press, 38-57.
徳永亜希雄（2006）「ICF 及び ICF version for Children and Youth（国際生活機能分類児童青
　　　年期版）を巡る動向」，『世界の特殊教育』20, 29-36.
徳永亜希雄（2009）「ICF-CY の観点からの特別支援教育関連研究動向分析の試み」『国立特別
　　　支援教育総合研究所研究紀要』36, 97-108.
徳永亜希雄（2013）「ICF 関連図の活用について」（独）国立特別支援教育総合研究所編著『特
　　　別支援教育における ICF の活用』,18-25.
通山久仁子（2006）「『障害』をめぐる差異はどのようにのりこえられるか」『西南女学院大学紀要』
　　　10，40-48.
角田慰子（2009）「日本の知的障害者グループホーム構想にみる『脱施設化の特質と矛盾：施
　　　設主導型定着の背景」『特殊教育学研究』47(4)，201-212.
Tucker, C. A., Cieza, A., Riley A. W. Stucki, G., Lai, J. S., Ustun, T. B., Kostanjsek, N., Riley, W.,
　　　Cella, D., Forrest, C.（2014）*Concept Analysis of the Patient Reported Outcomes Measurement
　　　Information System（PROMIS）and the International classification of Functioning*，*Disability
　　　and Health（ICF）*，QUal Life Res, 23, 1677-1686.
土屋葉（2002）『障害者家族を生きる』勁草書房.
土屋葉（2013）「関係を取り結ぶ自由と不自由について——ケアと家族をめぐる逡巡」『支援』3,

14-39.

上田敏（1983）『リハビリテーションを考える――障害者の全人間的復権』青木書店．

上田敏（1990）『自立と共生を語る――障害者・高齢者と家族・社会』三輪書店

上田敏（2002）「新しい障害概念と21世紀のリハビリテーション医学――ICIDHからICFへ」『リハビリテーション医学』39(3)，123-127．

上田敏（2005）『ICFの理解と活用』萌文社．

上田敏（2009）「RIケベック世界会議と関連会議におけるICF関連演題」『リハビリテーション研究』138，19-24．

上田敏・佐藤久夫・茂木俊彦（2000）「障害観・障害者観の転換とリハビリテーション」『障害者問題研究』27(4)，284-297．

上田敏（2013）『リハビリテーションの歩み――その源流とこれから』医学書院．

植戸貴子（2012）「知的障害者と母親の『親離れ・子離れ』問題――知的障害者の地域生活継続支援における問題として」『神戸女子大学健康福祉学部紀要』4，1-12．

上野千鶴子（2008）「ケアされるということ――思想・技法・作法」上野千鶴子他編『ケアその思想と実践3――ケアされること』岩波書店，1-33．

Ustun,T. B, Bickenbach, J. E, Badley E., Chatterji, S.（1998）*A reply to David Pfeiffer 'The ICIDH and the need for its revision'*, Disability & Society 13(5)，829-831．

内田安伊子（2014）「離家を契機とした知的障害者と母親との関係再構築――グループホーム入居の事例から」『東洋大学大学院紀要』50，277-294．

内山靖（2009）「世界と日本におけるICFへの取り組み」『PTジャーナル』43(8)，653-660．

Vaughn, S., Schumm, J. S, Sinagub, J. M（1996）*Focus group interviews in education and psychology* (=井下理監訳（1999）『グループインタビューの技法』慶応大学出版会）

Waller,W. & Hill（R.（1951）*The Family:a dymanic Interaction (Revised edition)*, Dryden Press.（野々山（2001）より引用）

渡辺顕一郎・田中一代・松江暁子（2002）「心身障害児者の親の子どもの自立をめぐるストレスと対応資源に関する研究」『社会福祉学』42(2)，170-181．

渡辺俊之・小森康永（2014）『バイオサイコソーシャルアプローチ――生物心理社会的医療とは何か？』金剛出版．

Weigil, M., Cieza, A., Andersen, C. Kollerits, B., Amann, E., Stucki, G.（2004）*Identification of relevant ICF categories in patients with chronic health condition : a Delphi execise.*, J Rehabil Med2004: 44, 12-21．

Whiteneck（2006）*Conceptual models of disability: past, present , and future, disability in America: A new look-summary and background papers.*, 50-66

WHO（2001）*International Classification of Functioning, Disability, and Health*（2002『ICF国際生活機能分類』中央法規）

WHO（2001）*ICF Checklist version 2.1a, Clinical form for ICF*, Geneva．

WHO（2002）*Toward a common language for Functioning , Dsability and Health, World Health Organization*, Geneva．

WHO (2005) *WHO Family of International Classifications Network Meeting Tokyo, Japan 16-22 October 2005 Executive Summary*

WHO (2007) *International Classification of Functioning, Disability, and Health Children & Youth Version* (2009『ICF-CY 国際生活機能分類－児童版－』中央法規)

WHO (2013) *How to use the ICF A Practical Manual*, Geneva.

WHO and World Bank (2011) *World report on disability*, Geneva:WHO (＝長瀬修監訳『世界障害報告書』明石書店.

Wolfensberger, W. (1981) The Principle of Normalization in Human Services, National Institute on Medical Retardation (＝中園康夫・清水貞夫編訳 (1982)『ノーマリゼーション－社会福祉サービスの本質』学苑社)

Wright,B.A. (1960) *Physical Disability-A psychological Approach*, New York, Harper & Row,106-137.（上田 1983：226 より引用）

薬師寺明子・渡邉勧持 (2007)「『本人主体を志向した支援』における促進要因と阻害要因──知的障害者グループホーム世話人を対象として」『社会福祉学』48(2), 55-67.

山田勝美 (2008)「児童養護施設における子どもの育ちと貧困──社会的不利におかれた子どもの『あてのなさ』」浅井春夫・湯澤直美・松本伊智朗編著『子どもの貧困──子ども時代のしあわせ平等のために』明石書店.

山田志保・是永かな子(2011)「スウェーデンにおける知的障害児に対する性教育──イェーボリ市およびパティレ市での聞きとり調査をもとに」『高知大学教育学部研究報告』71, 171-177.

山口裕子・内山久美・藤田佳代子 (2005)「軽度発達障害児の親の語りと『親の会』の結束」『保健科学研究誌』2, 41-50.

山本良典 (1992)「精神障害児・者の性と家族への援助」『発達障害研究』14(2), 105-110.

山崎寿美子 (1985)「障害者の自立めざすミニ作業所」『あすの農村』, 133, 80-85.

八峠なつみ・小林勝年 (2014)「セルフヘルプ・グループとしての発達障害児をもつ母親の会──フォーカスグループインタビュー調査をもとに」『教育研究論集』4, 11-21.

横塚晃一 (1975)『母よ！殺すな』すずさわ書房.

横須賀俊司 (1992)「『障害者』の自立と自立生活センター」『ノーマライゼーション研究』1992年年報, 90-112.

吉田道雄 (2001)『人間理解のグループ・ダイナミックス』ナカニシヤ出版.

好井裕明 (2002)「障害者を嫌がり、嫌い、恐れるということ」石川准・倉本智明編著『障害学の主張』明石書店.

要田洋江 (1989)「親の障害児受容過程」藤田弘子著『ダウン症の育児学』同朋出版, 35-50.

要田洋江 (1999)『障害者差別の社会学　ジェンダー・家族・国家』岩波書店.

Zola,I. (1981) *Missing Pieces : A Chronicle of Loving with a Disability*, Philadelphia: Temple University Press.

Zola, I. K.(1988)「講演　専門家と当事者の間のコミュニケーション　それは誰の問題なのか？」RI ポストコングレス社会リハビリテーションセミナー実行委員会編『社会リハビリテーションセミナー報告書』43-55.

本書のテキストデータを提供いたします

　本書をご購入いただいた方のうち、視覚障害、肢体不自由などの理由で書字へのアクセスが困難な方に本書のテキストデータを提供いたします。希望される方は、以下の方法にしたがってお申し込みください。

◎データの提供形式＝CD-R、フロッピーディスク、メールによるファイル添付（メールアドレスをお知らせください）。

◎データの提供形式・お名前・ご住所を明記した用紙、返信用封筒、下の引換券（コピー不可）および200円切手（メールによるファイル添付をご希望の場合不要）を同封のうえ弊社までお送りください。

●本書内容の複製は点訳・音訳データなど視覚障害の方のための利用に限り認めます。内容の改変や流用、転載、その他営利を目的とした利用はお断りします。

◎あて先
〒160-0008
東京都新宿区三栄町17-2 木原ビル303
生活書院編集部　テキストデータ係

【引換券】
知的障害のある子を
育てた母の障害観

［著者略歴］

下尾直子
（しもお・なおこ）

　1962年生。日本女子大学文学部社会福祉学科卒業後、（株）ニッポン放送アナウンサー、FMNACK5パーソナリティー。

　結婚・出産・子育てののち、横浜国立大学大学院教育学研究科障害児教育専攻博士課程前期修了（教育学修士）、日本女子大学大学院人間社会研究科社会福祉学専攻博士課程後期修了（社会福祉学博士）。日本女子大学非常勤講師等を経て、現在洗足こども短期大学准教授。

　主な著書・論文に、『演習・保育と障害のある子ども』分担執筆、（株）みらい、2017年、『実習生の日誌事例から考察する社会的養護内容』共編著、大学図書、2017年、『ICF及びIVCF-CYの活用　試みから実践へ』分担執筆、ジアース教育新社、2007年、『障害のある子の親との信頼関係を構築する保育者の伝え方－連絡帳のICF分析を通して』、洗足論叢42号、2013年など。

知的障害のある子を育てた母の障害観
―― ICFによる質的分析から

発　行	2018年3月31日　初版第1刷発行
著　者	下尾直子
発行者	髙橋　淳
発行所	株式会社　生活書院 〒160-0008 東京都新宿区三栄町17-2 木原ビル303 ＴＥＬ 03-3226-1203 ＦＡＸ 03-3226-1204 振替 00170-0-649766 http://www.seikatsushoin.com
印刷・製本	シナノ印刷株式会社
カバー装画	下尾ひかり（シュタイナーにじみ絵）

Printed in Japan
2018 © Shimoo Naoko
ISBN 978-4-86500-079-5

定価はカバーに表示してあります。
乱丁・落丁本はお取り替えいたします。